KB252257

국사 여행

교실밖 국사여행

1993년 10월 15일 1판 1쇄
2009년 2월 5일 1판 35쇄
2010년 3월 2일 2판 1쇄
2018년 9월 28일 2판 6쇄

지은이 역사학 연구소

책임 편집 정은숙·서상일   **편집** 고혜숙   **디자인** 조진일
제작 박홍기   **마케팅** 이병규, 양현범, 이장열
출력 블루엔   **인쇄** 코리아피앤피   **제본** 경원문화사

펴낸이 강맑실   **펴낸곳** (주)사계절출판사   **등록** 제406-2003-034호
주소 (우)10881 경기도 파주시 회동길 252
전화 031)955-8558, 8588   **전송** 마케팅부 031)955-8595 편집부 031)955-8596
홈페이지 www.sakyejul.co.kr   **전자우편** skj@sakyejul.co.kr
블로그 skjmail.blog.me   **트위터** twitter.com/sakyejul   **페이스북** facebook.com/sakyejul

© 역사학 연구소 2010

값은 뒤표지에 적혀 있습니다. 잘못 만든 책은 서점에서 바꾸어 드립니다.
사계절출판사는 성장의 의미를 생각합니다. 사계절출판사는 독자 여러분의 의견에 늘 귀 기울이고 있습니다.
이 책은 저작권법에 따라 보호받는 저작물이므로 무단전재와 무단복제를 금합니다.

ISBN 978-89-5828-450-5 43910
ISBN 978-89-5828-406-2 (세트)

이 도서의 국립중앙도서관 출판시도서목록(CIP)은 e-CIP 홈페이지(http://www.nl.go.kr/ecip)에서
이용하실 수 있습니다. (CIP제어번호: CIP2010000586)

교실 밖

국사 여행

사○계절

개정판을 내면서

학교에서 국사를 배우면서 학생들은 너무나 많은 사건, 사람, 연대들을 배우고 외워야 한다고 지겨워한다. 하지만 그렇게 배우고 익힌 내용들은 자신도 모르는 사이에 서로 얽혀서 하나의 이야기로 만들어진다. 그래서 자세한 내용은 잊어버리더라도 이야기의 얼개는 남아 우리가 또 다른 낯선 사건, 사람들과 만날 때 그들을 손쉽게 판독하여 이미 갖고 있는 이야기에 덧붙일 수 있게 해 준다.

이렇게 국사를 공부하며 얻게 된 얼개가 바로 내가 익숙하게 살아갈 수 있는 세계를 만들어 낸다. 그러므로 교과서 속의 내용을 외우고 시험 치고 익숙해질 무렵, 우리는 세상을 읽는 지도를 갖게 되는 셈이다.

우리가 교실 밖으로 나와 세상을 여행한다면 무엇을 보고 들을까? 그리고 무엇이 마음에 남을까?

낯선 사람, 낯선 풍경, 낯선 이야기들. 여행에서 돌아오면 세세한 것들은 잊히더라도, 나에겐 낯설었지만 누군가에게는 익숙한 다른 세계의 존재감이 남는다. 그리고 내가 익숙한 세계에서도 낯선 틈바구니를 발견하는 감수성이 자신도 모르게 생긴다.

'교실밖 국사여행'이라는 제목을 단 이 책의 의도도 다른 여행과 마찬가지다. 이 책을 통해서 낯선 사람, 낯선 풍경, 낯선 이야기들을 만났으면 한다. 잘 알고 있는 사람, 풍경, 이야기라고 생각했는데 어느새 낯선 거리, 낯선 골목, 낯선 세계에 가 있는 경험을 하기를 바란다.

여러분이 이 여행에서 보고 들은 사건들, 사람들, 시간들은 잊어버리더라도, 익숙한 것과는 다른 세계가 존재할 수도 있겠구나 하는 기대와 다른 세계에 대한 감수성, 그리고 그런 기대와 감성을 지닌 새로운 나에 대한 설렘을 갖게 된다면, 여행 안내자로서는 더할 수 없는 기쁨이다.

『교실밖 국사여행』이 세상에 나온 지 어느덧 17년이 되었다. 이 책은 그동안 독자들로부터 분에 넘치는 사랑을 받았다.

세월이 지나면서 전에는 교실 밖이 아니면 들을 수 없던 이야기를 교실 안에서도 주고받게 되었다. 교과서 체제도 국정에서 검인정으로 바뀌었다. 조금은 다양한 관점이 선보일 수 있는 체계가 만들어진 것이다. 그런데 요즈음 다시 역사 교육을 축소하고, 역사 인식도 통제하려는 움직임이 일어나고 있어 몹시 우려된다.

지금도 교실 밖으로의 여행은 여전히 절실하다. 그동안 교실 안도 변하였지만 교실 밖의 풍경도 많이 바뀌었다. 교실로부터 새로운 바깥 여행을 계획한 지 오래인데, 이제야 부족하나마 결실을 맺어 『교실밖 국사여행』 개정판을 세상에 내놓게 되었다.

『교실밖 국사여행』을 처음 만들었을 때 우리들의 기획 의도는 명확하였다. 교실 안의 역사 교육처럼 사실을 달달 외우게 하고 그 가운데

은연중 역사의식을 주입시키는 방식을 취하지 말자는 것이었다. 역사적 사실을 그저 외워야 할 진리가 아니라 곰곰이 생각할 거리로서 제시하고 싶었다. 그런 가운데 자신의 역사의식을 '자신도 모르게'가 아니라 분명히 자각하면서 반성적으로 형성하는 데 도움이 되었으면 하였다.

개정판 또한 같은 기획 의도를 가지고 있다. 그러나 처음 출간되었을 때와 지금은 국사에 대한 지식과 관심도 많이 다르다. 이제 낯익은 내용이 된 것은 새로운 것으로 바꾸고, 특히 근현대사 부분에 새로운 글을 많이 넣었다. 초판에서 조선 전기와 후기로 나누었던 것을 개정판에서는 하나로 합쳤다. 또 글을 이해하는 데 도움을 주는 다양한 그림 자료를 실어 읽는 즐거움과 함께 보는 즐거움도 느끼도록 하였으며, 역사를 보는 시각을 넓혀 세계사적 관점에서 다양하게 생각해 볼 수 있게 하였다.

사실 이 개정판 작업은 사계절출판사 쪽의 제의로 이루어졌다. 기존 원고를 활용하고 보완 작업을 하면 되리라고 생각하였으나 막상 원고를 모으고 수정하는 작업이 쉽지 않았다. 이번에도 우리 연구원 외에 몇 분이 좋은 글로 참여해 주셨다. 이 자리를 빌려 감사드린다. 예정보다 많이 늦어진 원고를 기다려 세심하게 검토하고, 보기 좋은 책으로 만들어 준 사계절출판사의 여러분들께 감사드린다.

2010년 2월

역사학 연구소 연구원 일동

이 책을 내면서

우리는 시간을 뛰어넘고, 공간을 떠돌며 역사의 현장과 진실을 찾아서 끊임없이 여행한다. 국사는 아주 먼 옛날, 원시 사회부터 우리가 살고 있는 현대, 나아가 미래까지, 그리고 우리 국토 구석구석뿐만 아니라, 우리 민족이 활동하거나 관계를 맺은 만주, 일본을 비롯한 여러 곳을 대상으로 삼는다. 그 속에서 우리는 구체적인 인간의 모습과 역사의 흐름을 배운다. 또한 우리 민족이 걸어온 길을 되돌아보고, 앞으로 나아갈 방향을 찾는다.

그러므로 국사가 교육에서 차지하는 무게는 말할 수 없이 크다. 그러나 우리 학생들이 배우는 국사가 정말 사람이 살아가는 모습과 역사의 흐름을 배우고, 민족이 나아가야 할 참 방향을 찾는 데 도움이 되어 왔을까?

우리나라 국사 교육에 나타난 문제를 교과서를 중심으로 두 가지만 들어 보자. 먼저 학교에서 배우는 국사 교과서는 국가에서 정해 주는 단 한 가지밖에 없다는 점이다. 1974년, 유신 체제가 옳다는 것을 선전하려는 목적으로 국사 교과서를 '국정'으로 만들고 난 뒤, 내용은 조금씩 고쳤지만 아직까지도 국정 제도를 그대로 지키고 있다. 최근, 정부가 바뀌고 난 뒤로는 현대사의 여러 사건을 달리 해석하면서 교과서를 고치겠다고 한다. 결과는 좀더 기다려 봐야 하겠지만, '국정'을 그대로 유지한다면 국사 교육의 큰 문제는 그대로 남아 있는 꼴이 될 것이다.

다음으로는 국사 교과서의 서술이 외우기 적합한 형식과 내용으로 채워져 있다는 점을 지적할 수 있다. 역사 교육의 목적은 많은 사실을 달달 외우게 하는 데 있지 않다. 역사 교육의 중요 수단인 교과서는 내용과 자료를 풍부하게 보여 주고, 흥미롭게 서술해야 한다. 또 공부하는 학생이 살고 있는 지역의 역사와 유적을 소개하고, 우리가 살고 있는 가까운 현대사를 좀 더 많이 실어 스스로 역사와 현실을 이해하는 힘을 기르는 데 도움이 되어야 할 것이다.

정말 우리 교과서를 그렇게 만들 수는 없을까? 우리 교실 안에서는 그렇게 가르칠 수 없는 것일까? 아직은 멀기만 하다. 이러한 현실에서 이 책이 지금껏 교실에서 이루어진 국사 교육에서 모자란 부분을 조금이라도 메우게 되기를 바란다.

『교실밖 국사여행』을 내기로 하면서 우리는 연구원들이 평소 관심을 가지고 있던 주제를 골라 쉽게 설명하기만 해도 학생들에게 도움이 되리라고 간단하게 생각하였다. 그러나 국사 교육의 현실을 다시 돌이켜보고, 우리의 계획이 신중하고 치밀하지 못하였음을 곧 알게 되었다. 다시 고등학교 국사 교과서를 꼼꼼하게 살펴보았다. 그래서 중요한 사실인데도 교과서에 빠진 내용, 학계의 연구 성과와 견주어 교과서에서 명백히 잘못 쓰여진 내용, 우리 역사를 이해하려면 한 번

쯤 짚어 봐야 할 중요한 쟁점 등을 추렸다. 이러한 내용을 중심으로 주제를 뽑고, 다음과 같은 원칙에 따라 이 책을 썼다.

첫째, 현재 교과서의 서술 비중을 생각하여 우리 역사를 원시·고대, 남북국, 고려, 조선 전기, 조선 후기, 한말, 일제, 해방 후의 여덟 시기로 나누었다.

둘째, 책의 분량을 생각하여 많은 주제를 다루기보다는 각 시기의 역사상을 함축하여 보여 줄 수 있는 주제를 고르고, 그것을 통하여 역사 이해의 폭을 넓힐 수 있도록 하였다.

셋째, 연대기, 설화 등 사료 가운데서 주제를 쉽게 드러내 주는 자료를 직접 제시하여 주제를 이해하는 데 도움이 되도록 하였다.

넷째, 서술 방식은 내용을 요약하는 형태가 아니라, 논리적으로 설명하는 데 중점을 두었다. 새롭게 바뀐 입시 제도를 고려하여 토론 중심의 수업에도 도움이 되기를 바라서이다.

역사를 지나간 이야기로만 듣고 싶어 하거나 요약된 내용을 외워 이용하려는 사람에게는 이 책의 내용이 쉽게 이해하기 어려울지 모른다. 역사는 외우는 공부가 아니다. 사실과 사건을 비판적으로 받아들이고, 나아가 역사의 흐름을 이해하는 데 초점을 두어야 한다.

이 책은 먼저 학교에서 국사 교과서를 배우는 학생들을 대상으로 하였다. 그러나 교과서에 찌든 사람은 학생들만이 아니다. 따라서 교과서에서 배운 역사 지식을 올바른 역사라고 생각하는 많은 일반인에게도 이 책이 도움이 되기를 바란다.

이 책은 연구소에서 틀을 짜고 작업하였으나, 연구원 외에도 몇 분이 참여하여 글을 써 주었다. 글머리를 통하여 감사드린다. 또한 무더운 여름 동안 꼼꼼하게 원고를 검토하여 보기 좋고 읽기 좋은 책으로 만들어 준 사계절출판사에도 감사드린다.

이 책에서 부족한 점이나 다루지 못한 여러 가지 주제는 앞으로 다른 '국사여행'에서 만날 수 있기를 기대한다.

1993년 10월

역사학 연구소 연구원 일동

셋째마당 고려

넷째마당 조선

다섯째마당 근대 태동기

여섯째마당 일제 강점기

일곱째 마당　현대

고대

홍익인간에 담긴 뜻은?

단군 신화와 단군 민족주의

흔히 우리 민족의 시조는 단군이라고 한다. 그래서 과거에 외적의 침입을 받았을 때 단군의 자손이란 민족의식으로 위기를 극복하고자 하였고, 새로 국가를 세울 때에는 단군 조선에 뿌리를 두었다고 하며 홍익인간의 뜻을 내세우기도 하였다.

그런데 정말 우리는 모두 단군의 자손일까? 또 '단군 할아버지'가 '홍익인간' 하려고 우리나라를 세웠을까? 단군의 탄생과 고조선 건국 사실을 전하는 가장 오래된 기록은 고려 후기 승려 일연이 지은 『삼국유사』에 실려 있다.

옛날에 하늘나라의 임금인 환인에게 여러 아들이 있었는데, 그중에 환웅이 천하를 다스리고 인간 세상을 구원하고자 하였다. 환인이 그 뜻을 알고 천하를 두루 살펴보니 태백산이 널리 인간을 이롭게 하기弘益人間 알맞은 곳이라, 천부인 세 개를 주면서 내려가 다스리게 하였다.

환웅은 3천의 무리를 데리고 태백산 꼭대기 신단수 아래에 내려와, 그

곳을 신시라 이름하고, 천왕으로서 풍백, 우사, 운사를 거느리고 인간 세상에서 일어나는 모든 일을 다스렸다. 농사에 관한 일, 형벌에 관한 일, 사람의 목숨, 질병, 선악에 관한 일을 주관하여 백성들을 가르쳤다.

이때에 호랑이 한 마리와 곰 한

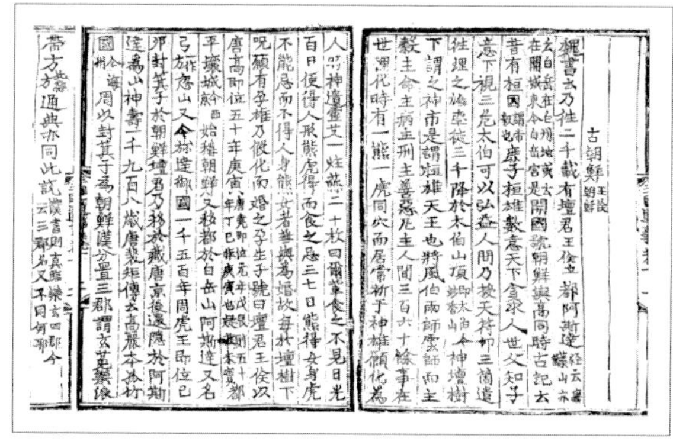

『삼국유사』에 실려 있는 단군 신화

마리가 사람이 되고 싶어 환웅에게 사람이 되게 해 달라고 부탁하였다. 환웅은 쑥 한 줄기와 마늘 스무 개를 주면서, "100일 동안 굴에서 나오지 말고 이것을 먹으면 사람이 될 것이다."라고 하였다. 호랑이는 도중에 참지 못하고 굴에서 뛰쳐나갔지만 곰은 그로부터 스무하루 만에 여자가 되었다. 곰 여자는 어머니가 되고 싶었으나 혼인할 사람이 없었다. 그래서 신단수 아래서 아이를 갖게 해 달라고 정성 들여 기도하니, 환웅이 잠시 남자로 변하여 곰 여자에게 아이를 갖게 하였다.

그리하여 태어난 이가 단군왕검이다. 단군왕검은 평양성에서 나라를 세우고 그 이름을 조선이라 하였다.

이러한 단군 신화만 보더라도 우리 모두의 조상이 단군이라는 생각은 잘못된 것이 아닌지 의심이 든다. 환웅이 이끌고 온 3천의 무리에게는 자손이 없었을까? 그 자손들은 모두 어디로 갔을까?

『삼국유사』에 실려 있는 다른 나라들의 건국 신화는 어떻게 보아야 할까? 김해 김씨의 시조라고 하는 대가야국의 김수로왕은 황금 알에서 태어났고, 부인인 허황옥은 인도 아유타국의 공주라고 한다. 고구려를 세운 주몽도 천제의 아들 해모수가 하백의 딸 유화와 정을 통하여 낳은 알에서 태어났다고 한다. 박씨의 시조인 박혁거세도 알에서 태어났다. 경주 김씨나 경주 석씨의 시조 알지와 탈해도 알에서 태어났다고 한다. 신화로 표현된 것이기는 하지만, 이들을 모두 단군의 자손이라고 할 수 있을까? 신분제 사회에서 귀족이나 양반들이 일반 백성이나 천민, 노비들을 같은 단군의 후손이라고 생각했을 리도 없다.

'우리는 단군을 시조로 하는 순수한 혈통의 후손'이라는 의식은 민족의 위기 상황에서 끊임없이 재생산되고 재구성되어 왔다. 이는 시대의 필요와 목적에 따른 것이었다. 그러나 지금은 "국가와 민족의 무궁한 영광을 위하여 몸과 마음을 다 바쳐 충성을 다짐"하는 시대가 아니다. 허구를 바탕으로 민족과 종족의 순수성을 주장하는 '단군 민족주의', '단일 민족주의' 나아가 '조선 민족 제일주의'에는 그러한 유혹이 담겨 있기 때문에 매우 위험하다.

우리 역사를 보면 고려로 들어온 발해 유민을 비롯하여 수많은 종족의 유입과 교류가 있었다. 오늘날에도 우리나라에 사는 외국인 수는 계속 늘

각저총 벽화의 곰과 호랑이
중국 길림성 집안현에 있는 고구려 고분 각저총 벽화에 있는 신단수 아래의 곰과 호랑이 모습. 고구려인들도 단군 신화를 믿었음을 알 수 있다.

어나고 있다. 외국에서 온 이주 노동자들도 많고, 우리나라 남성과 결혼하여 사는 외국 여성도 많다. 단일 민족이라는 허위의식은 이들을 우리와 함께 사는 사회 구성원으로 받아들이지 않는다. 서로 도우며 함께하려 하지 않고 이들을 물리친다. 단군 민족주의가 불러일으키는 폐쇄성은 '공존', '평화'와 짝을 이루기 어려운 것이다.

그렇다면 '단군 신화'는 버려야 할 허구의 신화일 뿐인가? 그렇지는 않다. 단군 신화의 내용은 허황되고 비과학적으로 보이지만 최초의 고대 국가 고조선이 성립하는 시기의 역사가 담겨 있다. 따라서 당시 사회의 형편과 사람들의 소박한 생각을 이해하는 데 도움을 얻을 수 있다.

신화는 오랜 세월 동안 입에서 입으로 전해 내려오다가 기록으로 남겨진 것이다. 시대에 따라 어떤 요소는 아예 없어지고 어떤 요소는 새로 덧붙여지기도 한다. 신화에 담겨 있는 역사상도 새로운 사실이 발견되거나 관점과 해석을 바꾸게 되면 달라진다. 『삼국유사』에 실린 단군 신화에는 고려 후기까지 전해지던 신화와 기록에 대한 일연의 관점과 해석이 담겨 있다.

대체로 고대 신화는 왕을 하늘의 자손이라 하여 신처럼 섬겨야 할 존재로 그린다. 단군 신화에서 '환인'은 고대 인도 신화에 등장하는 하늘신의 이름 '석가제환인다라'를 줄인 말이다. 이전에는 다르게 표현하였을 하늘신을 불교가 들어온 이후 환인이라고 부른 것이다. 환웅의 '환'은 하늘이라는 뜻이고, '웅'은 뛰어난 사람이란 뜻이므로 환웅은 하늘 임금을 뜻한다. 단군왕검은 이러한 하늘신인 환인과 하늘 임금인 환웅의 자손으로 태어났다는 것이다.

원시 공동체 사회가 무너지고 고대 사회로 발전하는 과정은 여러

집단이 똑같은 것이 아니었다. 선진 집단도 있고 후진 집단도 있었다.
벌써 고대 사회 단계로 발전한 집단이 있는가 하면 아직 공동체 사회
단계에 머무르는 집단도 있다. 고대 국가는 선진 집단이 후진 집단을
평화적으로 아우르거나 무력으로 정복하여 통합함으로써 세워진다.

단군 신화에서 환웅이 사람이 되려고 하는 호랑이와 곰을 만나는
장면에는 바로 우세한 문화와 무력을 가진 '환웅' 집단이 호랑이와 곰
을 토템으로 삼는 후진 집단을 복속시키는 과정이 담겨 있다. 환웅 집
단은 풍백(바람신), 우사(비신), 운사(구름신)의 존재에서 알 수 있듯이
농사, 형벌, 사람의 목숨, 질병, 선악에 관한 일을 담당하는 통치 세력
과 권력 기구를 갖춘 선진 집단이었다. 이들은 곰을 토템으로 하는 집
단과 혼인이라는 방법으로 평화롭게 연합하였다. 반면 호랑이를 토템
으로 하는 집단을 통합하는 과정은 그렇지 못하여 무력으로 정복하였
을 것이다.

단군 신화는 이처럼 선진 집단이 후진 집단을 평화적 방법 또는 무

력으로 통합하여 고대 국가를 세우는 과정을 단군 왕검의 탄생으로 표현하였다. 단군은 '박달임금'을 이두식 한자로 옮긴 것이다. 박달은 백악산 또는 태백산을 가리키므로 단군은 특정한 한 인물을 말하는 고유 명사가 아니라 '백악산 또는 태백산을 다스리는 왕'이란 뜻의 보통 명사다. 또는 단군을 '제사장'으로 해석하고 왕검을 '정치적인 우두머리'로 해석하여, 단군왕검이란 '제정일치 사회의 우두머리'였다고 이해하기도 한다.

또 단군 신화는 처음으로 고대 국가를 세운 지배 세력이 자신들의 지배를 정당화하려는 통치 이데올로기를 담고 있기도 하다. 첫째, '천손 사상' 天孫思想이다. 여기에는 국가를 건국한 지배 세력은 하늘신의 뜻을 이어받은 하늘의 자손이므로 감히 이러한 신성한 권위에 도전해서는 안 된다는 생각이 담겨 있다. 둘째, '홍익인간' 사상이다. 하늘의 자손이 국가를 세운 이유는 '널리 인간을 이롭게 하려 함'이므로 지배 세력이 백성들을 다스리는 것은 정당하다는 의미가 담겨 있다. 마지막으로, 고대 국가를 세운 지배 세력은 하늘의 자손으로 널리 인간을 이롭게 하려고 나라를 세우고 다스리는 것이므로 백성들은 호랑이처럼 인내심이 부족하여 조급하게 굴지 말고 곰처럼 묵묵히 참고 따라야 한다는 것이다.

이러한 단군 신화의 통치 이데올로기는 고대 국가의 지배 계급이 자기들의 부와 권력을 안정되게 유지하려는 수단이었다. '널리 인간을 이롭게 한다.'고 하였으나, 그 주체는 모든 인간이 아니고 지배 계급일 뿐이었다. 그들이 지배하던 고대 사회는 많은 노예를 부렸고 또

고조선의 위치 단군이 세운 고조선의 위치는 정확히 밝혀지지 않았다. 고조선 중심지에 대한 주장은 크게 셋으로 나뉜다. 첫째 대동강 유역이 고조선의 중심지였다는 대동강 중심설, 둘째 만주의 요령성 일대가 중심지였다는 요령 중심설, 그리고 초기에는 요동 지역에 있다가 대동강 유역으로 이동하였다는 이동설이 그것이다.

마니산 참성단 인천광역시 강화군 강화도 마니산 산정에 있는 참성단. 단군왕검이 하늘에 제사를 지내기 위해 쌓은 곳이라 전한다. 전체 높이는 5미터가 넘으며, 원형 기단 위에 사각형 제단이 있다.

계속 노예를 확보하기 위해 전쟁을 벌이는 사회였다. 노예는 고대 사회의 유지에 필요한 물품의 생산과 노역에 종사하였다. 죽도록 일할 의무만 있을 뿐 모든 권리는 주인에게 있었다. 그 때문에 혼인하여 가족을 이룰 수도, 재산을 소유할 수도 없었다. 게다가 자신의 생명조차 제대로 보호받지 못하고 주인이 죽으면 순장되기도 하였다. 이렇듯 '홍익인간'이라는 말에는 바로 이러한 고대 사회 지배층의 지배를 숨기려는 의도가 깔려 있는 것이다.

그렇지만, 누가 단군 신화를 읽고 해석하든 하나의 역사상만이 정답은 아닐 것이다. 단군 신화는 상상력을 자극하여 역사를 다시 보고 생각하게 만들어 주는 풍부한 창고와 같다.

 질투가 심한 부인은 사형에 처한다

고대의 법과 사회

- 사람을 죽인 자는 사형에 처한다.

- 남에게 상처를 입힌 자는 곡식으로 물어 주어야 한다.

- 남의 물건을 훔친 자는 도둑맞은 집의 노비로 만들고, 만약 그 죄를 벗
  으려면 50만 전을 내야 한다.

이것은 고조선의 '8조의 법' 가운데 현재까지 전해지는 세 개의 조
항이다. 이와 비슷한 내용의 법이 부여에도 있었다.

- 사람을 죽인 자는 사형에 처하고, 재산을 몰수하며, 그 집안 사람은 노
  비로 삼는다.

- 남의 물건을 도둑질한 자는 그 물건 값의 열두 배를 물게 한다.

- 남녀 간에 음란한 짓을 하거나 질투가 심한 부인은 사형에 처한다. 질투
  하는 것을 더욱 미워하여 죽이고 나서 그 시체를 남산에 버려 썩게 한
  다. 그 집에서 여자의 시체를 가져 가려면 소와 말을 바쳐야 한다.

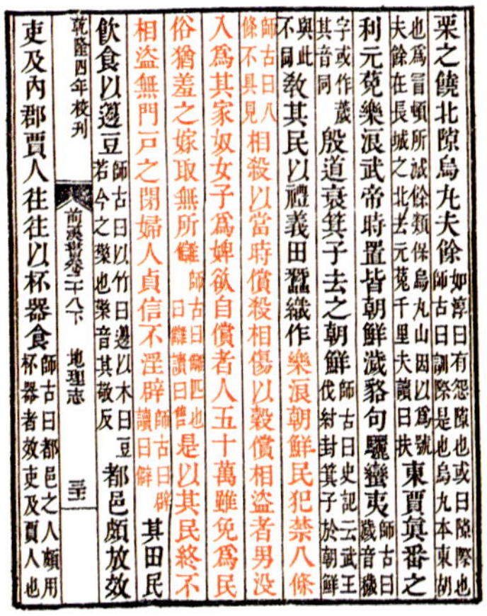
粟之饒北隙烏丸夫餘(如淳曰有怨隙也或曰隙際也 師古曰隙際是也烏丸本東胡也爲冒頓所滅餘類保烏丸山因以爲號 夫餘在長城之北去元菟千里夫讀曰扶)東賈眞番之
利元菟樂浪武帝時置皆朝鮮濊貉句驪蠻夷(師古曰濊音穢字或作薉其音同)
殷道衰箕子去之朝鮮(師古曰史記云武王伐紂封箕子於朝鮮與此不同)
教其民以禮義田蠶織作樂浪朝鮮民犯禁八條(師古曰八條不具見)
相殺以當時償殺相傷以穀償相盜者男沒
入爲其家奴女子爲婢欲自償者人五十萬雖免爲民
俗猶羞之嫁取無所讎(師古曰讎匹也一曰讎讀曰售)是以其民終不
相盜無門戶之閉婦人貞信不淫辟(師古曰辟讀曰僻)其田民
飲食以籩豆(師古曰以竹曰籩以木曰豆若今之槃也槃音其敬反)都邑頗放效
乾隆四年校刊 前漢書卷二十八下 地理志 三
吏及內郡賈人往往以杯器食(師古曰都邑之人頗用杯器者效吏及賈人也)

8조의 법 『한서』「지리지」를 보면 고조선에는 범금犯禁 8조가 있다고 하고, 세 개 조항의 내용이 기록되어 있다.

위의 내용들은 중국의 역사책 『한서』「지리지」와 『삼국지』「위서 동이전」에 전해진다. 기록에 남은 우리 역사상 최초의 법 조항이다. 이런 내용의 법은 고조선이나 부여뿐 아니라, 고대 사회에서는 일반적이었던 것으로 보인다.

그러면 고대 사회의 법은 어떻게 만들어졌을까? 법에 대한 최초의 언급은 고조선의 건국 신화인 단군 신화에서 찾아볼 수 있다. 곧 환웅이 태백산에 내려와 풍백, 우사, 운사를 거느리고 인간 세상의 모든 일을 다스렸는데, 형벌, 수명, 선악, 질병, 농사 등을 주관하였다는 것이다.

선악을 가르고, 형벌을 내리는 일은 누가 주도하였을까? 그것은 말할 것도 없이 하늘에서 내려왔다고 하는 지배층이었다. 최고 지배자인 환웅은 천왕이라 내세웠고, 그 밑의 풍백, 우사, 운사는 지배 관료와 같은 존재였다.

환웅이 천왕으로서 신시를 다스리다가 단군이 나라를 세운 단계를 거쳐 고조선이 고대 국가 체제를 갖추며 발전하는 과정에서 법 조문들이 구체적으로 갖추어지게 되었다.

고대 사회의 법은 지배층 중심의 사회 질서를 유지하려고 만든 것이다. 따라서 지배 세력이 지배를 받는 자들의 반발을 억누르는 한편, 그들의 권리와 이익을 보호하려고 만들었다고 볼 수 있다.

이것은 법 조항을 살펴보면 드러난다. 사람을 죽인 자는 사형에 처한다는 조항은 형을 집행하는 보이지 않는 힘, 곧 국가 권력이 그 사회의 구성원들에게 작용하고 있음을 말해 준다. 다음으로 남에게 상처를 입힌 자에게 곡물로 배상하게 한 조항은 노동력을 소중히 여기는 사회

였음을 알게 해 준다. 도둑질한 사람에게 벌을 주는 내용은
사유 재산 제도가 확립되었음을 보여 준다.

그런데 이러한 죄는 고대 이전, 즉 원시 공동체 사회에
서는 있을 수 없는 것이었다. 씨족 공동체 단위로 그
성원들이 모두 함께 농사짓거나 먹을 것을 구하
고, 그것을 다 같이 나누어 먹어야만 씨족 전
체의 삶을 유지할 수 있었던 사회에서는 생각
할 수 없는 일인 것이다. 공동체 사회가 무너
지고 사유 재산과 지배, 피지배 관계가 발생하면
서 부와 권력을 가진 사람과 그렇지 못한 사람 사이에 갈등이 생겨났
다. 여기서 권력을 가진 지배층은 법으로 자신의 권리와 부를 보호하
고자 하였고, 피지배층은 특별히 보호할 권리나 재산이 없었다.

아울러 노비 신분에서 벗어나려면 50만 전이 필요했는데 도둑질을
해서 노비가 된 사람이 그 돈을 내고 다시 평민이 되는 일은 매우 드물
었을 것이다. 오히려 50만 전이라는 돈은 노예를 그 값에 사고팔 수
있었음을 뜻하는 것으로 보인다. 이것은 고대 사회가 발전하면서 계
급 분화와 빈부 차이가 심해짐에 따라 신분이 뚜렷이 구별되면서 나
타난 현상이다.

본디 노예 제도는 고대 국가가 성립, 발전하면서 우세한 집단이 이
웃의 약한 집단을 정복하고, 그 성원들을 붙잡아다 노예로 부리는 데서
시작되었다. 노예는 아무런 대가 없이 일만 해야 했다. 고대 로마에서
노예를 '말하는 도구'라고 하였듯이 그들은 사람이지만 사람이 아닌,
주인을 위한 도구와 같은 존재였다. 주인은 노예를 마음대로 죽이거나
살려 둘 수 있으며 팔고 살 수도 있었다. 더구나 주인이 죽으면 그 뒤에

별도끼와 달도끼 별과 달을 본떠 만든 청동기 시대 돌도끼. 막대기 끝에 꽂아 지휘봉으로 사용되었다. 지배자의 권위를 보여 주는 유물이다. 달도끼의 지름은 12.3센티미터.

도 시중을 들도록 무덤 속까지 끌고 가기 위한 순장도 시행되었다.

따라서 이러한 법 조항은 다른 집단이나 종족 성원을 붙잡아다 노예로 부리던 단계에서 발전하여 한 집단 안에서도 형벌이나 채무 때문에 신분이 떨어져 노예가 될 수 있음을 보여 주는 것이다.

부여의 법에는 여자의 정절을 중시하고 질투를 규제하는 조항이 있다. 이러한 사실은 고구려나 백제에서도 찾아볼 수 있다. 고구려 중천왕이 총애했던 후궁 관나 부인은 머리 길이가 아홉 자나 되는 장발 미인으로 유명하였는데, 왕비를 질투했다가 가죽 부대에 담겨 서해 바다에 던져지는 벌을 받았다. 간음과 질투를 벌하는 법 조항도 고대 사회에 들어와 생겨난 것이다.

원시 공동체 사회가 무너지는 신석기 시대 후반, 농경의 중심이 남성에게 넘어가면서 경제 활동을 주도하게 된 남성은 그 수확물도 공동체에 돌리기보다는 자신이 관리하고자 하였다. 그 때문에 공동체는 무너지고 개인의 사유 재산이 발생하게 되었다. 그 재산을 확실한 자기 자식에게 물려주기 위해 만든 제도가 한 남자와 한 여자가 혼인하는 단혼이었다. 이때부터 부부를 중심으로 자녀를 포함한 가족이 발생하게 되었다. 가족 안에서는 가부장의 권위가 높았다. 더 나아가 부와 권력을 가진 가부장은 아내 말고도 여러 여자를 거느리게 되었다. 이때 가부장의 권위와 자식을 확실히 하고, 여러 처첩을 순조롭게 거느리기 위해 여자의 정절을 중시하고, 여자들 사이의 질투는 법으로 규정해 엄히 다스렸던 것이다. 질투하는 여자는 죽이고 그 시체를 남산 위에 버리게 하였던 부여의 법은 부여가 남성

무용총 벽화의 여종들
고대의 법 조항은 한 사회 집단 안에서도 신분이 떨어져 노예가 될 수 있었음을 알려 준다.

중심의 지배 질서를 가진 사회였음을 명백히 보여 준다.

고조선과 부여의 법에 나타난 살인, 상해, 절도, 간음, 질투에 대한 형벌 외에 고대 법에는 신에 대한 불경이나 모독을 벌하는 조항이 있었을 듯하다. 고대 국가를 세우고 다스린 지배층은 모두 하늘에서 내려온 신성한 종족임을 내세워 그들의 통치를 정당화하였고, 하늘과 산천을 숭배하는 제사는 어느 나라나 국가 행사로 치렀기 때문이다.

법은 그것을 시행하는 사회가 어떠한 사회인지 그대로 보여 준다. 또한 사회가 변하면 그에 따라 법도 바뀐다. 고조선의 법도 후대로 가면 60여 개 조항으로 늘어난다. 고대 사회가 무너지면서 노예 주인의 권리와 재산을 지키는 고대 법도 사라지게 되었다.

각저총 벽화의 무덤 주인과 두 아내 고구려 벽화는 신분에 따라 사람의 크기를 달리함으로써 엄격한 계급 사회임을 보여 준다. 이 벽화에서 무릎을 꿇고 있는 여인들은 무덤 주인의 아내들이다.

천하의 중심은 고구려
광개토왕릉비에 나타난 고구려인의 세계관

압록강에서 가까운 집안(지금의 중국 지린성 지안)은 427년에 평양으로 천도하기 전까지 400여 년 동안 고구려의 도읍이었다. 그곳에는 높이가 6.4미터나 되는 광개토왕릉비가 위풍당당하게 서 있다. 비의 주변에는 광개토왕릉으로 생각되는 태왕릉, 장군총 등 많은 고분이 있는데, 지금 국내에서는 보기 힘든 거대한 규모다.

광개토왕은 고구려 19대 왕으로, 젊은 나이에 왕위에 올라 사방으로 영토를 확장하여 고구려의 전성기를 연 인물로 잘 알려져 있다. 광개토왕비는 그 아들 장수왕이 부왕의 업적을 기리기 위해 414년에 세운 것으로, 1800여 자의 비문이 새겨 있다. 비문의 글씨는 질박하고 장중한 예서체로 쓰여 고구려의 기풍을 잘 보여 주며, 고구려가 동아시아에서 가장 강대한 나라였음을 호방하게 자랑하는 내용이 담겨 있다.

비문은 세 단락으로 되어 있다. 먼저 고구려를 건국한 주몽의 신비한 출생과 건국 과정을 설명하고, 신성한 왕통의 계승자인 광개토왕의 치적을 칭송한다. 다음으로는 광개토왕이 영토를 크게 넓힌 내용

을 연도별로 기록하고, 마지막으로 광개토왕릉을 지키고 관리하는 묘지기에 대한 규정을 담고 있다. 첫째 단락을 옮겨 보면 이렇다.

옛날 시조 추모왕鄒牟王이 나라를 세웠다. 시조는 북부여에서 나셨는데, 아버지는 천제天帝의 아들이요, 어머니는 하백河伯의 따님이시다. 알을 깨고 태어나셨는데, 나면서부터 성스러운 덕을 지니셨다. (왕이 어머니의 명을 받들어) 수레를 몰아 남쪽으로 내려오게 되었다. 오는 길에 엄리대수奄利大水를 건너게 되었는데, 왕이 강나루에 이르러 "나는 하늘의 아들이며, 하백의 딸을 어머니로 한 추모왕이다. 나를 위하여 갈대를 연결하고, 거북을 떠오르게 하라!" 하고 외치니, 곧 갈대가 이어지고 거북이 떠올라 강을 건넜다. (왕은) 비류곡 졸본 서성산 위에 도읍을 세웠다. 세상의 왕 자리를 즐기지 않으시어 하늘이 황룡을 내려보내 왕을 맞이하게 하였다. 왕께서 졸본 동쪽 언덕에서 황룡을 타고 승천하시고, 세자에게 나랏일을 부탁하셨다. 유류왕儒留王은 도道로써 다스리셨다. 대주류왕大朱留王이 왕업을

주몽이 고구려를 세운 곳
고구려의 시조 주몽이 처음 도읍으로 정한 졸본성으로 추정되는 오녀산성의 모습이다. 중국 요동성 환인현 북동쪽에 있다. 해발 820미터에 이르는 절벽의 천연 지세를 그대로 이용한 난공불락의 성이었다.

고대 **31**

계승하시어 17세손인 국강상 광개토경 평안 호태왕國岡上廣開土境平安好太王에 이르렀다. 왕은 18세에 왕위에 오르시어 호를 영락대왕永樂大王이라 하였다. 그 은택은 하늘에 미치고, 위엄이 온 세상에 두루 미쳐 오랑캐를 평정하여 왕업을 안녕케 하고, 나라를 부강케 하며, 백성을 풍요롭게 하니 곡식도 잘 익었다. 하늘이 불쌍히 여기지 않으시사 39세에 돌아가셨다. 이에 갑인년(414년) 9월 29일에 산의 무덤으로 시신을 옮겼고, 여기에 비를 세워 그 업적을 기록하여 후세로 하여금 보게 한다.

널리 알려진 고구려의 건국 설화는 주몽의 아버지가 천제의 아들 해모수이며, 어머니는 강의 신 하백의 딸 유화라는 내용이다. 곧 고구려 왕은 하늘과 땅을 대표하는 신의 후손이고, 그러므로 신성한 고구려 왕의 통치 역시 신성하다는 주장으로 왕의 지배를 정당화하고 있는 셈이다. 이러한 주몽 설화는 백두산, 평양, 요동성 지역 등 고구려 지역에 널리 퍼져 있었고, 고구려에서는 주몽과 유화 부인을 신으로 모시고 국가 제사를 지냈다. 또 광개토

광개토왕릉비(오른쪽) 응회암 자연석을 약간 다듬어 4면에 비문을 새겼다.

광개토왕릉비 탁본(왼쪽) 비문은 예서체로 1800자 가량 빈틈없이 새겨졌으나 오랜 세월에 걸친 풍화와 손상으로 그중 150여 자는 읽을 수 없는 상태다. 비문은 고구려 개국의 역사, 광개토왕의 생애와 업적, 왕의 무덤을 지키는 묘지기의 규정에 대한 기록으로 구성되어 있다.

왕비에 1, 2, 3대 왕인 주몽과 유리왕, 대무신왕이 추모왕, 유류왕, 대주류왕으로 쓰인 것을 보면, 비를 건립할 당시 그렇게 불렀음을 알 수 있다. 이어서 대대로 신성한 시조 추모왕을 계승하여 광개토왕이 왕위에 올라 이룩한 업적을 칭송하고, 젊은 나이에 죽은 사실을 기록하였다.

둘째 단락에서는 광개토왕이라는 이름처럼 사방을 토벌하여 북쪽으로 송화강, 서쪽으로 요하, 동쪽으로 연해주, 남쪽으로 한강까지 이를 만큼 영토를 널리 확장한 업적과 왕이 다스리던 5세기의 국제 관계를 보여 준다. 그 가운데 백제와 신라는 예부터 예속민으로 조공을 바쳤고, 왜가 391년에 바다를 건너와 백제와 신라를 격파하자 왕이 몸소 수군을 이끌고 토벌하였으며, 또 동부여는 추모왕의 신민이었는데 중간에 배반하여 조공을 바치지 않아 응징하려고 토벌하였다는 내용이 있다.

400년에 광개토왕은 낙동강 유역에 침공한 왜를 격파하고, 신라를 구원한 적이 있었다. 이때부터 고구려는 신라에 크게 영향력을 행사하여 정치에 깊숙이 개입하였고, 신라 왕이 직접 고구려에 와서 신하의 예를 표하기도 하였다. 또한 신라가 금이나 옥 같은 특산물을 보내 조공하면, 고구려는 의복 등 답례품을 하사하기도 하였다. 즉 고구려는 조공국인 신라를 군사적으로 지원하여 안전을 지켜 주고, 정치적 영향력을 행사하여 고구려 중심의 국제 질서를 유지하였던 것이다.

광개토왕이 위세를 떨치고 있을 때, 중국은 한漢나라가 멸망(2세기 말)하고 남북에 여러 나라가 흥망을 거듭하면서 서로 세력을 겨루고 있었다. 고구려는 국경이 맞닿은 북위나 멀리 남조의 송과 좋은 관계를 유지하면서, 남조의 다른 나라들 및 몽골 고원의 유연과 교류하여

**광개토왕대 고구려의 영
토 확장(4~5세기)**

북위를 견제하
였다.

동북아시아에서 가
장 강대한 나라로 계속 팽
창하던 고구려는 국제 정세를
잘 이용하여 이 지역에서 200여
년 동안 독자적 세력권을 유지하였
다. 고구려는 일찍이 한나라 세력과 겨
루어 옛 고조선 지역에 설치되었던
한 군현들을 아우르고, 4세기부터
는 중국 북부까지 점령해 들어갔
다. 그래서 5세기 무렵, 고구려
의 영토 확장은 절정에 이르렀다.

이때 고구려는 직접 지배하는 영토와 조공
을 받는 주변 나라들까지 포함하여 천하 사방
이라고 내세우고, 고구려가 천하의 중심이라고 자부하였다. 고구려는
새로 확장한 영토에 대하여 ‘천하’라는 관념을 내세워 지배하고자 하
였다. 그 천하의 중심은 고구려였다. 고구려는 독자 연호를 사용하고,
주변 나라들과 조공 관계를 맺었다. 광개토왕이 오랑캐를 평정하고
백제, 신라, 동부여 등이 조공하였다는 사실도 이러한 내용을 보여 준
다. 또한 조공을 바치는 주변 나라들은 고구려의 세력권 안에 들어 있
었으므로 군사적으로 지원하고, 정치에도 간여했다.

우리 근대 역사학의 수립자이며 직접 항일 투쟁에 나섰던 단재 신
채호는 일찍이 만주 지역을 답사하고, 우뚝 선 광개토왕릉비를 손으

로 한 뼘 한 뼘 재 가며 조사한 적이 있다. 그리고 우리 역사를 알려면
『삼국사기』를 만 번 읽는 것보다 고구려 유적을 한 번 답사해 보라고
하였다. 옛 유적지 답사는 역사책에서 볼 수 없는 많은 사실을 전해
준다. 광개토왕릉비는 고구려인이 직접 남긴 생생한 자료로, 우리는
이를 통하여 융성했던 고구려 역사를 마주 대할 수 있다.

이차돈의 순교
불교 공인과 신라의 발전

신라 법흥왕에게는 불교를 널리 펴고자 하는 뜻이 있었다. 그러나 조정 신하들은 그 뜻을 헤아리지 못하였다. 그러던 어느 날, 왕이 탄식하며 말하였다.

"아! 내가 덕이 없는 몸으로 대업을 이어 왕위에 올라, 풍토와 기후가 순조롭지 못하고, 뭇 백성들의 삶도 편안치 못하다. 불교를 널리 믿으면 좋을 텐데, 신하들이 반대하니 누구와 더불어 이 일을 할까?"

그때 젊은 신하 이차돈이 있었다. 그는 송죽 같은 곧은 성품과 거울처럼 맑은 마음을 가지고 왕에게 충성을 다하고자 하였다. 그는 가까이서 왕을 모시는 사인 벼슬에 있었는데, 왕의 뜻을 살피고 아뢰었다.

"신이 들으니, 옛사람은 천한 나무꾼에게도 계책을 물었다 합니다. 죄송함을 무릅쓰고 여쭙고자 하옵니다."

"네가 나설 바가 아니다."

왕이 이렇게 말하였으나 이차돈은 다시 말하였다.

"나라를 위하여 죽는 것은 신하의 큰 절개요, 임금을 위하여 목숨을 바치는 것은 백성의 곧은 의리입니다. 거짓으로 왕명을 전한 죄로 제 목을 벤다면, 모두 굴복하여 감히 왕의 뜻을 어기지 못할 것입니다."

왕은 갸륵하게 여기면서도 그의 말을 받아들이지 않았다.

"내 몸을 상하고 목숨을 버리더라도, 새 한 마리를 살리고 짐승을 불쌍히 여기는 것이 부처님의 가르침이다. 내 뜻은 사람을 이롭게 하려는 것이거늘, 어찌 죄 없는 사람을 죽이랴! 그 일은 하지 않는 것이 좋겠다."

"가장 버리기 어려운 것이 목숨이나, 신이 저녁에 죽어 그 이튿날로 불교가 행하여지면 부처님의 빛이 하늘 가운데 있고, 대왕께서 길이 평안하실 것입니다."

"봉황의 새끼는 어려서부터 높은 하늘로 솟구칠 마음을 가지고, 고니 새끼는 나면서부터 바다를 헤쳐 갈 기세를 품는다더니 너야말로 그렇구나."

이차돈은 왕명이라고 하면서 절을 짓는 공사를 크게 벌였다. 그러자 신하들이 왕에게 가서 절 짓는 일을 그만두라고 간하였다.

왕은 위풍당당하게 위엄을 갖추고, 사방으로 서릿발 같은 형틀을 벌여 놓고 신하들을 불러 물었다.

"그대들은 내가 절을 지으려고 한다 하여 나를 비난하는가?"

여러 신하들이 벌벌 떨면서 두려워하였다. 왕이 이차돈을 불러 문책하였으나, 이차돈은 얼굴색이 변하여 아무 말도 못하였다. 이에 분노한 왕이 그의 목을 베라고 명하니, 관리들이 그를 묶었다.

이차돈은 마음속으로 '대왕께서 불교를 일으키려 하므로 제 목숨을 버리오니, 하늘은 좋은 일을 내려 사람들에게 두루 보여 주소서.'라고 기원하고 형틀로 나아갔다. 드디어 옥사정이 이차돈의 목을 베니 흰 젖 같은 피가 한 길이나 솟구치고, 갑자기 하늘이 침침해지며 어두워지더니 땅이 흔들리면서 하늘에서 꽃

백률사 석당 이차돈이 죽은 지 290년이 지난 818년(헌덕왕 10)에 그를 추모하여 세운 6면 비석이다. 아래쪽에는 땅을 상징하는 물결과 같은 무늬가 있고 그 위에 관을 쓴 이차돈의 머리가 떨어져 있다. 높이 106센티미터.

경주 남산 삼릉 계곡 마애 관음보살상(왼쪽), 경주 남산 탑골 부처 바위의 삼존 상(오른쪽) 경주 남산에서 발견된 절터는 약 112곳이며, 탑은 61기이고, 불상은 80체에 이른다. 불교 공인 이후 신라에서 불교가 대단히 번성했음을 볼 수 있다.

비가 내렸다. 왕이 슬퍼하며 눈물 흘려 곤룡포를 적셨고, 그 자리의 신하들은 놀라고 두려워하였다. 연못이 갑자기 말라 그 속의 물고기들이 뛰어오르고, 곧게 서 있는 나무가 꺾어지니 나무에 있던 원숭이들이 떼 지어 울었다. 어려서부터 말고삐를 나란히 하고 함께 놀던 동무들은 모두 슬퍼하며 크게 소리쳐 울었다.

사람들이 모두 이차돈을 성인聖人이라 하고, 금강산 서쪽 고개에 터를 잡아 장사 지냈다. 이차돈이 공사를 일으켰던 자리에는 훌륭한 절을 지어 흥륜사라고 하였다.

위의 얘기는 신라가 국가적으로 불교를 공인하게 된 사실을 전하는 기록이다. 즉 법흥왕은 뜻을 같이하는 젊은 신하 이차돈의 순교로 겨우 신하들의 반대를 누르고 불교를 공인하게 되었다. 중국과 고구려에서 처음 불교가 들어왔을 때, 신라에서는 귀족들이 강하게 반대하였다. 귀족들은 왜 불교의 공인을 반대하였을까? 또 법흥왕은 왜 반대를 무릅쓰고 불교를 받아들이려 하였을까?

경주 남산 삼릉 계곡의 마 애여래좌상 경주 남산은 신라 불교 미술의 원류라 고 할 만하다. 신라 불교 미술의 흐름을 이곳에서 모두 살펴볼 수 있을 정 도다.

신라는 삼국 가운데 가장 발전이 늦어 국가 체제와 왕권이 확립되 지 못한 상태였고, 보수적인 토착 귀족 세력이 강하였다. 진한 12개 소국 가운데 하나인 사로국에서 시작된 신라는 독특한 신분제인 골품 제도를 두어 지배층의 권위를 보장하였고, 국가 중대사는 귀족 회의 인 화백에서 결정하였다. 또 귀족들은 하늘신을 내세워 하늘신의 자 손이라거나 하늘에서 내려온 무리라는 것으로 자신들의 지배를 합리 화하였다. 최고 지배자인 왕도 하늘신의 자손이었다.

그런데 신라는 서기 500년 무렵부터 이전의 모습과 크게 달라지고 있었다. 지증왕, 법흥왕 때 우산국(울릉도)과 금관가야를 정복하는 등 활발한 정복 사업을 벌여 영토를 확장하고, 국가의 기본 법령인 율령 을 반포하고, 지방 제도와 백관의 공복을 제정하였다. 이러한 일련의 과정은, 이제까지 독자적 기반을 가지고 있던 귀족들의 세력을 억누 르고 이들을 중앙 관료 조직에 편입시키는 한편, 왕의 권위를 강화해 가면서 이루어졌다. 또 왕을 중심으로 하여 집권적 왕조 국가 체제를 확립하는 과정에서 왕에 대한 충성이 강조되었다. 이때 들어온 새로운 종교이자 사상이 불교였다.

불교는 원래 인도에서 왕자로 태어난 석가모니가 창시한 종교로, 모든 현상을 원인과 조건이 합쳐져 그러한 결과가 나왔다는 인과설로 설명하였다. 하늘과 땅에 있는 여러 자연신을 믿고 격식에 맞추어 제사를 잘 지내야 한다는 이전의 신앙보다 합리적이고 차원이 높은 사상이었다.

또 불교 교설에는 왕을 중심으로 하여 국가 체제를 갖추며 발전하는 단계에서 그것을 뒷받침해 주는 내용도 있었다. 불교의 이상적 군주인 전륜성왕轉輪聖王은 온 세상을 통일하고, 정법으로 다스리며, 승려의 자문을 받아 정사를 살피고, 말년에는 출가하여 수도 생활을 한다고 한다. 법흥왕이 활발한 정복 사업을 벌이고, 율령을 반포하고, 여러 제도를 갖추고, 말년에 왕비와 함께 출가하여 수도를 하였던 사실들은 전륜성왕을 본받은 모습이라 할 수 있다.

따라서 불교는 하늘신의 자손임을 내세우는 지배 귀족들의 뜻에는 맞지 않는 사상이었다. 그러나 국가 체제를 갖추는 과정에서 이차돈과 같이 새로 등장한 관료들은 기존 귀족과 달리 왕 중심의 새로운 법질서에 따라 활동하고 왕의 인정을 받고자 하였다. 그래서 법흥왕이 귀족들의 반대를 무릅쓰고 불교를 공인하려 하였을 때 젊은 신하 이차돈은 순교를 택하여 왕의 뜻에 따르는 충성을 보였던 것이다.

 삼국에 가려진 나라

가야의 발전과 멸망

가야는 고구려, 백제, 신라 세 나라와 비슷한 시기에 존재하였다. 그런데 우리에겐 조금 낯설고 그다지 중요하지 않게 느껴진다. 이것은 오랫동안 삼국을 중심으로 고대사를 다루고, 가야는 소홀하게 여겼기 때문이다.

그럼 이제까지 왜 가야사를 소홀히 다루었을까? 먼저 가야는 백제와 신라의 틈바구니에 끼여 하나의 나라로 통합을 이루어 발전하지 못하고 멸망하였기 때문이다. 또 가야는 자신들의 역사를 기록한 책을 남기지 못하였고 신라에 병합되어 신라사의 일부로 다루어져 왔다. 그나마 전해지는 얼마 안 되는 자료조차 설화 형태이거나, 『일본서기』 같은 일본 역사책에 심하게 왜곡된 내용으로 기록되어 있다.

일본은 그러한 왜곡된 자료를 바탕으로 하여 가야사를 집요하게 연구하였다. 그 결과, 고대 일본이 가야 지역(변한)에 '임나일본부'를 두어 식민지로 지배했다는 '남선경영론'南鮮經營論을 주장하였다. 임나일본부설은 일본이 조선을 침략하고 식민지로 지배하면서 그것을 정

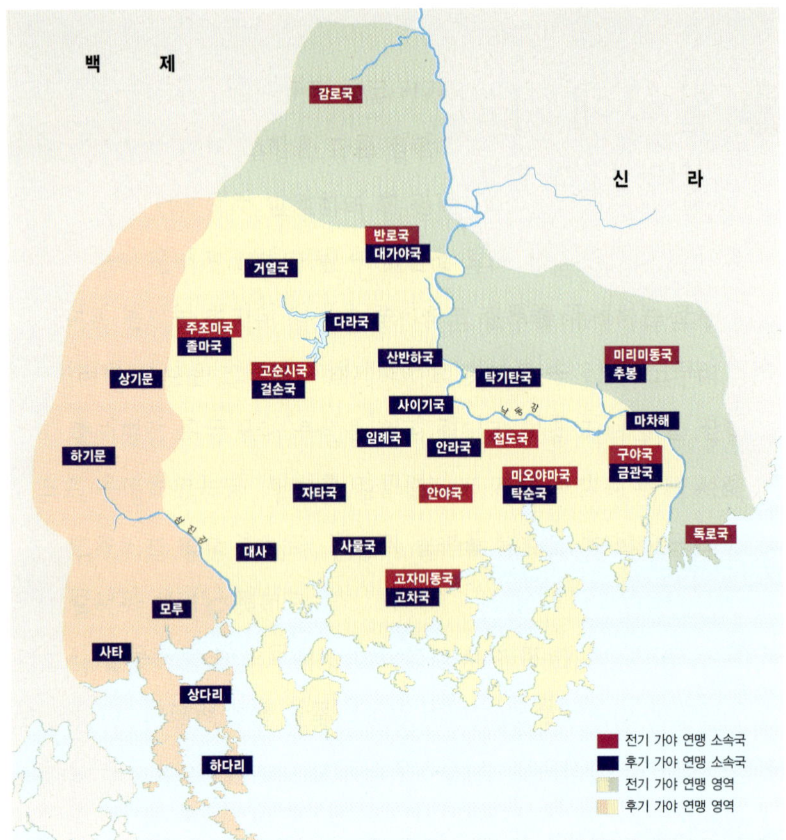

가야 연맹 가야는 3세기 전반 금관가야를 중심으로 연맹체를 이루었고, 5세기 후반 다시 대가야를 중심으로 연맹을 이루었으나, 통합된 고대 국가로 발전하지는 못하였다.

당화하려는 식민 사학에 딱 맞는 소재였다.

그러나 가야가 존재할 당시 일본은 일본이라고 부를 만한 실체가 없는 상태였다. 일본에 통일 국가가 형성된 것은 600년을 전후한 시기였고 '일본'이라는 이름은 7세기 후반에 가서야 사용되었다. 임나일본부는 가야가 왜와 교역하고 외교 교섭을 하려고 설치한 기구였다. 일본의 한 지역 정권이었던 왜는 여기에 사신을 보내 가야의 선진 문물을 받아 갔던 것이다.

한편 우리 사학계에서는 일제 강점기부터 임나일본부설과 식민 사학에 대한 비판에서 가야사 연구를 시작했고, 근래에 와서 유적에 대한 고고학 발굴이 활발히 이루어졌다. 이에 힘입어 가야 자체의 발전 과정에 대하여 많은 사실을 밝혀내게 되었으나 아직 미흡한 형편이다. 가야사의 큰 흐름은 다음과 같이 그려 볼 수 있다.

가야의 이름은 가라, 가량, 구야, 가락 등으로 전해진다. 가야는 기원 전후 시기에 북쪽에서 선진 문물을 받아들이고, 철기와 새로운 토기를 만들어 사용하면서 발전하기 시작하였다. 김해를 중심으로 한 가야 지역은 사철이 풍부하게 매장되어 있고, 낙동강 유역의 기름진 충적 평야에 자리하여 농사에 좋은 여건을 갖추고 있었다. 게다가 해상 교통에도 유리한 입지 조건이어서 주변 지역과 교역하기에도 좋았다.

가야의 시조 김수로를 비롯한 여섯 왕이 하늘에서 구지봉에 내려왔다는 신화는 이때 가야의 성장을 주도했던 세력이 나타났음을 뜻한다. 실제로 가야 지역에는 10여 개의 소국이 있었던 것으로 밝혀지고 있다. 그러다가 수로왕이 다스렸다는 금관가야를 중심으로 2세기 말에서 3세기에 걸쳐 연맹체를 이루었다. 가야 연맹은 밖으로 주변의 마

가야 고분 경상북도 고령 지산동 44호 무덤. 대가야국 왕릉으로 짐작되는 대형 무덤으로, 금동관과 고리칼 등이 출토되었다.

한, 왜, 낙랑과 철을 가지고 활발히 교역하면서, 사로국을 중심으로 한 진한 연맹과 세력을 다투기도 하였다.

4세기에 들어서면서 가야는 정치 문화에서 이전과 뚜렷이 다른 모습을 보이게 된다. 고고학 발굴 조사 결과 고령과 함안, 창녕 지역의 가야 유적으로 밝혀진 규모가 큰 고분에서 껴묻거리로 금동관이나 고리칼이 출토되었다. 이러한 유물에서 가야 지배층의 성격이 4세기 후반 신라의 연맹 왕권과 비슷한 수준임을 알게 되었다.

그런데 이때부터 가야는 복잡한 국제 관계에 휘말렸다. 4세기 초 고구려는 낙랑을 멸하고, 신라에까지 영향력을 행사하였다. 또 4세기 중엽, 백제는 황해도 지역까지 진출할 정도로 성장하였는데, 그 여세를 몰아 가야에도 영향을 미쳤다. 이에 신라는 고구려의 영향 아래에서 그 문물을 수입하여 내부 결속을 굳게 하였고, 가야는 백제와 관계를 맺어 세력을 유지하였다.

그러다가 4세기 말, 고구려 세력이 남쪽으로 내려오자 고구려·신라의 연합과 함께 백제·가야·왜의 연합으로 나뉘어 세력을 겨루게 되었다. 특히 고구려 광개토왕의 5만 군대가 낙동강 하류 지역까지 진출하여 임나가야, 아라가야 등을 토벌함으로써 가야 사회를 크게 흔들어 놓았다.

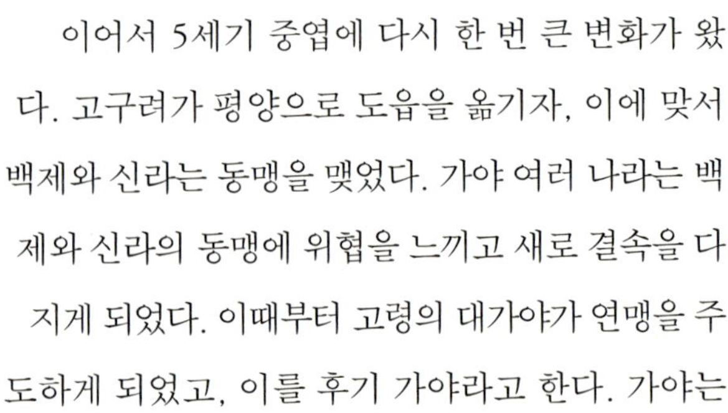

'대왕'大王 글자가 새겨진 가야 토기 대가야국에서 '대왕'이란 칭호를 사용했음을 알려 준다.

이어서 5세기 중엽에 다시 한 번 큰 변화가 왔다. 고구려가 평양으로 도읍을 옮기자, 이에 맞서 백제와 신라는 동맹을 맺었다. 가야 여러 나라는 백제와 신라의 동맹에 위협을 느끼고 새로 결속을 다지게 되었다. 이때부터 고령의 대가야가 연맹을 주도하게 되었고, 이를 후기 가야라고 한다. 가야는

가야의 유물

금 귀걸이
가야의 귀걸이는 귀에 거는 고리가 가늘고 사슬로 엮은
드림 장식을 여러 가닥 늘어뜨린 것이 특징이다.
경상남도 합천 옥전 고분군 출토. 길이 10센티미터.

금관 머리에 썼을 때 닿는 부분인 머리띠와
그 위에 세운 네 개의 장식 판으로 되어 있다.
도굴되었던 것이라 원래 모습 그대로인지는
분명치 않다. 높이 11.5센티미터,
지름 17.4센티미터. 경상북도 고성 출토.

목걸이 짙은 남색의 둥근 구슬은
유리, 밝은 붉은빛의 대롱 구슬은
마노, 어두운 갈색의 타원형
구슬은 호박이다. 구슬은
가야 사람들이 보배로 여기던
것으로 4세기 후반부터
직접 생산하였다.
경상남도 합천 출토.
5세기 전반.

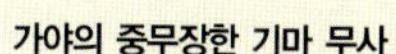

가야의 중무장한 기마 무사
흙으로 만든 인형으로
높이 23.2센티미터다.
전형적인 가야 양식의 팔자형
八字形 고배 굽다리 위에
가야의 중무장한 기마 전사를
올려놓았다. 경상남도 김해에서
출토되었다고 한다.

청동 방울
말의 가슴에 매달던 익살스러운 얼굴
모양의 청동 방울. 지름 6센티미터.
5세기 후반. 경상남도 합천 출토.

가야의 갑옷과 투구 판갑옷은 넓은 철판을 잇대어
사람 몸통에 맞게 통째로 만든 갑옷으로 화살이나
칼이 쉽게 뚫지 못했을 것이다.

479년 중국 남제에 가라국의 이름으로 사신을 보내 가라 왕 하지가 보국장군 본국왕의 작호를 받았다. 이로써 새롭게 국제 무대에 등장하려는 가야 세력의 존재를 나타냈다.

6세기에 들어오면서 한강 유역을 잃은 백제가 가야 지역으로 진출하여 압력을 가하였다. 가야는 이에 대항하면서 신라에 밀착하였는데, 이때 대가야는 신라 왕실과 결혼 동맹을 맺기도 하였다.

그러나 후기 가야를 이끌던 대가야는 연맹에 가담한 나라들을 정치적으로 강하게 통합하지 못하였다. 그것은 연맹에 속한 나라들이 세력에 큰 차이가 없고, 대가야도 크게 우세하지 못하였기 때문이다. 이와 같이 5세기 말 대가야 중심의 가야 연맹은 한계가 있었다.

이때 고대 국가로서 발전이 앞선 신라와 백제가 대대적으로 군사를 동원하여 압박을 가하고 일부 세력을 회유하였다. 그러자 가야 연맹의 내부 결속이 눈에 띄게 흐트러지면서 신라와 백제의 침략에 개별적으로 대응하는 데 그쳤다. 532년 금관(본)가야의 멸망을 시작으로 하여 가야 여러 나라들이 연이어 신라에 편입되었다. 마침내 562년 무렵, 대가야가 신라에 항복하여 가야의 역사는 막을 내리게 되었다.

앞서 살펴본 바와 같이, 가야는 독자적인 발전 과정을 밟았으며, 삼국과 긴밀한 관계 속에서 역사 무대에 존속하였다. 가야는 낙동강 유역의 풍요로운 평야 지대에 자리 잡고, 풍부한 철을 바탕으로 하여 해상 교역을 활발히 하면서 발전하였다. 그러나 가야는 신라와 백제 사이에서 양국의 견제와 회유를 받아 결국 단일한 고대 국가를 이루지 못하고 멸망하였다. 정복 전쟁이 끊임없이 벌어지던 고대 사회에서 가야는 그것을 수행할 강한 군대와 권력을 갖춘 하나의 나라로 통합되지 못하였기 때문이다.

 # 우아하고 정교한 백제 무령왕릉

6세기 백제의 국제 교류

무령왕릉은 1971년 여름에 우연히 발견되었다. 긴 장마로 송산리(현재 충청남도 공주시 금성동) 6호분이 물에 잠길까 걱정돼 그 뒤쪽으로 배수로 공사를 하던 중 생각지 못한 무덤이 발견된 것이다. 큰비가 내리는 가운데 밤새 도랑을 파서 무덤으로 빗물이 들어가지 못하게 하고, 무덤 널길을 막은 벽돌을 걷어 냈다. 그러자 무덤을 지키는 돌짐승이 나타났고, 그 앞에 '영동대장군 백제 사마왕……'이라고 새긴 지석이 있었다. '사마'란 백제 25대 왕인 무령왕의 이름이다.

도굴되지 않은 백제 왕릉이 발견되었다는 소식은 온 나라를 떠들썩하게 했다. 밀려드는 인파 때문에 치밀하게 계획을 세워 차분히 발굴하는 일은 불가능했다. 긴급히 구성된 발굴단은 철야 작업으로 하루 만에 발굴을 마쳤다. 서둘러 발굴하는 바람에 수천 점의 유물에 대한 실측과 상세한 기록은 작성하지 못하였고, 그 유물들이 품고 있었을 많은 정보도 함께 사라져 버렸다. 이것은 뒷날 두고두고

● **지석誌石** 죽은 이의 행적과 무덤의 방위 등을 적어서 무덤 앞에 묻는 돌.

무령왕릉을 지키는 돌짐승
악귀를 막고 죽은 이를 지키기 위해 놓은 것이다. 높이 30센티미터, 길이 47센티미터, 너비 22센티미터.

아쉬운 일이 되었다.

그러나 무령왕릉임을 명백히 밝혀 준 지석이 있어, 무령왕릉과 그 출토 유물은 백제 연구의 새 장을 열게 했다. 지석에는 사마왕이 523년 5월 7일에 돌아가셨고, 525년 8월 12일에 왕릉에 잘 모셨으며, 돈 1만 문으로 토지신에게 땅을 사서 무덤으로 하였다는 내용이 기록되어 있다. 이로써 무령왕이 죽은 뒤 27개월간 시신이 빈전*에 모셔졌다가 왕릉에 안장되었다는 사실을 알 수 있었다. 또 지석 위에 철제 오수전 한 꾸러미가 놓여 있었는데, 이 돈이 곧 토지신에게 땅을 산 대가로 지불한 대금이었다는 사실도 알 수 있었다.

무령왕릉은 벽돌을 쌓아 만든 무덤으로 무덤방은 직사각형으로 남북 4.2미터, 동서 2.72미터, 높이 3.14미터 규모다. 남북 벽은 반듯하게 쌓고, 동서 벽은 차츰 안으로 기울여 쌓아 올린 터널 형태다. 벽돌

● 빈전殯殿 국상 때, 상여가 나갈 때까지 왕이나 왕비의 관을 모셔 두는 곳.

은 한 줄은 세워서 쌓고 한 줄은 네 장씩 뉘어 쌓아 견고하
게 하였다. 크기도 다양하고 연꽃과 인동초 등 여러 가지 무
늬가 새겨진 스물여덟 가지 벽돌이 사용되었다. 사전에 정
확하고 치밀한 설계도를 마련하고 그에 따라 벽돌을 쌓아
올려 아치 구조를 만들었으며, 벽돌도 미리 계산해서 만든 것이다.

오수전 중국 고대의 가장 대표적인 화폐. 토지신에게 지불한 대금으로 무령왕릉 앞 지석 위에 놓여 있었다. 지름 약 2.4센티미터.

　무덤방 세 벽에는 복숭아 모양의 등잔 자리 다섯 개가 있고, 그 안
에 백자 등잔이 놓여 있었다. 등잔은 타다 남은 심지가 있는 채로 발견
되었다. 무덤방 내부에는 바닥보다 21센티미터 높게 쌓아 만든 받침
대가 있고, 그 위에 왕과 왕비의 목관재가 가득 놓여 있었다. 그리고
목관재 밑에 각종 장신구와 많은 부장품이 있었다. 왕과 왕비의 금제
관식, 금 귀걸이, 금·은제 허리띠, 금동 신, 금·은제 팔찌, 왕의 허리
에 있던 용봉문환두대도, 왕과 왕비의 나무 베개와 발받침, 청동 거울
과 청동 잔 받침을 갖춘 은잔 등 출토 유물은 108종 2900여 점에 달하
였다. 모두 정교하고 우아한 백제 문화의 모습을 보여 주는 것이었다.

　이토록 화려한 유물을 자랑하는 이 왕릉의 주인 무령왕은 어떤 인
물이었을까? 5세기 후반 백제는 고구려의 공격을 받아 수도 한성이
함락되어 나라의 존립이 위태로운 상황에 처했다. 이에 서둘러 수도
를 웅진(지금의 공주)으로 옮겼다. 그러나 천도한 뒤에도 귀족들이 반
역을 꾀하는 일이 잦았다. 무령왕은 이러한 때에 왕위에 올라 반역을
꾀한 귀족들을 토벌하고 백성의 삶을 안정시키는 데 힘썼다. 고구려
와의 전투에서도 여러 번 승리를 거두었고, 남쪽으로 영산강 유역과
섬진강 하류 지역까지 장악하였다. 대외 교류에도 적극 나서서 왜와
관계를 개선하고, 중국 남조의 양나라에 사신을 보내 고구려를 무찌
르고 다시 강국이 되었다고 공언하였다. 이것은 백제가 다시 바다를

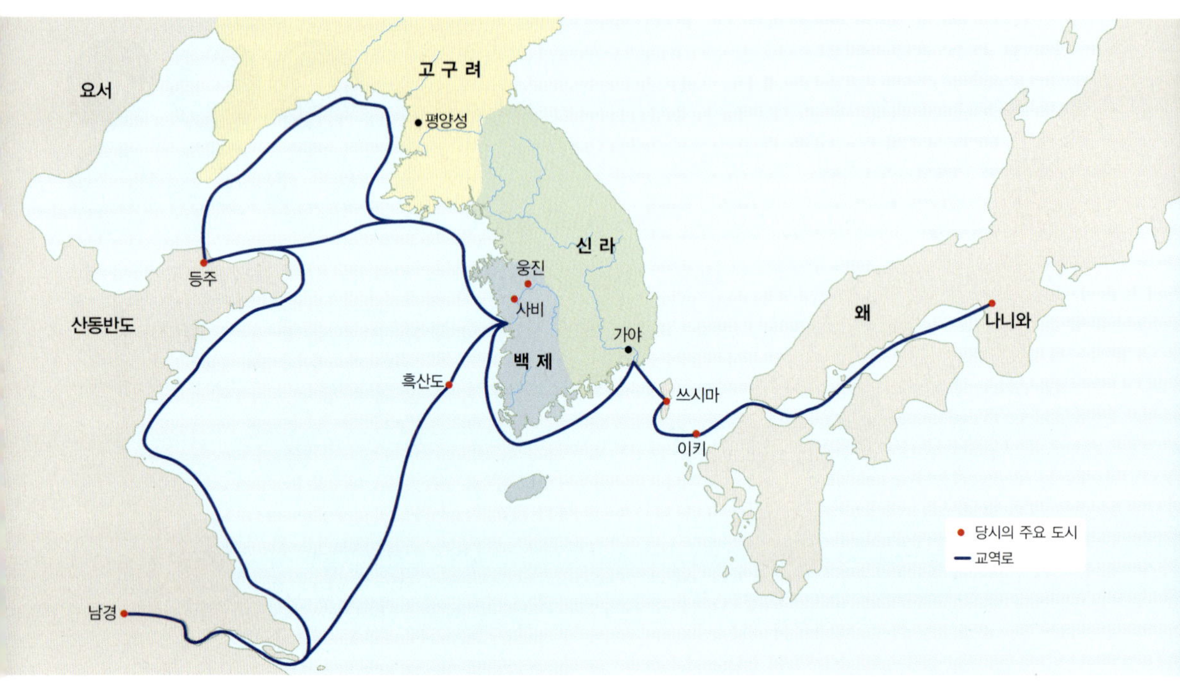

**6세기 백제의 국제 교역
관계도**

통한 국제 교역을 주도하게 되었음을 의미하는 것이다.

당시 국제 교역은 중국 산동반도를 출발하여 한반도 서해안을 따라 남하한 후, 남해안을 따라 동진하여 가야(김해)에 도착하고, 다시 김해에서 대한 해협을 건너 쓰시마와 이키 섬을 지나 규슈에 도착하고, 일본 혼슈와 시코쿠 사이의 바다를 항해하여 나니와(오사카)에 도착하는 연안 항로를 통해 이루어졌다. 이 바닷길을 통하여 사람과 물품, 기술과 문화가 이동하였다.

백제는 고구려에 패퇴하여 웅진으로 천도하고 교역도 위축되었지만, 일찍부터 해상 교역을 주도하였다. 무령왕 대에 다시 고구려를 견제하면서 남쪽으로도 세력을 넓혀 해상 교역을 활발히 하게 되었다. 양나라도 이러한 백제의 지위를 공인하고 서로 교류하였다. 백제는 인근의 가야나 왜와도 활발히 교류하였다. 이와 같은 6세기 전반의 상

황이 무령왕릉에 나타나 있다.

무령왕릉은 중국식 벽돌무덤으로, 원래 백제 양식이 아니다. 백제 왕릉은 돌무지무덤 또는 굴식 돌방무덤으로 돌을 사용하여 축조하였다. 벽돌무덤은 중국에서 한대부터 널리 쓰인 무덤으로, 백제가 중국 남조와 활발히 교류하던 시기에 무령왕릉이 조성되었음을 보여 준다. 축조에 사용된 벽돌 역시 양나라의 것과 비슷한 모양이어서 그 기술을 받아들여 만든 것으로 보인다. 많은 출토 유물 가운데 백자 등잔과 청동제 그릇류 역시 양나라 제품으로 밝혀졌다.

한편 왕과 왕비의 목관 재질은 일본산 금송으로 밝혀졌다. 당시 백제는 왜와 긴밀한 관계를 맺고 있었기 때문에 일본산 목재를 들여와 가공하여 목관으로 만든 것이다. 왕과 왕비가 머리에 쓰는 관에 붙인 한 쌍의 순금 관식은 불꽃이 타오르는 듯한 모습에 연꽃, 인동 당초 등의 무늬를 새겼고 작은 금판 조각이 수없이 붙어 있다. 백제 문화의 아름다움을 그대로 보여 주는 이 관식은 관의 앞면 또는 좌우에 꽂았을 것으로 보인다. 이와 비슷한 장식이 일본 후지노키 고분에서 출토된 금동 관에도 붙어 있다. 또 이 고분에서 무령왕릉의 것과 같은 형태의 금동 신이 발견되었다. 무령왕의 허리에 있던 칼, 즉 용봉문환두대도에는 둥근 고리 안에 여의주를 문 용이 생생히 묘사되어 있다. 이 칼은 가야와 일본에서도 비슷한 예가 발견되었다. 이 밖에 귀걸이 등 금제 장신구와 유리 제품 유물의 일부도 가야나 왜 또는 신라 고분에서 발견된 것들과 비슷한 모양이고, 동일한 제작 방식으로 만들어진 것으로 밝혀졌다.

고대 세계에도 국제적 문화 교류와 물자의 교역은 매우 활발하였다. 그것은 사회 변화와 발전을 추진하는 동력이 되기도 하였다. 삼국 가운데 특히 백제는 해상을 통한 대외 교류에 적극적이었는데, 그러한 흔적을 무령왕릉에서 볼 수 있다. 무령왕릉과 출토 유물들은 바다를 통한 국제 교류를 활발히 하였던 당시의 해상 강국 백제의 국제적, 개방적 문화의 모습을 그대로 전해 준다.

무령왕릉에서 나온 백제의 유물

왕과 왕비의 금제 관식 관의 앞면 또는 좌우 면에 붙인 한 쌍의 순금 관식에 불꽃이 타오르는 듯한 모습에 연꽃, 인동 당초 등의 무늬와 얇은 금판이 붙어 있다. 높이 30.7센티미터, 너비 14센티미터.

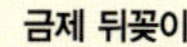

금제 뒤꽂이 왕의 머리에 꽂았던 것으로 추정된다. 마치 하늘로 날아오르는 한 마리 제비를 보는 듯하다. 길이 18.4센티미터, 윗부분 폭 6.8센티미터.

연꽃무늬 벽돌 두 개의 벽돌을 합쳐 한 송이의 아름다운 연꽃을 이룬 모양. 무령왕릉을 쌓는 데 사용된 벽돌은 스물여덟 종류가 넘는다.

금 귀걸이 화려한 장식 부분의 정교함과 우아함이 눈을 떼지 못하게 한다. 길이 8.3센티미터.

금동 신 왕비의 발치에서 발견되었다. 바닥과 측면 등 전체를 맞새김 기법으로 만들었다. 전체 길이 약 35센티미터.

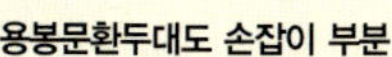

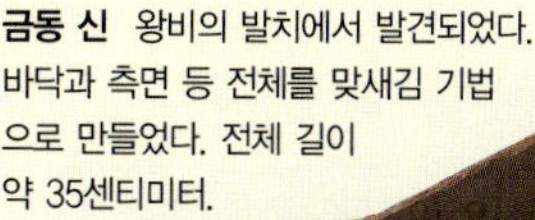

용봉문환두대도 손잡이 부분 무덤 속 무령왕이 찬 칼로, 손잡이 둥근 고리 안에 여의주를 문 용이 생생히 묘사되어 있다. 이 칼은 가야와 일본에서도 비슷한 예가 발견되었다. 길이 82센티미터.

남북국

# 신라는 삼국을 통일하였는가?

남북국의 성립

우리 역사를 이야기할 때 흔히 화제에 올리는 문제 가운데 하나가 신라의 삼국 통일이다. "만약 고구려가 통일하였다면?", "만약 백제가 통일하였다면?" 이런 말을 하면서 사람들은 신라가 삼국을 통일해서 드넓은 역사 무대를 잃어버렸다고 아쉬워한다. 그렇지만 국사 교과서나 개설서에는 '통일 신라'라는 이름을 쓴다. 그러면 이름 그대로 신라는 삼국을 통일하였는가?

신라의 한반도 남쪽 지역에 대한 통합과 발해의 건국 과정을 살펴보면 이렇다.

6세기부터 삼국은 서로 통일의 주도권을 잡으려고 잦은 전쟁을 벌였다. 장수왕 때부터 고구려가 남진 정책을 펴자, 신라와 백제가 동맹을 맺어 고구려에 맞섰다. 그 뒤 신라가 한강 유역을 차지하자, 고구려와 백제가 연합하여 신라에 맞섰다. 이렇게 그때그때 이해관계에 따라 삼국이 서로 동맹을 맺거나 겨루었다.

한편 중국을 통일한 수나라, 당나라는 여러 번 고구려를 정복하고자

하였으나 실패하였다. 이때 신라가 수, 당과 연합하고자 하였다. 당시 외교 활동을 적극적으로 펼친 인물이 김춘추였다. 그는 가야 왕실 출신의 무장 김유신과 연합하여 왕위 계승을 둘러싼 권력 다툼에서 승리하고, 진골 출신으로는 처음으로 왕위에 올라 무열왕이 되었다. 무열왕은 당과 연합하여 밖으로 백제의 공격을 막고, 안으로는 자신의 권력 기반을 강화하였다. 이윽고 신라와 당의 연합군은 660년 백제를 멸망시키고 668년 고구려를 무너뜨렸다.

그러나 당이 주도권을 쥐고 전쟁을 벌였기 때문에 전후 처리도 당이 좌우하게 되었다. 당은 백제와 고구려 땅에 각각 도독부*를 두어 점령지를 지배하였다. 이것은 당이 평양 이남의 백제 땅은 신라에 넘기기로 한 약속을 저버린 것이다. 그뿐만 아니라 신라까지 정복하여 한반도 전체를 지배하고, 당나라 중심의 세계 질서를 세우려는 속셈을 드러내었다.

당이 신라까지 집어삼키려 하자, 신라는 당과 맞서 싸울 수밖에 없었다. 그래서 당군과 싸우는 고구려 유민들의 부흥 운동을 지원하고, 백제의 옛 땅 사비성(지금의 부여)에 백제 유민들을 정착하게 하였다.

그러자 당은 문무왕의 동생인 김인문을 신라 왕으로 봉하여 신라의

● **도독부** 당이 외지를 통치하기 위해 설치한 군사 행정 기구. 당나라는 고구려, 백제가 멸망한 뒤 그 옛 땅에 각각 9도독부, 5도독부를 두었고, 신라 땅에도 계림 도독부를 두어 통치하려 하였다.

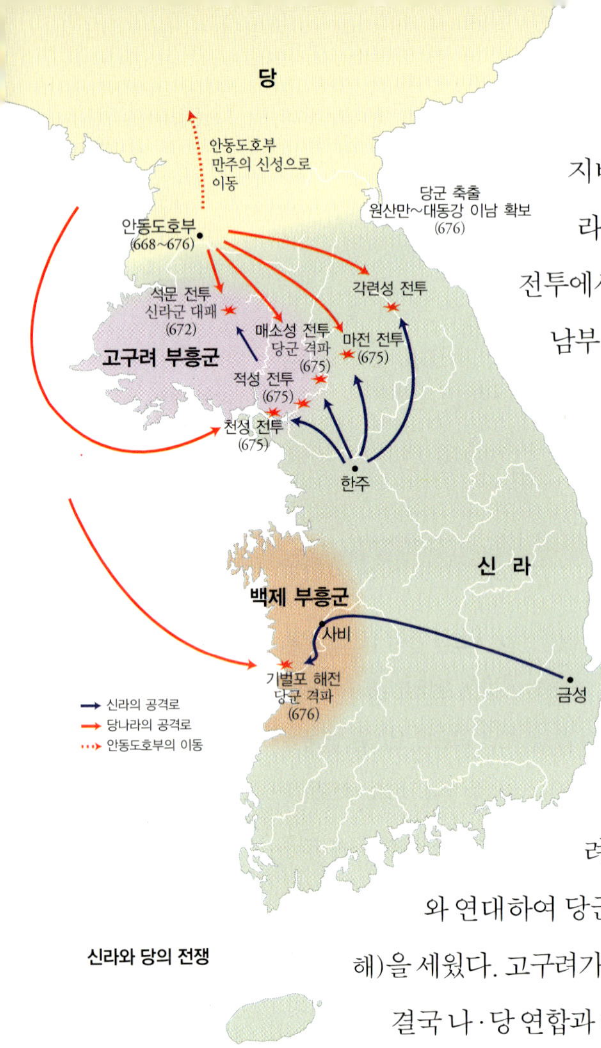

신라와 당의 전쟁

지배층을 이간하는 술책을 쓰면서 또다시 신라를 공격해 왔다. 그러나 한강 유역의 매소성 전투에서 신라는 당군을 크게 무찌르고, 한반도 중남부 지역을 통합하였다.

당나라가 고구려를 점령하여 지배하자, 고구려 유민은 당에 맞서 강하게 저항하였다. 이에 평양의 안동 도호부°가 곧바로 요동 지방으로 밀려났다. 압록강 이북에서 당나라에 강제 이주되었던 고구려 유민도 요동 지방을 근거로 하여 강력하게 투쟁하였다. 이 과정에서 고구려를 계승한 나라를 세울 역량이 쌓였다. 고구려 장군 출신 대조영은 말갈인 추장 걸사비우와 연대하여 당군을 격파하고, 동모산에 정착하여 진국(발해)을 세웠다. 고구려가 멸망한 지 30년이 채 안 된 때였다.

결국 나·당 연합과 여·제 동맹으로 맞선 국제전은 신라와 발해의 성립으로 귀결되었다.

이러한 전쟁 과정에서 신라는 민족을 배반하고, 외세인 수·당 군대를 끌어들였다 하여 사대적이라고 비판을 받았다. 그러나 당시 신라의 외교 정책은 삼국의 생존을 건 전쟁의 소용돌이에서 나온 것이다. 여기서 문제가 되는 것은, 삼국 상호 간에 서로를 하나의 민족이라고 생각하였는가 하는 점일 것이다. 처음부터 삼국이 각각 독자적인 나라로 성립, 발전하였고 100년이 넘는 동안 국가의 명운을 걸고 서로 전쟁을 벌였던 사실을 생각한다면, 한 민족이라는 의식이 있었다고 보기 어렵다. 그렇

● **안동 도호부** 고구려 멸망 후, 당나라가 고구려 옛 땅에 설치한 최고 군정 기관.

다면 신라에게 고구려나 백제도 수, 당과 같이 다른 나라였을 것이다. 하나의 민족이라는 의식은 고구려와 백제가 멸망한 뒤, 신라가 침략자 당군을 그 유민들과 함께 물리치는 과정에서 생겨났을 것이다.

신라가 한반도 이남 지역을 통합한 것은 신라의 처지에서 본다면 큰 발전이었다. 그러나 현재의 우리도 신라가 삼국을 통일하였다고 그대로 받아들일 수 있을까? 지난날 고려나 조선 시대에는 이 사실을 어떻게 생각했을까?

백제를 통합한 뒤 신라는 '삼한일통'三韓一統, 곧 삼한이 하나로 합쳐졌다고 하였다. 전쟁의 주역이었던 김유신은 "삼한이 한집안이 되고, 백성은 두 마음을 갖지 않게 되었다."라고 하였다. 『삼국사기』에서는 "상국인 당과 함께 모의하여 삼국을 한집안으로 만들었다."고 평하였다. 이것은 『삼국사기』를 편찬한 때인 고려 전기의 역사 인식을 보여 준다. 『삼국사기』의 편찬을 맡은 김부식은 유학자이자 신라계 출신 문벌 귀족이다. 당시 고려는 주로 신라계 출신 문벌 귀족들이 정치를 주도하면서 외교 면에서도 금나라를 섬길 것을 주장하고 있었다. 그리하여 삼국의 역사를 서술할 때에도 신라를 중심으로 하고, 고구려가 수, 당의 침략을 물리친 사실은 깎아내리고, 신라의 통일은 잘한 일이라고 평가한 것이다. 이러한 인식은 조선 전기까지 그대로 이어졌다.

그러나 조선 후기가 되면 발해에 대한 인식이 싹트기 시작하고, 발해사를 기록한 책도 나오게 되었다. 『발해고』를 지은 유득공은 그 서문에서 『삼국사기』에 삼국사만 서술하고 발해사를 기록하지 않은 것을 비판하고, 마땅히 신라를 남국으로 발해를 북국으로 한 역사 서술이

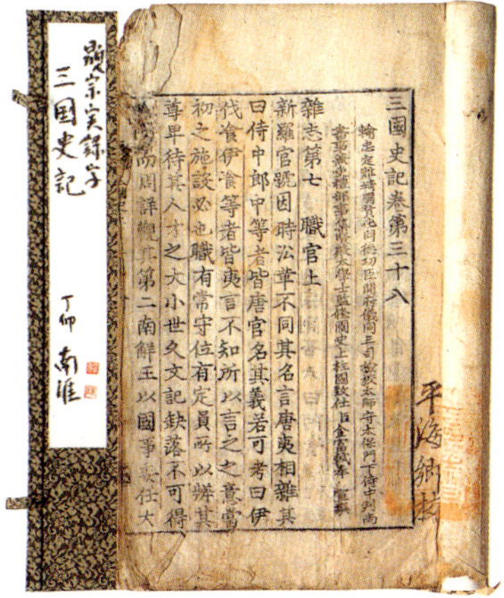

『삼국사기』 유학자이자 신라계 출신 문벌 귀족 김부식이 편찬을 주도한 역사책. 고구려가 수, 당의 침략을 물리친 사실은 깎아내리고, 신라의 통일은 잘한 일이라고 평가했다.

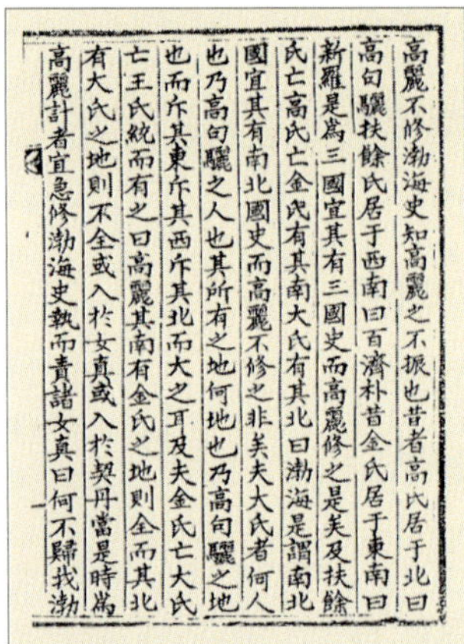

『발해고』 조선 시대 실학자 유득공이 한국, 중국, 일본의 역사서를 참조하여 저술한 책. 발해의 역사를 독립적으로 다루어 우리 역사의 영역으로 끌어들였다.

이루어져야 한다고 주장하여 '남북국 시대론'의 실마리를 열었다. 김정호는 『대동지지』에서 "고구려, 백제가 멸망한 50년 뒤에 발해가 다시 고구려의 옛 땅을 이어서 신라와 더불어 남북국을 이룬 지 200여 년이 되었다. 고려 태조가 남북국을 하나로 통일하였다."라고 하여 우리나라 최초의 통일 왕조로 고려를 내세웠다.

실학자들이 조선 사회의 모순과 갈등을 극복하고 앞날의 방향을 찾는 가운데, 지리와 역사 분야에서 우리 옛 역사 무대에 대한 관심이 일어나게 되었다. 이에 따라 이전의 신라 중심 역사 인식에서 벗어나게 된 것이다.

이러한 인식은 근대 역사학으로 이어졌다. 일제 강점기의 역사가 신채호는 『삼국사기』를 비판하면서 백제를 병합한 신라와, 고구려를 계승한 발해가 병립하였다고 하여 '양국 시대'라고 불렀다.

현재에도 실학의 역사 인식을 계승하여 신라와 발해가 있었던 시대를 남북국 시대라고 한다. 남북국 시대라고 한다면 어느 한쪽 나라 이름에 '통일'이라고 붙이는 것은 맞지 않다. 또한 발해사도 신라사와 같은 비중으로 다루어야 할 것이다.

해동성국은 어떤 나라인가?

발해사의 이해

발해는 고구려의 장군이었던 대조영이 고구려 유민들을 이끌고 길림성 돈화현의 동모산을 중심으로 698년에 세운 나라다. 처음에는 나라 이름을 진국이라고 하였다가 발해라고 고쳤다. 발해는 남쪽의 신라와 더불어 남북국을 이루었다.

그러나 200여 년 동안 한반도 북부, 요동과 만주 일대를 아우르면서 '해동성국'이라고 불리던 발해의 역사를 아는 데에는 어려움이 있다. 무엇보다도 발해 사람들이 스스로 남긴 역사 기록이 남아 있지 않기 때문이다. 게다가 발해 유민을 받아들였던 고려에서도 발해 역사를 제대로 기록해 두지 않았기 때문에 오늘날 발해사에 접근하기란 쉬운 일이 아니다. 역사학자들이 발해를 연구할 때, 중국의 역사 기록을 1차 사료로 이용하는 것은 바로 이 때문이다.

그런데 중국, 러시아, 일본 등에서는 발해를 중국 변방의 한 종족인 말갈족이

발해의 돌사자상 발해의 수도 상경성을 지키던 한 쌍의 돌사자상.

세운 나라로 다룬다. 중국에서는 발해를 당나라의 한 지방 국가였다고
하고, 러시아도 말갈족의 나라였다고 하여 발해를 우리 민족과 분리한
다. 일본도 발해가 위치했던 만주 지역을 우리 역사에서 제외하고, 발해
와 일본의 외교 관계를 중심으로 연구한다.

이렇듯 우리는 발해 역사를 당연히 우리 민족사에 넣고 있으나, 이웃
나라들은 그렇지 않은 형편이다. 먼저 우리의 생각과 이웃 나라의 주장
이 다르게 나타나게 된 근거 자료부터 살펴보자.

발해를 세웠다는 대조영에 대해서 남아 있는 가장 오래된 기록은 중
국의 『구당서』와 『신당서』다. 『구당서』 「발해 말갈전」에서는 '계루의
옛 땅'에 도읍을 정하였다고 기록하였다. 계루라는 것은 고구려 왕실의
종족 이름이다. 따라서 '계루의 옛 땅'에 도읍하였다는 것은 발해가 고
구려와 관계가 깊다는 것을 뜻한다.

한편 『신당서』 「발해전」에는 "발해는 속말 말갈●인데, 고구려에 붙어
살던 족속으로 성씨는 대씨다."라고 한 부분이 있어 우리의 판단을 흐리
게 한다. 그뿐만 아니라, 발해를 세운 지역도 '읍루의 옛 땅'으로 되어
있다. 읍루라는 말은 중국인이 말갈의 조상을 일컬어 부르던 말이다. 그

러므로 '읍루의 옛 땅'에 나라를 세웠다는 것은 바로 말갈족이 자신들 조상의 땅에 나라를 세웠다는 이야기가 된다.

발해의 기원에 대해서는 위의 두 가지 기록 가운데 어느 쪽을 고르느냐에 따라 차이가 난다. 두말할 것도 없이 우리나 북한은『구당서』쪽을 택하고 중국, 러시아, 일본 등은『신당서』쪽에 비중을 둔다. 그러니 결론이 다를 수밖에 없다.

그러면 두 책의 서술이 달라진 이유는 무엇일까?『구당서』는 당의 건국(618년)에서 멸망(907년)에 이르는 역사를 기록한 책으로, 발해가 멸망한 지 20여 년이 지난 945년 무렵에 완성되었다. 그때 중국은 당이 망하고, 각지에 여러 나라가 들어서 서로 다투던 혼란기였다. 그래서 책 내용에 얼마간 부실한 점이 보이기도 한다. 그러나 당이 망한 지 얼마 안 된 시점에 만들어졌기에 그 자료적 가치는 충분히 인정된다. 반면『신당서』는 1060년 무렵 송나라 황제의 명령에 따라 구양수 등이『구당서』를 보완하고 손질하여 완성한 책이다. 송의 입장을 강조한 반면, 사실 고증을 소홀히 하여 역사 자료로서 가치는 떨어진다고 평가된다. 따라서 사료 가치는『구당서』쪽이 더 높다고 하겠다. 더욱이 외교 관계 기록은 단연『구당서』의 기술이 신빙성이 높다.

그런데도 외국에서 발해사를 연구하는 데 굳이『신당서』쪽을 택하는 까닭은 무엇일까? 무엇보다도 지금 자기 나라가 차지한 영토에 대한 관심 때문이다. 발해의 영토는 한반도 북부 지역에서 중국의 만주, 요동 지역 그리고 러시아의 연해주를 포함하는 지역까지 미친다. 만일 이 지역에서 영토 분쟁이 일어날 경우, 발해가 자국 역사와 연관된 것이라면 연고권을 주장할 수도 있다.

역사라는 학문의 연구 대상은 늘 과거의 사실이지만, 역사에 대한 관심은 언제나 현재에서 출발한다. 일찍이 실학자 유득공이 "고려 왕조에서 발해사를 기록하지 않았기 때문에 발해가 차지하였던 영토를 잃게 되었다."고 지적한 것도 이와 같은 뜻에서 한 말이다.

위의 두 가지 중국 역사책만 가지고는 논쟁에서 쉽게 결론이 나지 않는다. 그러면 다른 자료는 없을까?

먼저 물질적 증거를 들 수 있다. 발해 유적에 대한 고고학 발굴 결과, 발해 문화는 고구려 문화를 계승했음이 인정된다. 고분에서 발견된 여러 공예품과 도자기, 그리고 발해 문왕의 딸인 정혜공주와 정효공주의 무덤 형태에서 고구려와 부여의 전통이 발견된다. 발해에는 문화 전통이 다른 여러 집단의 다양한 문화가 섞여 있지만, 이것은 고구려 때 중앙과 지방의 각기 다른 문화가 발해에도 지속된 것으로 해석된다.

또한 발해인의 손으로 작성한 외교 문서가 있다. 현재 몇 건 남아 있는 문서 가운데 발해의 두 번째 왕인 무왕이 일본에 보낸 국서에는 "고구려의 옛 땅을 되찾고……"라고 하였고, 그 뒤에도 발해 왕들은 스스로 '고려 왕'이라고 칭하였다. 그뿐만 아니라, 일본에서 발해에 보낸 국서에도 "삼가 고려 왕에게 물으니……"라는 구절이 있다. 이로써 당시 발해인이나 일본인은 모두 발해가 고려, 곧 고구려를 계승한 나라라고 생각했음을 알 수 있다.

그러면 신라에서는 발해를 어떻게 생각하였을까? 신라 말의 유학자 최치원이 당 황제에게 보낸 국서에서는 발해를 '고구려의 잔당'이라고 표현하였다. 이 말은 비록 발해를 얕잡아 보는 표현이지만, 신라인들이 발해를 고구려의 후손으로 인정하였다는 증거가 된다.

위와 같은 근거를 가지고 우리는 발해를 우리 민족사에 포함한다. 그러나 이것에 반대하는 주장도 만만치 않다. 발해인 가운데 지배층은 고

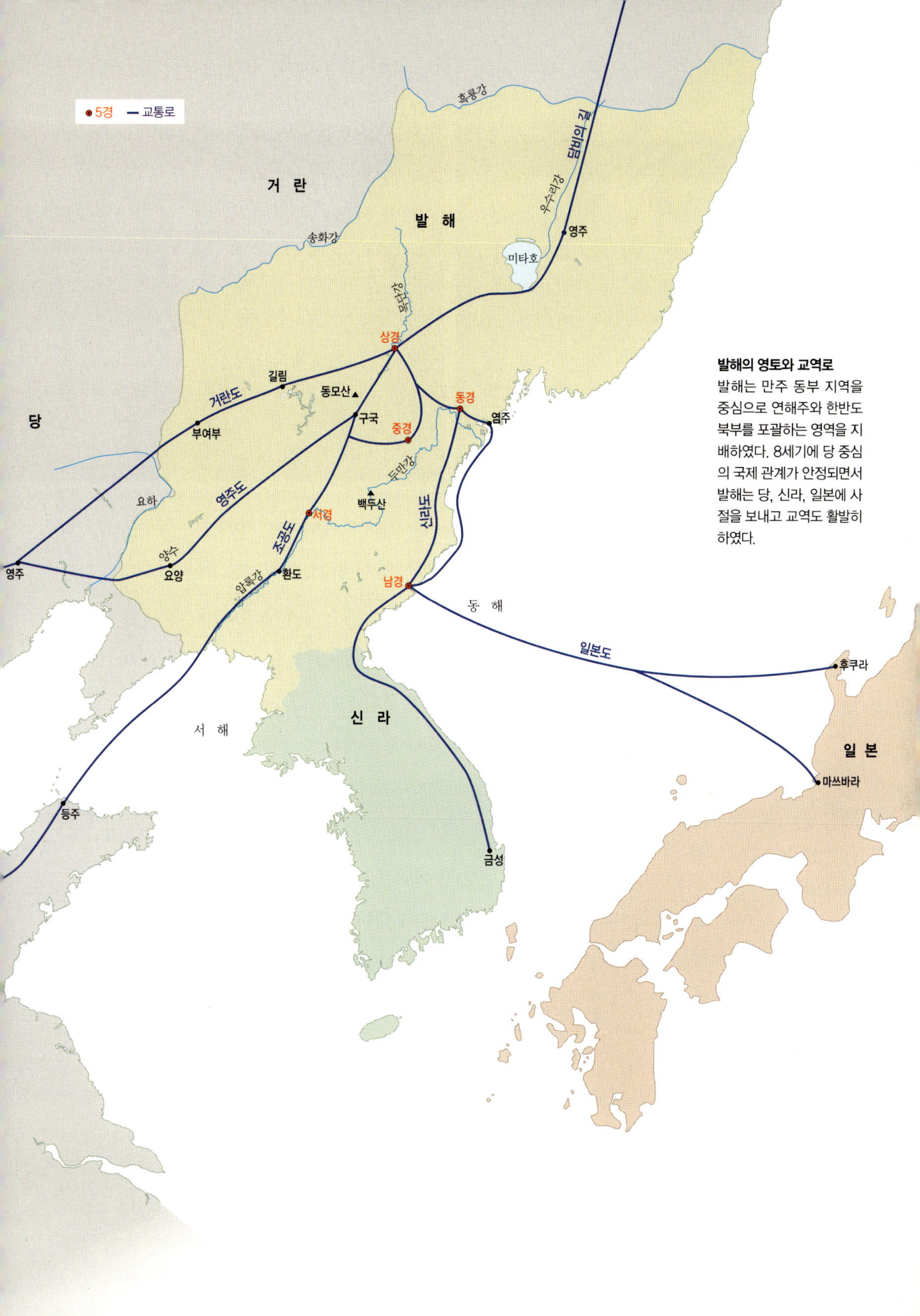

발해의 영토와 교역로
발해는 만주 동부 지역을 중심으로 연해주와 한반도 북부를 포괄하는 영역을 지배하였다. 8세기에 당 중심의 국제 관계가 안정되면서 발해는 당, 신라, 일본에 사절을 보내고 교역도 활발히 하였다.

발해의 고분 벽화 발해 문왕의 딸인 정효공주의 무덤 벽화. 12명의 무사, 시위, 악사들이 사실적 기법으로 그려져 있어 발해인의 모습을 살펴볼 수 있다.

구려의 후손이었지만, 인구의 대부분을 차지하는 피지배층은 말갈인이었다는 문제가 제기된다. 또 발해가 망한 후 그 유민이 고려로 넘어왔다고 하지만, 발해 역사가 우리 역사에 어떠한 영향을 끼쳤고, 발해의 무엇을 계승하였는가 하는 문제가 제기될 수 있다. 이러한 문제에 대해서도 타당한 근거를 가지고 비판해야 한다.

발해사에 대해서는 문헌 자료가 부족하고 중국과 러시아에서 발굴한 자료들은 쉽게 공개하지 않아 연구에 어려운 점이 많다. 그러나 근래에는 러시아와 공동으로 연해주의 발해 유적 발굴이 지속적으로 진행되고 있으며, 그에 따라 발해 문화의 새로운 모습이 밝혀지고 있다.

우리가 발해사를 우리 민족사에 당연히 포함하는 만큼 발해사가 우리 역사에서 차지하는 위치나 역사적 의의는 앞으로 계속 밝혀내야 할 문제다. 또한 발해사가 우리 민족사에 속한다는 사실을 객관적으로 받아들일 수 있도록 당시의 세계사적 관점에서 발해사에 대한 이해를 높이는 일도 필요하다.

나무아미타불 나무아미타불
원효의 삶과 대중 교화

불교를 공인한 뒤 100여 년 동안 신라는 불교를 적극 장려하여 여러 가지 의식과 행사가 성대하게 시행되고, 계율이 갖추어졌다. 원광이나 자장 같은 뛰어난 승려들이 나와 왕과 귀족의 극진한 대우를 받으며 정치 자문도 하고, 외교 문서도 작성하면서 활발히 활동하였다.

그러나 이러한 불교는 일반 백성에게까지 이르지는 못하였다. 이때 거리에서, 장터에서 일반 백성과 같이 어울리며 부처의 법을 설하고 돌아다니는 승려들이 있었다. 그 대표적 인물이 원효다.

원효는 압량군(지금의 경상북도 경산군 압량면) 남쪽 불지촌 밤나무 골에서 태어났다. 원효의 어렸을 때 이름은 서당이었다. 아버지는 설씨로, 내마● 벼슬을 지냈다. 따라서 원효는 6두품 출신이었을 것이다.

원효는 어려서 출가하여 승려가 되었으나, 스승을 정하지 않고 곳곳을 돌아다니며 여러 사람에게 두루 배웠다. 그는 불교 경전 공부에 힘써 그 뜻을 깊이 알게 되었고, 문장에도 뛰어나 글을 잘 지었다.

젊었을 때 원효는 의상과 함께 당나라에 유학 가려고 길을 떠났다. 당

● **내마** 신라 17관등 중 열한째 등급. 5두품 이상이 오를 수 있다.

시 당의 서울 장안에는 현장(삼장 법사)이 7년 동안 인도의 나란타 불교 대학에 유학하면서 많은 불경을 구해 가지고 돌아와 경전을 새로 번역하고 새로운 불교학을 강의하고 있었다. 원효는 그것을 배우러 가려고 했던 것이다. 그러나 요동에서 고구려 병사에게 붙잡혀 몇십 일 동안 갇혀 있다가 간신히 빠져나오는 바람에 가지 못하였다.

몇 년 뒤, 이번에는 바다를 건너 중국으로 가려고 하였다. 의상과 함께 배를 타려고 당항성(지금의 인천 부근)으로 가던 길에 날이 저물어 어떤 동굴에서 잠을 잤다. 다음 날 눈을 떠 보니 그곳은 공동묘지였다. 비가 오고 날씨가 안 좋아 할 수 없이 그 동굴에서 하루를 더 머물러야 했다. 어제는 아무것도 모르고 잠을 잤으나, 무덤 옆이라는 것을 알게 되자 두렵고 온갖 생각이 들어 잠을 이룰 수가 없었다.

'어제 달게 잠을 잔 동굴이 오늘 알고 보니 무덤이구나. 똑같은 곳인데도 무덤이라는 것을 알고 나니 마음에 두려움이 생기는구나. 모든 것이 달라지는 근본은 바로 이 마음 때문이라!'

이렇게 생각하고 나자, 굳이 중국에 유학 가려는 욕망이 사라졌다. 어디에서든 바른 마음으로 공부하는 것이 중요하지, 올바른 마음자리를 정하지 못하면 유학을 간들 무엇하겠는가? 원효는 의상에게 작별을 고하고 발길을 돌렸다.

되돌아온 원효는 푸근한 마음으로 여기저기를 돌아다녔다. 보잘것없는 천민이나 농민들과 어울려 같이 일하고, 술도 마시며 함께 놀기도 하였다. 머무는 곳도 일정하지 않았다. 때로는 화엄경을 강의하기도 하고, 거문고를 타면서 음악을 즐기기도 하고, 좋은 산과 강을 만나면 수행을 하기도 하였다.

분황사 석탑 경상북도 경주시 구황동 분황사에 있는 탑. 돌을 벽돌 모양으로 다듬어 쌓은 탑이며, 원래 9층 탑으로 추정되나 지금은 3층만이 남아 있다. 분황사는 신라 선덕여왕 3년(634년)에 지어진 절로서 원효가 머물면서 『화엄경소』華嚴經疏를 쓴 곳이다.

원효의 모습은 도무지 그때의 거룩한 승려들과 같지 않았다. 그러나 원효는 부처의 말씀을 모든 사람들에게 나누어야 한다는 것을 깨치고 있었다. 신분이 낮고 하찮은 일을 하는 사람일지라도 모두 좋은 일은 기뻐하고 어려운 일은 서로 도우며 살아가고 있었다. 이들도 귀족과 마찬가지로 깨달음을 얻을 수 있는 마음을 가지고 있다는 것을 원효는 분명히 깨닫고 있었다.

그러던 어느 날, 원효는 요석궁의 공주와 잠시 인연을 맺어 아들을 낳는데, 그가 바로 설총이다. 설총은 경서와 역사책에 두루 통달하였다. 그는 또 한자의 음과 뜻을 빌려 우리말을 적는 방법인 이두를 고안하였다고 하는데, 이것은 한문 고전을 읽는 데 지금도 쓰인다.

원효는 설총을 낳은 뒤로는 스님들이 수행하며 지켜야 할 계율을 어겼다 하여 스스로 소성 거사라고 칭하였다. 거사란 불교에서 출가하지 않은 남자 신자를 가리키는 말이다. 그는 승복을 벗고 보통 사람들의 옷을 입었다. 그리고 광대처럼 큰 박을 가지고 노래하고 춤추고 다니면서 "나무아미타불!"을 불렀다. 이 말은 아미타불에게 귀의한다는 뜻인데,

정성을 다하여 부르면 어려운 불교 교리를 몰라도 죽어서 서쪽에 있는 극락정토에 다시 태어난다고 하였다.

이리하여 궁벽한 촌의 가난하고 무지한 사람들도 부처를 알고, '나무 아미타불'이라고 염불하게 되었다. 당시 사람들은 삼국 간에 계속되는 전쟁을 치르느라 무거운 부역과 군역의 부담에 지쳐 있었다. 그 때문에 원효의 가르침을 따라 아미타불과 극락정토를 믿고 위안을 얻었다.

이렇게 원효는 정한 곳 없이 온 나라를 두루 돌아다니며 백성들에게 부처의 가르침을 전하였다. 그래서 지금도 우리나라 곳곳에는 원효와 인연이 있다는 설화를 가진 절이 많다.

원효는 당시까지 전해진 여러 경전을 공부하고 독자적으로 해석하여 많은 저술을 남겼다. 당시 논쟁이 되던 불교학 문제들에 대해서는 모두 하나의 이치로 귀결된다는 입장에서 그 뜻을 밝혀냈다. 여러 강의 물이 바다로 들어가면 모두 짠맛의 바닷물이 되듯, 경전의 여러 가지 교설도 본뜻은 부처의 진리를 설한 것이다. 이러한 그의 조화 정신을 화쟁 사상이라고 하며, 불교의 근본 뜻을 잘 드러낸 그의 많은 저술은 세계적으로 높이 평가되었다. 신라에서는 원효의 연구를 이어받아 불교학에 뛰어난 승려가 많이 배출되었다.

원효는 불교의 진리를 혼자 깨닫는 데 그치지 않고, 백성들과 함께 생활하며 불교를 널리 알려 믿게 하였다. 또 원효는 천한 노비나 무지한 백성들에게도 누구나 깨달을 수 있는 본성이 갖추어져 있음을 밝혀낸 저술을 남겼다. 이것은 삼국 간의 긴 전쟁을 거치며 마침내 한반도 남쪽을 통일하는 과정에서 성장한 백성의 지위와 의식을 반영하는 것이기도 하였다. 신라에서 누구나 아미타불을 염불하며 불교를 신앙하게 된 것은 원효의 교화 덕분이었다.

신라인들이 생각한 불국

불국사와 석불사

경주 토함산에 있는 불국사와 석불사(석굴암)는 우리나라의 대표적 불교 문화 유적이다. 두 절은 8세기 후반에 창건되었는데, 다음과 같은 설화가 『삼국유사』에 전한다.

모량리의 가난한 여인 경조에게 아들이 하나 있었다. 아이는 머리가 크고 이마가 평평하여 마치 성과 같았으므로 이름을 대성大城이라고 하였다. 이들은 집이 가난하여 부자 복안의 집일을 해 주고, 그 집에서 준 약간의 밭을 부쳐 먹고살았다.

어느 날 흥륜사의 스님이 복안의 집에 와서 법회를 베풀기 위한 보시를 권하였다. 복안이 베 50필을 시주하자, 스님은 축원하면서 말하였다.

"시주께서 보시를 좋아하시니 천신이 늘 돌볼 것입니다. 하나를 베풀면 그만 배를 얻게 될 터이니, 안락하고 장수를 누릴 것입니다."

대성이 이 말을 듣고 뛰어 들어가서 어머니에게 말하였다.

"제가 문 밖에서 스님의 축원을 들으니, 하나를 보시하면 만 배를 얻는다고 합니다. 우리 집은 전생에 선한 일을 못했기에 지금 이렇게 가난한 것입니다. 지금 또 보시하지 않는다면 내세에는 더욱 곤궁할 터이니, 고용살이로 얻은 밭을 보시하여 훗날 과보를 얻게 하면 어떻겠습니까?"

어머니는 아들의 말이 옳다고 여겨 밭을 절에 바쳤다. 그런지 얼마 안 되어 대성이 죽었다. 그날 밤, 재상 김문량의 집에 하늘에서 외치는 소리가 들렸다.

"모량리의 대성이란 아이가 네 집에 태어날 것이다."

그 소리에 놀라 사람을 시켜 찾아보게 하였더니 대성이 과연 죽었는데, 그때가 하늘에서 외치는 소리가 들릴 때였다. 김문량의 아내가 임신하여 아이를 낳으니, 아이는 왼손을 꼭 쥐고 펴지 않았다. 7일 만에야 주먹을 폈는데, '대성'이라고 새긴 패쪽이 있었다. 그래서 이름을 대성이라 짓고 전생의 어머니인 경조를 모셔 함께 봉양하였다. 대성은 후일 현생의 부모를 위하여 불국사를, 전생의 부모를 위하여 석불사를 세웠다.

이 설화에 따르면 불국사와 석불사는 김대성이라는 인물이 현생과 전생의 부모를 위해 세운 절이다.

곧 불국사와 석불사는 불교 신앙과 효도가 결합되어 세워지게 되었다. 신라인은 현생의 부모를 잘 봉양하는 것뿐 아니라 내세까지 축원하는 것이 진정한 효도라고 생각하였던 모양이다.

설화의 주인공 김대성은 실제 인물로 밝혀졌다. 진골 출신으로, 경덕왕 대에 국정의 최고 책임자인 중시中侍를 지낸 인물이다. 중시에서 물러난 뒤인 51세에 불국사와 석불사를 건립하기 시작하였고, 20여 년 후 그가 세상을 떠나자 나라에서 완성하였다고 한다.

그런데 사실 불국사는 이전부터 있던 절을 김대성 때에 이르러 크게 다시 지은 것이었다. 이미 문무왕 대에 의상 대사가 이곳에서 제자들에게 화엄경을 강의하였다. 김대성의 노력으로 불국사는 전체 2000여 칸에 이르는 대규모 사찰이 되었다. 그 뒤로도 몇 차례 손질하여 고쳤으나, 임진왜란 때 무기를 절에 숨겨 둔 것이 왜군에게 발각되어 절이 모두 불태워졌다. 현재 우리가 보는 불국사는 조선 후기에 다시 짓고 1970년대에 대규모로 복원한 것으로, 원래 모습을 다 갖추지는 못하였다. 그러나 탑과 석축, 석교 등 석조물과 아미타불상, 비로자나불상은 당시의 모습을 전해 준다.

불국사 경주 토함산에 자리 잡은 불국사는 751년에 당시 재상이었던 김대성이 다시 짓기 시작하여, 774년에 완성하였다. 현재의 모습은 1970년대에 대규모 복원 공사로 이루어진 것이다. 1995년 석굴암과 함께 유네스코 세계 문화유산으로 지정되었다.

석가탑 백제의 장인 아사달이 만들었다는 전설이 전해오며, 전형적인 신라 탑의 모습을 보여 준다. 이 탑 안에서 세계에서 가장 오래된 목판 인쇄물인 무구정광대다라니경이 발견되었다.

다보탑 석가탑과 대조되는 독특한 형태의 탑이다. 1925년경 일본인들이 이 탑을 해체하고 보수했는데, 탑 안에 있던 유물은 현재 행방을 알 수 없다.

불국사는 신라인들이 생각하는 불교의 이상 세계를 건축으로 구현해 놓은 절이다. 크고 작은 자연석을 잘 다듬어 견고하게 섬돌을 쌓고 그 위에 불국을 조성하였다. 석가모니불을 모신 대웅전과 다보탑, 석가탑으로 이루어진 구역이 있고 극락전, 비로전을 중심으로 한 구역이 있으며, 그 밖에도 관음전, 지장전 등 많은 건물이 있다.

대웅전으로 가려면 청운교, 백운교를 올라가야 한다. 이 두 다리는 서른세 계단으로 되어 있어 33천天을 상징한다. 계단을 오르면 '붉은 안개가 서린 문'이라는 뜻의 자하문이 나타난다. 문 옆으로 회랑(복도)이 있고 양쪽 끝에 범영루와 경루가 있다. 범영루는 범종*을, 경루는 경전을 둔 곳이다. 회랑은 다시 대웅전과 그 뒤의 무설전까지 연결되어, 회랑을 통해 대웅전 옆문으로 들어가 예불하게 된다.

대웅전 뜰에는 석가탑과 다보탑이 있다. 이 두 탑은 다보여래**가 나타나 석가여래의 깨달음을 증명해 주었다는 법화경에 나오는 설화를 상징한다. 대웅전에는 석가모니불을 본존불(으뜸가는 부처)로 모시고 그 양옆에는 미래와 과거를 상징하는 미륵과 갈라보살을 모셔 놓았다. 대웅전 뒤의 무설전은 경전을 읊고 설법을 하는 강당인데, 무설無說이라는 이름을 붙여 진리는 말로 표현되는 것이 아님을 나타내었다.

청운교와 백운교 서편에 있는 연화교와 칠보교를 올라가면 안양문에 이르게 된다. 안양安養은 극락이라는 의미이다. 이 문으로 들어가면 아미타불**을 모신 극락전이 나온다. 극락은 괴로움이 없고 지극히 안락한 세상으로, 극락왕생은 백성들도 염원하는 신앙이었다.

무설전 뒤쪽의 비로전은 비로자나불을 모신 건물이다. 비로자나불은 진리 그 자체를 상징하는 부처이다. 의상 대사 이후로 화엄경 연구와 신앙이 깊어지면서 불국사에 비로전이 조성되었다.

김대성이 전생의 부모를 위해 건립하였다는 석불사는 석굴 형태의 절이다. 산을 파서 굴을 만들고 돌을 다듬어 쌓은 인조 석굴이다. 석굴은 인도에서 일찍부터 절이나 수행하는 장소로 이용되어 왔다. 불교가 전래되면서 석굴 사원도 중앙아시아와 중국을 거쳐 신라까지 전해진 것이다.

단단한 화강암으로 둥그런 돔 천장의 석굴을 축조하는 것은 매우 어려운 일이다. 그래서인지 "돌을 다듬어 쌓아 감실을 만들고 큰 돌을 다듬어 감실 덮개로 삼았는데, 덮개돌을 얹자 갑자기 돌이 세 쪽으로 갈라졌다. 대성이 슬퍼하고 원통해하다가 어렴풋이 잠이 들었는데 밤중에 천신이 내려와 맞추어 주고 갔다."는 설화가 전한다.

석굴 안에 동쪽을 향해 앉아 있는 본존불은 높이 3.4

석불사 본존불과 그를 둘러싼 보살상, 인물상

미터, 대좌(불상을 올려놓는 대)까지 합치면 5미터에 이르는 대규모 불상으로, 깨달음을 얻어 부처가 되는 순간을 표현하고 있다. 두 손을 무릎 위에 올려놓고 마음이 고요한 상태에서 깨달음을 얻은 석가모니가, 오른손 손가락으로 땅을 짚어 악마를 항복시키는 모습이다. 본존불이 있는 주실과 입구 벽에는 40좌의 상이 조각되었는데, 조각상 하나하나가 더할 수 없이 아름답고, 전체로는 하나의 조화로운 불교 세계를 구성하고 있다.

불국사와 석불사는 건물이나 석조물 하나하나에 모두 뜻이 담겨 있고, 전체적으로 균형과 조화를 갖추어 신라인들이 생각한 불국토를 구현하였다. 그것은 통일 이후 화엄경을 비롯한 활발한 불교학 연구에서

석불사 입구 벽에는 본존불과 불법을 수호하는 여러 신중상이 조각되어 있다. 1, 2, 3, 4, 11, 12, 13, 14는 팔부신중, 5, 10은 절 문 좌우에 용맹스러운 모습으로 불법을 지키는 금강역사, 6, 7, 8, 9는 불법에 귀의한 중생을 보호하는 사천왕이다.

나온 불국에 대한 인식에 당시의 과학과 건축 기술, 그리고 가난한 백성들까지도 절에 보시하고 내세를 비는 신앙이 합쳐져 이룩된 것이다.

그런데 안타깝게도 현재 불국사는 청운교, 백운교를 거쳐 대웅전에 이르지 못하고, 회랑 한쪽에 만들어 놓은 문으로 곧바로 대웅전 뜰로 들어가게 되어 있다. 석불사도 제대로 보존·보수하지 못한 결과, 유리 차단막 너머로 제한된 관람만 가능하다. 원래 구상을 따라가며 볼 수 없게 된 것이다. 그래서 신라 땅에 불국을 구현하려 하였던 신라인들의 경건한 신앙과 노력, 당시의 과학 기술 문화까지 생각하며 세심하게 살펴보려는 자세가 더욱 필요하다.

몸을 팔아 효도한 지은

신라 말 평민의 삶

금성(지금의 경주)의 분황사 동쪽 동네에 지은이라는 처녀가 있었다. 어려서 아버지를 여의고, 눈먼 어머니를 모시고 살았다. 지은은 서른두 살이 되도록 시집을 가지 못하고 아침저녁으로 어머니를 보살피며 곁을 떠나지 않았다. 집이 가난하여 품팔이도 하고, 구걸도 하여 밥을 얻어다 어머니를 모셨다.

그러던 어느 해에 심한 흉년이 들자, 동네에서 밥을 얻기도 어려워졌다. 생각다 못한 지은은 스스로 부잣집에 몸을 팔아 종이 되기로 하고, 쌀 10여 석을 받았다. 날마다 아침 일찍 그 집에 가서 하루 내내 일을 하고, 날이 저물어야 밥을 지어 가지고 집에 돌아와 어머니를 봉양하였다. 그렇게 사나흘이 지나자, 어머니가 딸에게 물었다.

"전에는 밥이 거칠어도 맛이 좋더니 지금은 밥이 좋아도 맛은 전 같지 않고, 오히려 칼로 속을 에는 것 같으니 어찌 된 일이냐?"

지은이 더 이상 숨기지 못하고 종이 된 사실을 말씀드리니, 어머니는 "나 때문에 네가 종이 되었다니 빨리 죽느니만 못하구나!" 하고 소리 내어 통곡하였다. 지은은 어머니의 배고픔만 생각하고, 마음을 편안하게 해 드리지 못하였음을 한탄하며 어머니를 붙잡고 같이 울었다.

그때 동네를 지나가던 화랑 효종이 그 모습을 보고 동네 사람들에게 까닭을 물었다. 내막을 듣고 지은 모녀를 측은하게 여긴 효종은 부모에게 청하여 곡식 100석과 옷가지를 가져다주었다. 또 부잣집에 지은의 몸값을 갚아 주고 도로 양민이 되게 하였다. 그러자 효종의 낭도들도 각기 곡식 한 섬씩을 거두어 주었다.

이 일이 왕에게 알려지자, 정강왕은 곡식 500석과 집 한 채를 내리고, 부역을 면제해 주었다. 또 곡식이 많아서 도둑에게 **빼앗길까** 염려하여 군사를 보내 돌아가며 집을 지키게 하였다.

이 눈물겨운 효녀 이야기는 신라 말 정강왕 때(886년)의 일로,『삼국사기』와『삼국유사』에 전한다. 지은은 금성에 살던 백성이었다. 곡식 10여 석에 종이 된 것을 보면, 그때 여종의 몸값이 그 정도였음을 알 수 있다. 또 노비가 된 것을 비참해하는 어머니의 말에서 평민과 노비 신분에 차별이 있음을 알 수 있다.

화랑 효종은 지은 모녀를 가엾게 여겨 개인적으로 곡식 100석을 베푸는 선행을 하였다. 효종은 진골 귀족 출신이며, 그 아버지는 각간●의 지위에 있었다.

또 나라에서도 왕명으로 지은의 효도를 기려 세를 면제하고, 상으로 곡식과 집 한 채를 내렸다. 그러나 지은 한 사람에게 상을 내리는 것으로 문제가 해결되지 않았다. 그 곡식을 도둑질당할까 두려워 군사를 보내 지켜야 했다.

지은의 이야기는 효도를 표창하여 백성들에게 널리 효를 장려하려는

신라 여인의 토우 한 손으로 입을 가리고 다른 손에는 술병을 들고 있다. 경주 황성동 돌방무덤 출토. 7세기. 높이 16.5센티미터.

● **각간** 신라 17관등 가운데 첫째 등급으로, 진골만이 오를 수 있었다.

신라 말의 농민 봉기와 반란

것이다. 그러나 신라 말 사회에서 끼니를 잇기 어려운 빈민 가운데 지은처럼 상을 받아 생계의 어려움을 해결한 것은 지극히 특별한 일이었다. 지은의 곡식을 빼앗아 갈 도둑은 누구이고, 그들은 왜 도둑이 되었을까?

가난한 지은은 흉년이 겹치자 몸을 팔게 되었지만 살기 힘든 것은 지은만이 아니었다. 신라 말에는 지은과 같은 가난한 백성들은 몸을 팔아 노비가 되거나 몰래 도망쳐 도적 떼에 들어가기도 하였다.

8세기 말 이후로 신라는 귀족들 사이의 권력 다툼이 중앙과 지방 각지에서 꼬리를 물고 일어났다. 9세기 중엽이 되자, 서로 왕이 되려고 골육 간에 서로 죽이고 밀어내는 일도 자주 일어났다. 혜공왕이 살해된 뒤로 신라 멸망에 이르기까지 150여 년 동안 왕위 쟁탈전이 계속 일어나 20여 명의 왕이 바뀌었고, 대부분 제명에 죽지 못하였다.

그사이에 지방에서도 반란이 계속되었다. 그중 웅천주 도독 김헌창의 반란과 청해진 대사 장보고의 반란은 커다란 사건이었다. 지방의 귀족이나 호족들은 정치권력과 경제적 부를 독차지하고 있던 중앙의 진골 귀족들에게 강한 불만을 품고 있었다. 지방 세력가들은 스스로 성주, 장군, 절도사, 군사라고 칭하였다. 이들은 대부분 지방의 토착 세력으로서 사병을 거느리고 중앙 정부의 통치를 거부하면서, 그 지방을 직접 다스리며 세금을 거두고 외적을 막았다.

이렇게 중앙과 지방 귀족들이 각기 세력을 기르고 권력을 다투게 되자, 신라 백성들은 더욱 살기 어려워졌다. 대개 농민이었던 백성들에게 매기는 조세와 부역의 부담이 더욱 가혹해졌다. 그뿐만 아니라 귀족들과 불교 사원들도 수탈을 당하였다. 게다가 가뭄이나 홍수 같은 재해도 자주 일어났다.

먹고살기도 힘든 터에 가혹한 수탈까지 겹치자, 농민들은 땅을 잃고 소작농이 되었다. 귀족이나 부잣집에 몸을 팔아 노비가 되기도 하였다. 그마저도 힘들면 몰래 집을 버리고 도망해 떠돌이 유랑민이 되었다. 그리하여 전국의 산간 곳곳에 유랑민들이 나타나게 되었다. 이들은 도적 떼가 되어 행인의 물건을 털거나 부잣집을 습격하기도 하였다. 9세기에 이르자 온 나라에서 도적, 초적 또는 농민 반란이 자주 일어났다.

9세기 후반, 지은이 살았던 때가 되자 농민들의 항거는 전국 규모로 발전하였다. 재정이 바닥난 중앙 정부는 각 지방에 관리를 보내 세금을 독촉하였다. 그러자 굶주린 농민들은 세금 내기를 거부하고 떼를 지어 지방 관아나 사원을 습격하였다. 896년에도 '붉은 바지' 도적 떼가 여러 지방을 휩쓸다가 한때 금성까지 진출하기도 하였다.

효도를 권장하기 위한 지은의 이야기를 통하여 당시 사회를 들여다보면, 효도를 하려고 해도 할 수 없었던 비참한 백성들의 생활상을 알 수 있다.

 궁예와 견훤, 왕건

후삼국 시기의 세 인물

신라는 운수가 다하고 도가 어지러워지니 하늘이 돕지 않고, 백성은 귀의할 곳이 없었다. 이에 여러 도적이 틈을 타서 고슴도치 털과 같이 일어났는데, 그 가운데서도 심한 자가 궁예와 견훤 두 사람이었다. 궁예는 본디 신라 왕자로서 도리어 조국을 원수로 삼아 멸망시킬 것을 도모하여 선조의 화상을 칼로 치기까지 하였으니, 그 어질지 못함이 심하다. 견훤은 신라 백성으로 일어나서 신라의 녹을 먹고 살았는데, 속으로 나쁜 마음을 품고 나라가 위태로움을 다행으로 여겨 도읍을 침략하고, 임금과 신하 죽이기를 짐승 죽이듯, 풀 베듯 하였으니, 실로 천하의 큰 악이요, 큰 죄인이다. 그러므로 궁예는 그 신하에게 버림을 받고, 견훤은 화가 그 아들에게서 일어났으니, 모두 스스로 불러온 것이다. 또 누구를 탓하리오. 궁예, 견훤과 같은 흉악한 인간이 어찌 우리 태조(왕건)에게 대항할 수 있으랴? 다만 태조를 위하여 백성들을 몰아다 준 자였다.

이것은 『삼국사기』 「열전 궁예 견훤」 끝에 나오는 두 인물에 대한 논

평이다. 이를 보면 두 사람은 신하의 도리를 어겨 신라를 멸망시킨 자들로, 결국 자신들이 저지른 죄 때문에 망했다고 하였다. 곧 궁예와 견훤을 '천하의 나쁜 사람'으로 평했는데, 왜 그랬을까?

『삼국사기』는 고려 전기에 국가 사업으로 편찬된 역사책이다. 고려의 국가 체제가 확립되고, 그에 따른 귀족 중심의 사회 질서가 안정된 시기에 이전의 역사를 고려 왕조의 입장에서 정리한 것이다. 편찬 책임자는 당시 대표적 문벌 귀족 가문의 유학자 김부식이었는데, 그 출신은 신라 계통이었다. 그래서 신라를 정통으로 하여 역사를 기록하고, 고려의 건국도 신라를 계승하였으므로 정당한 것이라고 평하였다. 따라서 신라에 반기를 들고 후삼국을 이루었던 궁예와, 고려 태조 왕건과 끝까지 겨루었던 견훤을 낮추어 평가하였다.

그러면 궁예와 견훤이 활동한 때는 과연 어떤 시대였으며, 이들은 어떻게 해서 한때 세력을 모았고, 무엇 때문에 나라를 유지하지 못하고 결국 왕건에게 밀려나고 말았을까?

신라 말기는 귀족들의 끝없는 권력 다툼으로 왕 자리를 서로 뺏고 빼앗기는 세상이었다. 백성들은 정부와 귀족들의 가혹한 수탈 때문에 정든 고향을 떠나 유랑민이 되거나 도적의 무리를 이루기도 하였고, 노비가 되기도 하였다. 그러나 신라 정부는 이러한 현상을 바로잡을 힘이 없었다. 끝없는 권력 다툼으로 정부의 권위와 통치력이 땅에 떨어져 있었던 까닭이다. 그러다 보니 지방 각지에서는 정부에 정면으로 반기를 들면서 독자적 군대와 지배 체제를 갖추고 자기 세력을 더 넓히려고 하는 호족●들이 서로 겨루었다. 그 대표적 인물이 궁예와 견훤이었다.

궁예는 본디 신라 왕자 출신이라고 하는데, 왕실에서 쫓겨나 승려가 되었다가 892년(진성여왕 6)에 북원(원주)의 도적 양길의 부하로 들어

갔다. 양길의 군사를 이끌고 원주를 공략하는 것을 시작으로 궁예는 강원도 전 지역과 개성 이남 지역까지 세력을 넓혔다. 휘하에 군졸이 많아지고 세력이 커지자, 궁예는 송악에 수도를 두고 901년 스스로 왕이 되었다. 나라 이름을 후고구려에서 '위대한 동쪽 나라'라는 뜻의 마진으로 정하였다가 다시 태봉으로 바꾸고 무태, 성책, 수덕만세 등 독자의 연호도 선포하였다. 이듬해 도읍을 철원으로 옮기고, 그 뒤 지금의 충청북도 지역과 경상도 북부 지역

궁예 석등 강원도 철원군에 있던 궁예 도성 앞 대형 석등. 도성은 한국전쟁 때 파괴되었지만, 화강암으로 만든 대형 석등의 크기와 조형에서 태봉 도성의 위엄을 엿볼 수 있다. 일제 강점기에 촬영한 사진이다.

그리고 나주 일대의 영산강 하류 지역까지 영토를 넓혀 불과 10년여 만에 커다란 세력을 이루어 후삼국 중 가장 큰 나라가 되었다.

한편 거의 비슷한 시기에 일어난 견훤은 본래 상주 가은현의 농민 출신으로, 서남 해안을 지키는 군인이 되었다. 892년에 무리를 모아 무진주(광주)를 습격한 다음, 900년에 스스로 왕을 칭하면서 완산주(전주)에 도읍하고, 나라 이름을 후백제라고 하였다.

궁예와 견훤은 10년쯤 되는 기간에 나라를 일으켜 왕이 되었고, 천년 왕국 신라를 위협하게 되었다. 『삼국사기』의 평가대로 그들이 그저 흉악한 인물들이라면 어떻게 이런 일을 이룰 수 있었을까? 앞에 든 『삼국사기』의 기사를 다시 뒤져 보면, 처음 세력을 일으킬 때를 기록한 내용 가운데 이런 구절이 있다.

(궁예가) 병사들과 함께 기쁨과 고통, 일하고 쉬는 것을 같이하며, 주고 빼앗고 하는 것을 공적으로 하고 사사로이 하지 않으니, 사람들이 그를 두려워하

고 경애하여 장군으로 추대하였다.

(견훤이) 창을 베개로 삼고 적을 기다리고 있었는데, 그 용기가 항상 병사들의 앞장을 섰다.

이 부분만 보면 이들은 모든 일에 솔선 수범하고, 일 처리도 공정하게 하였다. 또한 나라를 세운 뒤 법과 제도를 갖추어 성실하게 실행하고, 흩어진 민심을 바로잡고, 백성을 중히 여긴 것으로 보인다.

궁예의 인물됨은 그가 나라를 세우기까지 행한 뛰어난 정복 방법과 통치의 여러 면에서도 드러난다. 처음에는 작은 무리에서 시작하였지만, 차츰 막강한 호족 세력까지 자기 밑으로 끌어들이며 강적 견훤의 세력을 견제하였다. 또 신라의 제도를 받아들이면서도 그때의 실정에 맞게 고쳐서 법과 제도를 마련하였기 때문에 후일 고려에까지 계승되었다. 곧 자신이 지배하고자 하는 지역 주민들이 안고 있는 문제를 잘 파악하고, 이를 해결하려고 노력하였다. 그리고 당시에는 누구나 살기 좋은 이상 세계가 오기를 바라는 희망으로 미륵 신앙이 널리 퍼져 있는데, 궁예는 이를 잘 활용했다. 그가 자신을 미륵불●이라고 칭한 것은 이러한 백성들의 희망과 신앙을 알고, 그것을 이용하여 자신의 통치를 이상적인 것으로 내세운 것이다.

또한 견훤은 일찍부터 중국 세력과의 외교에 눈을 떠 후당, 오월과 적극적으로 외교 관계를 맺고, 그 문물을 받아들이려고 노력하였다. 이것은 뒤에 고려 초기의 외교 정책에 큰 도움을 주었다. 그리고 골품 제도

금산사 석성문 '견훤 성문'이라고도 불린다. 이 성은 신라 말 금산사를 지키기 위해 쌓은 것으로, 현재는 성문 부분만 남아 있다. 935년 금산사에 갇혀 있던 견훤은 나주로 도망하여 고려 태조 왕건에게 의탁하였다.

● **미륵불** 석가모니불의 뒤를 이어 미래 세상에 출현하여 모든 중생을 구제한다는 부처. 미륵 신앙은 특히 어지러운 시대에 크게 일어났는데, 하루빨리 살기 좋은 세상이 오기를 갈망하였기 때문이다.

때문에 차별 대우를 받던 옛 백제 땅의 사람들에게 백제 부흥을 강조하여 민심을 모을 수 있었다.

그런데 궁예와 견훤에 대한 『삼국사기』의 긍정적 서술은 왕건이 등장하는 시점부터, 또 왕건과 직접 세력을 겨루게 되는 때부터 부정적으로 바뀐다.

궁예는 "영토가 넓어지고 군대가 차차 강해졌다고 하여 신라를 집어삼킬 뜻을 품고 망할 나라라고 부르게 하였으며, 신라에서 항복해 오는 자는 모두 죽였다."고 하는 등 못된 자로 묘사된다. 또 궁예가 스스로 미륵불이라 칭한 뒤, 관심법으로 다른 사람의 마음까지 볼 수 있다고 하면서 신하들을 의심하고, 심지어 자신의 아내와 두 아들까지 죽이니 백성들의 원망과 분노가 날로 심해졌다고 하였다. 한편 견훤은 이랬다 저랬다 속임수가 많아 사귈 사람이 못 되며, 고려와의 약속을 위반하여 하늘이 그를 돕지 않을 것이라고 하였다.

위의 내용이 『삼국사기』의 의도적인 부정적 서술임을 고려한다 하더라도, 강력한 세력을 이루었던 이들이 후삼국 통일에 이르지 못한 이유는 무엇이었을까?

궁예와 견훤은 신라에 반기를 들고, 고구려와 백제의 부흥을 부르짖음으로써 지방의 인심을 얻어 세력을 떨칠 수 있었다. 그러나 궁예는 도적 출신이라는 한계를 가지고 있었고, 급속히 확장된 영토와 백성을 다스릴 경륜과 휘하 관료를 충분히 가지지 못하였다. 그래서 권위만을 내세워 스스로 미륵불이라고까지 칭하면서 전제를 휘두르다가 결국 부하들에게 쫓겨났다. 견훤은 아들인 신검과 금강으로 대표되는 지배 세력의 분열을 막지 못하였고, 국가 체제를 탄탄하게 갖추려고 노력하기보다는 자신이 가진 중앙의 군사력에만 의지하는 한계를 보였다.

반면에 왕건은 대대로 송악에 자리 잡은 호족 집안 출신으로, 그 가
문은 해상 활동으로 세력을 키워 경제적, 군사적으로 탄탄한 기반을
가지고 있었다. 그 아버지가 궁예 밑에 들어간 뒤로 왕건은 주로 궁예
의 군사를 끌고 지방을 공략하여 세력을 넓히는 공을 세웠다. 그래서
왕건은 궁예의 신임을 받고, 부하들을 착실하게 자기편으로 만들
수 있었다. 홍유, 신숭겸 등의 추대로 왕이 된 뒤에도 궁예가 저
질렀던 잘못을 되풀이하지 않고 고쳐 나가면서 인심을 얻었다.
또 신라와는 우호 관계를 맺어 결국 전쟁을 치르지 않고 신라
를 넘겨받게 되었다. 여러 호족 세력들에게 왕씨 성과 관직을
내리고, 그들이 근거지에 가지고 있던 권리를 인정해 주었으며, 그들의
딸들과 정략 결혼을 하여 자신의 밑으로 오게 하였다. 나아가 조세를
낮추고, 지방민을 우대하는 정책을 펴서 백성들을 다독거렸다. 이렇게
하여 후삼국 통일의 기반을 착실히 다져 나갔다.

왕건은 궁예와 견훤보다 한 세대 뒤에 태어나 궁예 휘하의 장수로 있
었지만, 자신보다 앞선 궁예와 견훤의 장단점을 보고 잘 활용하였기 때
문에 후삼국 통일을 이룰 수 있었다. 곧 혼란한 당시 사회의 문제점을 잘
파악하고 백성들이 원하는 정책을 펼침으로써 궁예와 견훤보다 더 나
아갈 수 있었다. 그러나 이들이 살았던 시대를 살펴보면 궁예와 견훤의
존재 없이 왕건의 인물과 업적을 설명하기 어렵다.

고려 태조 왕건 모습의 청동상 1992년 10월 고려 태조 능인 현릉(개성시 해선리 소재)의 보수 공사 중 출토되었다. 머리에 관을 쓰고, 의자에 앉은 자세를 취하고 있다. 10세기 경에 만들어진 것으로 추정된다. 높이 143.5센티미터.

고려

호장, 재상과 같은 색 관복을 입은 사람 | 고려의 지방 통치   사람 소리를 내고 풍운을 일으키는 산과 강 | 국가 제사를 지내는 법   옷, 갓, 신발, 종이를 남긴 뜻은? | 고려 시대의 상속 제도   항복을 거부한 무장들 | 삼별초의 대몽 항쟁   개경의 외국어 학교 | 고려의 상인들   신돈은 요승인가, 개혁가인가? | 고려 말 개혁 정치의 성격

호장, 재상과 같은 색 관복을 입은 사람

고려의 지방 통치

고려의 관리 〈지장보살도〉에 등장하는 관리의 모습으로 당시 고려 문신의 모습을 묘사한 듯하다. 머리에 복두를 쓰고 공복을 입었으며 허리에 띠를 차고 홀을 들었다.

고려 정부는 신라 말 각 지방에서 일어난 힘 있는 사람들에게 자신의 고을을 다스리게 했다. 이러한 구조는 조선 말까지 이어졌다. 이들을 흔히 '향리', 즉 '고을의 관리'라고 불렀는데, 조선 시대 향리는 양반보다 챙이 좁은 갓을 쓰고 신분도 양반보다 못한 중인에 속하였다. 하지만 분권적인 정치 체제를 갖춘 고려 시대에 그들의 모습은 그렇지 않았다.

고려가 지방에 처음 관리를 파견한 것은 983년으로, 건국한 지 65년이 지나서였다. 그것도 황해도의 해주와 황주, 경기도의 양주와 광주, 충청도의 충주·청주·공주, 전라도의 전주·나주·승주, 경상도의 상주와 진주 열두 곳에 불과하였다. 이후 꾸준히 지방관을 늘렸으나 100년이 지나도록 3분의 1을 넘지 못하였다.

관리를 파견하지 않고 어떻게 지방을 다스리고 세금을 거두어 나라를 운영할 수 있었을까? 전국의 모든 고을에는 이 일을 맡은 사람들이 있었다. 그들이 곧 '향리'였다. 나라에서는 이들에게 관리

와 같이 관복을 입도록 하였다. 『고려사』에
그 규정이 전한다.

1018년에 향리의 관복을 정하였다. 호장은 자
주색 관복을 입어야 하고, 부호장 이하 병정·창정 이
상은 붉은색 관복을 입어야 하며, 호정 이하 부사옥정 이
상은 녹색 관복을 입어야 한다. 이들은 관복과 아울러 가죽
신과 홀을 갖추어야 한다. 사는 진한 청색 관복을 입어야 하
며, 병사·창사 및 여러 부서의 사는 하늘색 관복을 입어야
한다. 이들은 가죽신과 홀을 사용하지 못한다.

1018년이면, 고려가 건국한 지 꼭 100년이 되는 해다.
현종이 임금이었으며 여러 제도가 자리 잡은 시기다. 그
때에 향리의 관복도 정하였다. 이 기록에는 여러 가지 직
책이 나온다. 호장, 부호장, 병정, 창정, 호정, 부사옥정,
사, 병사, 창사, 여러 부서의 사 등이다. 위 내용을 같은
색 관복을 입은 중앙 관리의 관품과 비교해
서 표로 정리하면 오른쪽과 같다.

향리 조직은 호장을 중심으로 하고, 아래
에 부호장, 호정, 사가 있었다. 실무 부서로
는 군대를 담당하는 병사, 창고를 담당하는
창사, 감옥을 맡는 사옥사가 있었다. 여기에
는 책임자로 병정·창정·사옥정, 부책임자로
부병정·부창정·부사옥정이 있었다. 이 같은

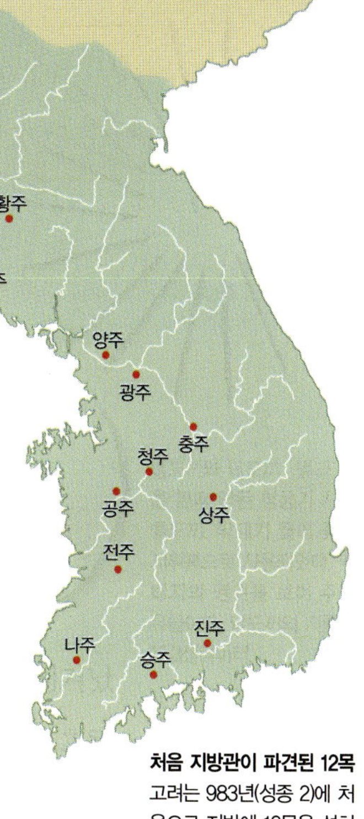

처음 지방관이 파견된 12목
고려는 983년(성종 2)에 처음으로 지방에 12목을 설치하고 지방관을 파견하였다.

향리의 직책과 관복

향리의 직책	관복의 색	가죽신과 홀
호장	자주색	허가
부호장	붉은색	허가
병정·창정		
호정	녹색	허가
부사옥정		
사	진한 청색	불허
병사·창사	하늘색	불허
여러 부서의 사		

조직을 갖추었기 때문에 향리를 통해 각 고을을 다스릴 수 있었을 것이다.

부서가 다양하고 차별이 분명했던 만큼 관복도 나뉘어 있었다. 중앙의 관복은 세 등급이었는데, 향리의 관복은 다섯 등급이었다. 특히 위의 세 등급은 중앙의 관리와 같은 색깔이었다. 자주색 관복은 중앙의 4품 이상 관리가 입는 것이고, 붉은색 관복은 중앙의 5품과 6품 관리가 입는 것이며, 녹색 관복은 중앙의 7~9품 관리가 입는 것이었다. 비록 '향리 관복'이라 하여 따로 취급하지만, 같은 색깔을 입는다면 그 지위가 중앙 관리와 큰 차별이 없었던 것으로 보인다. 특히 호장의 자주색 관복은 중앙의 4품 이상 관리와 같다. 1품에서 4품은 관리 중 가장 높은 지위이니, 호장이 중앙의 재상과 같은 색 관복을 입었던 것이다.

흥미로운 점은 당시 지방에 파견된 관리 중에서 현령과 현위는 7품 또는 8품으로 녹색 관복을 입었다. 과연 녹색 관복을 입은 이들이 자주색 관복을 입은 호장들에게 제대로 지시할 수 있었을까?

나라에서는 향리에게 고을을 다스릴 수 있는 권한을 주었지만, 마음대로 하지는 못하도록 인원을 정하고 승진 과정에 간여하였다. 지위가 가장 높은 호장은 최소 두 명에서 최대 여덟 명까지 두도록 하여, 한 명이 멋대로 주무르지 못하게 하였다. 또 호장은 지방관이 추천하되 얼마나 오랫동안 고을의 일을 했는지 검토하게 하였다. 나라에서 경력을 검토하고 임명장을 주는 절차를 밟았다.

호장은 향리 중에서 유일하게 임명
장과 토지를 받았다. 중앙의 관리와 동
일하게 대우를 받은 것이다. 70세가 되
면 자리에서 물러나고 휴가도 규정에
따라 지켜야 했다. 물러난 이후에는 '안
일호장'安逸戶長으로 대우를 받았다. 호
장은 지방관이 파견되지 않은 상황에서
중앙과 연결된 실제 책임자였다.

한편 향리라고 해서 누구나 호장이
되는 건 아니었다. 호장이 나올 수 있는
집안은 따로 있었다. 정부에서 교육하
고 관리로 세우려 했던 이들은 바로 호

안향 고려의 문신이자 학자. 호장 집안 출신으로, 성리학을 들여와 유학의 진흥을 위해 노력했다.

장 집안 출신이었다. 고려 후기 사대부는 대부분 호장 집안 출신이다.
성리학을 들여와 가르쳤던 안향은 경상도 흥주(지금의 경상북도 영주)
의 향리 집안 출신이었다. 성리학자 이색의 아버지 이곡은 「죽부인전」
등 많은 글을 남겼는데, 그의 아버지는 한산군(지금의 충청남도 서천 지
역)의 향리였다. 이곡은 원나라의 과거 시험에 합격하여 관리의 길에
들어섰다. 조선 건국의 기획자인 정도전의 아버지 정운경도 경상도
봉화군의 호장 집안 출신이었다.

사실 고려 정부는 계속 호장의 영향력을 줄이려고 노력하였다. 현
종 때만 해도 약 500개의 군현 중 관리를 파견하지 못한 속현이 3분의
2가 넘었는데, 마지막 공양왕 때에는 3분의 1로 대폭 줄었다. 호장 집
안에서도 과거를 보고 사대부가 되는 사람이 많아졌다.

고려 말에는 호장의 의복이 바뀐다. 향리 중에서 호장만 관복을 입

고려 관인의 모자, 허리띠, 가죽신 고려 때 관인들이 사용한 것으로 보이는 검은색 복두(왼쪽), 꽃무늬가 새겨진 황동으로 만든 가죽 허리띠(가운데), 가죽신(오른쪽). 이 유물들은 모두 후백제 정벌에 공이 컸던 김선평, 권행, 장길을 모신 안동 삼태사에 보관된 것들이다.

되, 가장 낮은 관리와 같은 색깔이었다. 관복 외에 다른 옷도 양반과는 구별되도록 붉은색이나 자주색 옷은 입지 못하게 하였다. 아울러 호장의 역할도 변하였다. 호장 중에서 이방·호방·예방·병방·형방·공방의 육방을 뽑아 지방관을 돕게 하였다. 점차 호장은 지방 통치자에서 밀려나 통치를 보조하는 자로 변해 갔다.

# 사람 소리를 내고 풍운을 일으키는 산과 강

국가 제사를 지내는 법

전쟁이나 흉년과 같이 나라에 어려움이 생기면 어떻게 해야 할까? 유교를 통치 이념으로 내세운 조선 시대에는 관리가 중심이 되어 유교식 제사를 지냈다. 그럼으로써 민심을 통합하고 위기를 극복할 수 있는 힘을 모았다. 그런데 불교 국가로 알려진 고려 시대에는 어떻게 제사를 지냈을까? 불교 국가였으니 불교 행사로 진행했을까? 아니면 유교적 통치를 위해 유교 의식으로 지냈을까?

역사서 『고려사』와 『고려사절요』에는 "조회와 제사는 모두 일상적인 행사"라고 기록하고 있다. 조회는 신하들이 임금에게 문안드리고 정사를 아뢰기 위해 모이는 것으로, 일상적이면서 가장 중요한 모임이었다. 이런 조회와 함께 제사가 일상적이라는 이 기록에서 국가의 제사도 큰 비중을 차지하였다는 것을 알 수 있다.

고려 시대의 제사는 유교식 제사나 불교 의식만은 아니었다. 고려의 국가 제사는 당시 외국 사람에게 신기해 보였던 모양인지, 12세기초 송나라에서 사신으로 온 서긍이 이런 기록을 남겼다.

숭산 신당은 개경 북쪽에 있다. 북창문을 나가 5리 정도 가면 산길이 험하고 키 큰 소나무가 울창하다. 성안을 굽어보면 손바닥을 가리키듯 환하다. 그 신은 본래 '고산'이라 하였다. 전하는 말로는 현종 때 거란이 침입하여 왕성으로 다가오자, 신이 밤중에 소나무 수만 그루로 변하여 사람 소리를 냈다고 한다. 오랑캐는 구원군이 있는가 의심하여 곧 물러났다. 후에 그 산을 봉하여 '숭'崧이라 하고 제사로 신을 받들었다. 백성들은 재난이나 질병이 생기면 옷을 시주하고 좋은 말을 바치며 기도한다.

위 글은 서긍이 송나라에 보고서로 올린 『고려도경』*에 남아 있다. 숭산은 수도 개경(오늘날의 개성)에 있는 송악산을 말한다. '제사로 신을 받든' 것은 거란의 침입 때 도움을 받았기 때문이다.

1010년, 현종이 임금이 된 지 1년도 되지 않은 겨울 11월에 거란의 성종이 직접 40만 군대를 이끌고 쳐들어왔다. 이듬해 정월 초하루에 개경이 함락되어 왕실의 무덤과 궁궐, 민가가 온통 불탔다. 거란군은 열흘 만에 물러났는데, 사람들은 그 이유가 송악산의 신이 도움을 주었기 때문이라고 믿었다. 송악산에는 본래 키 큰 소나무가 울창했으므로 소나무 수만 그루로 변화한 것을 기이하다고 할 수는 없다. 문제는 거기서 사람 소리가 났다는 점이다. 물론 그 소리를 들은 사람들은 산 근처에 살던 개경 주민들이었을 것이다.

당시 고려는 전쟁을 중지하자고 제안했고, 거란은 그 약속을 믿고 물러났다. 고려 정부는 당연히 이 사실을 알고 있었을 것이다. 그럼에도 민간의 믿음을 인정하여 이 산을 '숭'으로 봉하였다.

송악산의 제사는 이때가 처음은 아니었다. 하지만 '숭'으로 봉한 이후에는 국가에서 직접 제사를 지냈다. 비가 오지 않거나 또는 너무 많

이 올 때에 제사를 지내는 곳이 되었다. 언제부터인지 송악산 산신당은 사람들 사이에 '대왕'이라고 불렸다.

어려울 때 국가에서 제사를 지내는 대상은 전국 곳곳에 있었다. 거란족이 쳐들어왔을 때 개경 근처 장단의 감악산 역시 '풍운을 세차게 일으켜' 깃발과 군사와 말이 있는 것처럼 보였다고 한다. 덕분에 거란군이 물러나자 제사의 대상이 되었다. 또 몽골군이 쳐들어왔을 때에는 싸움이 치열했던 충주에서 월악산의 도움을 받아 이겼다고 믿었다. 고려인들은 '소나무 수만 그루로 변하여 사람 소리를 내거나', '풍운을 세차게 일으켜' 자신의 지역을 보호해 주는 영험한 산이나 강이 있다고 믿었다. 그러한 믿음은 지역 백성들의 경험을 바탕으로 한 것이며, 이를 나라에서 인정하여 제사의 대상으로 삼았다.

산과 강에 대한 제사만 있는 것은 아니었다. 왕과 왕비의 신주를 모시는 종묘를 비롯하여 토지의 신인 '사'社와 곡식의 신인 '직'稷을 모시는 사직에 대한 유교식 제사도 착실히 지냈다. 또 불교 국가인 만큼 불교 의례도 왕실을 중심으로 하여 매우 빈번히 치렀다.

국가는 제사 대상이 되는 신, 제사 주도자, 시간, 참여 집단, 제물 등에 대하여 법으로 정하고, 관청과 관료를 동원하여 정성 들여 제사를 지냈다. 국가 제사에는 전교시라는 관청에서 제사에 올리는 제문을 맡았다. 당대의 훌륭한 문인들이 유교식 제사뿐 아니라 전국의 산천 신당과 절에서 올리는 제사의 제문을 지어 바쳤다. 이들은 모두 유학자로, 과거에 합격한 사람들이었다. 그들이 왜 절이나 산천 신당에 바치는 제문을 지었던 것일까?

고려를 대표하는 문인 이규보의 『동국이상국집』에는 국가 제사를 위해 지은 글이 많이 남아 있다. 그가 계양도호부(지금의 인천시 부평) 부사로 있을 때 가뭄이 심하여 벼 싹이 거의 다 말라 버린 일이 있었다. 그래서 고을을 지킨다고 믿는 계양도호부 성황신에게 제사를 지냈다. 제문에서 이규보는, 계양도호부 성황신은 "고을을 책임지고 맡은 자"이며 "영원히 제사를 받아야 하므로" 3년 동안 다스리고 떠날 자신보다 책임이 더 크다고 하였다. 지역 주민뿐 아니라 지방관 이규보도 서낭신이 그 지역을 책임지고 있다고 여긴 것이다.

이규보는 경주에서 일어난 반란을 진압하기 위해 파견되었을 때에도 제문을 많이 지었다. 경상도 선주(지금의 경상북도 구미시)에 도착했을 때 장수 한 명이 병이 났는데, 원인을 몰라 토벌군이 모두 두려워하였다. 해결책으로 지리산에 제사를 지내게 되었다. 이규보는 제문에서 '지리산 대왕'께 신비로운 힘을 빌려 병이 낫기를 기도하며, "약을 쓰지 않고도 기쁘게 나을 것"을 바랐다. 이는 이규보만의 독특한 신앙은 아니었다. 당시 널리 퍼진 믿음이었던 것이다.

고려 시대에 국가 제사의 대상은 산과 강 등

『동국이상국집』 고려의 문인 이규보의 시문집. 시문과 함께 고려 시대의 역사와 문화를 전해 주는 글이 많아 역사 연구의 귀중한 자료가 된다.

다양하였고, 방식도 유교식, 불교식 등 여러 가지였다. 유교식 제사는 왕이나 관리가 이끌고, 불교 의례는 승려가 이끌며, 산이나 강에 대한 제사는 무당이 이끌었다. 하지만 유교식 제사에 승려나 무당이 참여하는 경우도 많았다. 서긍의 기록에 따르면 "종묘 제사에 승려를 불러 범패를 부르게 하였다."고 한다.

고려는 승려와 무당도 나라에서 직접 관리하였다. '승과'라는 과거 시험을 실시하여 승려를 뽑았고, 합격자만이 절의 주지가 될 수 있었다. 국가 제사를 이끄는 무당도 따로 뽑아 관리하였다. 제사를 주관하는 관리는 무당과 함께 제사에 참여하였는데, 제대로 하지 않을 경우 탄핵 사유가 되었다. 그만큼 고려 사회에서 국가 제사는 중요하였다.

고려 사회에서 국가 제사는 다른 어떤 제도보다 먼저 정비되었다. 그것은 국가의 정통성이나 존립 기반과 직결되는 시급한 사안으로 보았기 때문이다.

부처와 산신이 함께 조선 시대 〈산면도〉에 나타난 부처와 산신이 나란히 배치된 모습. 고려 시대에는 토착 신앙과 외래 종교 사상이 어우러져 발전하였다.

옷, 갓, 신발, 종이를 남긴 뜻은?
고려 시대의 상속 제도

고려 때 재미있는 재판 사례가 하나 전해진다. 고종 때에 손변이라는 인물이 있었다. 그는 수사공 상서좌복야라는 높은 관직까지 지냈으며, 성품이 강직하고, 행정 실무에 뛰어났다고 한다. 그가 한때 경상도 안찰사로 나갔다.

한 고을에서 남동생과 누이가 재산을 두고 소송을 하였는데, 해결이 나지 않고 있었다. 본래 남매의 아버지가 몇 해 전에 죽음을 앞두고 남매를 불러 놓고는 유언을 남겼는데, "집안 재산은 모두 큰애가 가지고, 작은애에게는 옷과 갓 한 벌, 신발 한 켤레, 종이 한 묶음을 주도록 하여라."라고 하였다. 누이는 유언대로 재산을 모두 차지하였다. 그런데 동생은 불만이 많았다. 다 같은 부모의 자식인데, 누이에게만 재산을 주고 아들에게는 아무런 몫이 없느냐는 것이었다. 나이가 들자 동생은 누이에게 재산을 요구하였다. 그러나 누이는 아버지가 그렇게 하도록 유언을 남겼으니 어쩔 수 없다면서 들어주지 않았다. 결국 아들은 관에 소장을 냈다. 그것이 여러 해

동안 결말이 나지 않았다.

손변은 골똘히 생각하였으나, 매우 의아하였다. 아버지가 왜 하필 어린 아들에게 의관과 신발, 종이를 남겨 주었을까 하고 그 뜻을 찾으려 애썼다. 그는 두 사람을 불러다 물었다.

"너희 아버지가 죽을 때 너희는 몇 살이었느냐?"

두 사람은 각각 나이를 대었다.

"그러면 그때, 너희 어머니는 어디 있었느냐?"

"어머니는 먼저 돌아가셨습니다. 그때 저는 이미 혼인을 했고, 동생은 겨우 더벅머리에 이를 갈 나이에 지나지 않았습니다."

손변은 조용히 타일렀다.

"부모의 마음으로 어찌 아들이나 딸을 구별하여 누구에게는 너그럽고, 누구에게는 박절하게 하겠는가? 그때 네 동생이 의지할 곳은 누이밖에 더 있었겠는가? 그런데 만약 재산을 비슷하게 나누어 주었더라면, 아마도 네가 동생을 온전하게 키우지 않았을 테지?"

여주 이씨 준호구 고려 때에는 여성도 호주가 될 수 있었다. 1333년(충숙왕 후 2)에 작성된 것으로 장성한 아들이 있어도 어머니가 호주가 되었음을 보여 주는 호적이다. 『여주이씨세보』에 실려 있다.

손변의 반문에 누이는 잠시 생각하더니, 그렇다고 답하였다.

"네 아버지가 너에게 재산을 다 주고, 동생에게는 옷과 갓, 신발, 종이를 준 이유가 무엇이겠느냐? 네 동생이 장성하면 이 종이로 소장을 쓰고, 이 옷을 입고, 갓을 쓰고, 신발을 신고 관에 가서 고소하면 능히 판결해 줄 사람이 있을 것이라 생각하여 유독 이 네 가지 물건을 남겨 준 것이 아니겠느냐?"

남매는 모두 고개를 끄덕였다. 손변은 이제 다시 재산을 절반씩 나누게 하였다. 남매는 아버지의 깊은 뜻을 깨닫고 서로 얼싸안고 울면서 손변에게 큰절을 하고는 물러났다.

참으로 흥미 있고 지혜로운 판결이다. 이 이야기에서 처음에는 부모의 재산을 누이가 모두 차지하였다가 손변의 판결 뒤에야 재산을 절반씩 나누게 한 것이 상당히 주목된다. 곧 아버지의 유언에 따라 누이가 모든 재산을 차지한 일이 그다지 문제 되지 않았기 때문에 이러한 일이 일어난 것이다.

이와 관련하여 고려 시대의 재산 제도를 살펴보자. 당시에 상속 대상이 된 재산으로는 노비와 토지가 가장 중요하였다. 먼저 노비 상속에 관한 재미있는 사례부터 보자.

고려 후기, 김방경을 도와 삼별초를 토벌하였던 나유라는 유명한 장군이 있었다. 그가 죽은 뒤, 그의 부인이 1남 5녀에게 재산을 나누어 주면서 아들인 나익희에게 특별히 노비 40명을 더 주었다. 그러자 나익희는 "제가 어찌 6남매 가운데 외아들이라고 사소한 것을 더 차

지하여 화목하게 살라는 거룩한 어머니의 뜻을 더럽히겠습니까?" 하
고 사양하여 다시 나누었다고 한다. 여기서 아들딸을 구분하지 않고
재산을 나누어 주었다는 사실을 확인할 수 있다.

획득한 노비의 처음 소유권이 어디서 비롯하였는가를 중시한 점도
마찬가지다. 부부인 경우에도 남편이 가져온 노비와 부인이 가져온 노
비가 호적상으로 분명히 구분되었다. 이러한 노비가 가산으로서 다시
자녀에게 상속될 때에는 별다른 문제가 없지만, 혹 남편이 사망하여
처가 자기 집으로 되돌아갈 경우에는 본래 자기 소유 노비를 찾아가게
하였다. 또 상속할 자녀가 없이 부부가 모두 사망한 경우에는 각각 본
가의 자손에게 나누어 보내게 하였다. 이처럼 법에 규정된 노비의 상
속제는 매우 철저하였다.

토지의 경우는 어땠을까? 토지의 상속은 노비 문제보다 복잡하였
다. 적장자 단독 상속인지 균분 상속인지 논란이 있지만, 대체로 벼슬
을 하여 국가에서 받게 된 토지는 국가에 봉사한 대가로 받은 것인 만
큼 형제간에 나누어 상속하기보다 큰아들이 우선 상속받은 것으로 보
인다. 그러나 벼슬에 관계없이 자기가 본래 소유하고 있던 토지는 여
러 자식들에게 나누어 상속하였을 것으로 본다. 그러니 기본적으로
균분 상속이라고 할 수 있다.

고려 중기의 문신 이지저는, 부모가 세상
을 떠나자 동생들에게 재산을 나누어 주지 않
아 사람들의 비난을 받았다. 고려 말의 윤선
좌는 말년에 병이 들자 아들딸들을 불러 놓고
형제들이 서로 잘 지내지 못하는 것은 재산
다툼 때문이라며, 아들에게 명하여 문서를

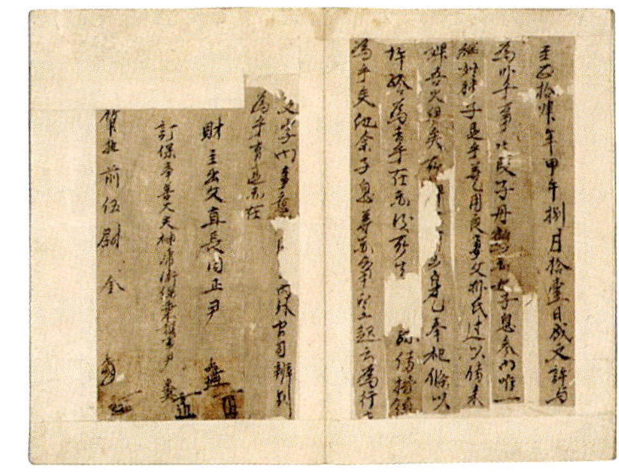

지정 14년 노비 문서
1354년(공민왕 3)에 윤광
전이 큰아들 윤단학에게
노비를 상속한 문서 가운
데 일부. 윤광전의 처가 데
려온 비(婢, 계집 종)가 낳
은 비를 아들에게 대대로
상속한다는 내용으로, 이두
문으로 작성되었다.

작성하여 재산을 똑같이 나누게 하였다고 한다.

이처럼 고려 사회에서 토지는 아들딸에게 균등하게 상속되었다. 그런데 음서●나 공음전●● 등 중요한 봉건적 특권은 적장자라든지, 특별히 지목받은 아들이 이어받기는 하였다.

이러한 균분 상속은 조선 전기까지 이어졌다. 그러나 성리학 질서가 강조되면서 아들만이 가문의 대를 이을 수 있고 적장자가 조상의 제사를 모셔야 한다는 관념이 널리 퍼졌다. 이에 따라 재산 상속도 조선 중기부터는 적장자 중심으로 바뀌어 갔다.

항복을 거부한 무장들

삼별초의 대몽 항쟁

고려 시대에는 유달리 이민족의 침략이 잦았다. 대륙 북방의 유목 민족인 거란, 여진, 몽골이 차례로 일어나 중국 송나라를 압박하고 고려를 침략하였다. 특히 13세기에 몽골은 30년에 걸쳐 경상도와 전라도 지방까지 침략해 들어와 약탈을 자행하여 전국에 큰 피해를 끼쳤다. 몽골에 맞서 고려는 강화도로 수도를 옮기고 항전하였으나 결국 굴복할 수밖에 없었다.

삼별초는 고려 조정이 몽골에 굴복한 뒤에도 고려와 몽골 연합군에 맞서 마지막까지 결사 항전한 군사 집단이다. 이들은 고려 왕의 명령을 거부하고 강화도에서 진도로, 다시 제주도로 근거지를 옮겨 가면서 3년 동안 항거하였다. 그런데 이들은 왜 개경으로 돌아가기를 거부하고 목숨을 걸고 싸웠을까?

삼별초는 야별초에서 비롯하였다. 무인 정권의 최고 권력자인 최우가 도적이 많아지자 용사들을 모아 밤마다 순찰을 돌며 노략질을 못하게 설치한 것이 야별초다. 그 뒤로 도적이 전국에서 일어나자 별초를 나누어 파견하였고, 별초군의 수가 많아져 좌별초, 우별초로 나누었다. 뒤에 몽골군에 붙잡혔다 도망쳐 온 사람들로 부대를 조직하여 신의군이라고 하였는데, 이들을 합쳐 삼별초라고 한 것이다.

별초를 설치한 목적은 우선 도적을 잡고 난폭한 행위를 금하려는 것이었다. 삼별초는 죄인을 잡아들이고 그들을 심문하기도 하였다. 또 도성을 수비하고 친위대의 임무를 수행하며 몽골 침략군과 싸우는 전투에도 많은 공을 세웠다. 따라서 삼별초는 당시 고려의 공적인 군사력이었다고 할 수 있다. 이들의 보수도 국고에서 지급되었다.

몽골 병사 13세기에 몽골은 고려에 쳐들어와 30여 년 동안 큰 피해를 끼쳤다.

그러나 삼별초는 최우가 설치한 사실에서 보듯 최고 권력자의 사병이라는 성격도 있었다. 최고 권력자는 자신의 뜻에 따라 이들을 사사로이 움직였다. 삼별초를 자신을 보호하는 군사 집단으로 삼아, 녹봉을 후하게 주고 죄인의 재산을 빼앗아 나누어 주기도 하였다. 심지어 정치적 반대 세력을 제거하는 데 삼별초를 활용하기도 하였다. 이렇듯 삼별초는 무인 정권의 무력 기반이었고 별동대였다.

그런데 무인 정권이 무너지고 왕정이 복구되자, 무인 정권의 별동대였던 삼별초는 위기에 놓이게 된다. 무인 정권의 각종 특혜를 받으며 백성들을 억압했던 군사 조직이 왕정이 복구되면서 해체될 위기를 맞은 것이다.

1270년(원종 11년), 왕정이 복구되자 조정은 강화도에서 수도 개경으로 다시 돌아갔다. 왕은 삼별초에게 몽골과 싸움을 그만두고 개경으로 돌아오라는 명령을 내렸다. 그러나 삼별초는 다른 마음을 품고 이를 따르지 않았으며 나라의 창고를 마음대로 털었다. 몽골군에 맞서 싸우던 삼별초에게 개경 환도는 곧 죽음을 의미하였을 것이다. 삼별초가 환도 명령에 따르지 않자, 왕은 강화도에 군대를 파견하여 삼별초를 혁파하고 그 명부를 거두어 갔다.

자신들의 명부가 몽골에 알려질 것을 두려워한 삼별초는 더욱 반심을 품었다. 장군 배중손이 난을 일으키고, 사람들로 하여금 "몽골병이 들이닥쳐 인민을 마구 죽이니, 나라를 돕고자 하는 자는 다 모여라!" 하고 부르짖게 하였다. 이에 지배층의 수탈에 시달리고 몽골군의 침략에 저항해 온 백성들이 잠깐 사이에 크게 모였다.

1270년 6월 1일 배중손의 지휘 아래 난을 일으킨 삼별초는 강화도를 점령하고 왕족인 승화후承化侯 온溫을 왕으로 추대하였다. 삼별초가 고려 정부와 결별하고 독자적인 정권을 수립한 것이다. 이제 삼별초는 고려 정부와 몽골에 대한 저항을 시작하였다.

6월 3일, 삼별초는 1000여 척의 배를 동원하여 사람과 재물을 모두 싣고 강화도를 떠났다. 이윽고 8월 19일 진도에 도착하였다. 이들은 서해안의 섬과 연안 지역을 거쳐 가면서 이 지역에 대한 지배권과 해상권을 확보하고 세력을 강화한 것으로 보인다. 전라도 서남의 영암,

용장산성의 행궁 터 1270년 8월 진도에 들어간 삼별초는 용장사를 중심으로 대규모 산성을 쌓았다. 전라남도 진도군 군내면 용장리.

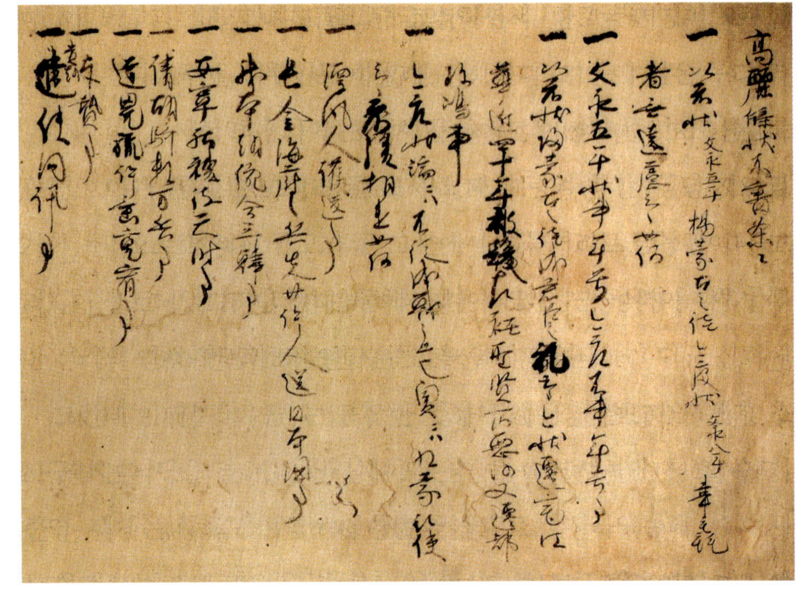

강진은 이전부터 최씨 정권과 밀접한 관련이 있었다.

진도에 들어간 삼별초는 용장사를 중심으로 주변 산세를 활용하면서 대규모 산성을 쌓았다. 이것이 용장산성으로, 진도의 중요 항구인 벽파진에 면한 천연 요새지였다. 그들은 산성 내부에 계단식 축대를 쌓아 올려 터를 잡고 궁궐을 지었다.

이제 삼별초는 진도를 중심으로 서남해의 해상권을 장악하고, 3개월 뒤에는 제주도까지 점령한다. 전라도와 경상도 연안 30여 개 주요 섬들을 장악하고, 내륙 지역으로 영향력을 확대해 나갔다. 나아가 승화후 온을 '고려 황제'라고 칭하여 자신들이 고려의 정통 왕조임을 자처하였다. 스스로 독립 국가임을 표방한 것이다. 실제로 일본에 사신을 보내기도 하였는데, 그 외교 문서에 "강화도에 천도하여 40년을 지냈고, 또 진도로 천도하였다."고 하였다.

삼별초 집단의 위세가 커지자 호응하는 지역과 사람들도 늘어 갔다.

밀양에서는 군민들이 봉기하여 수령을 죽이고 호응하였고, 개경에서는 관노들이 원에서 파견한 관리인 다루가치●와 고려 관리들을 죽이고 진도에 투항하려 하였다. 심지어 여러 지방 관리들이 다투어 진도에 들어와 '고려 황제'를 알현하고자 하는 일까지 일어났다.

이렇게 삼별초의 영향력이 커지자, 개경의 고려 정부와 몽골은 연합군을 편성하여 이들을 토벌하고자 하였다. 1270년 9월 고려 장수 김방경과 몽골 원수 아해가 1000여 명의 군사를 거느리고 진도로 진격하였다. 그러나 크게 패하고 물러나고 말았다.

삼별초에 패퇴한 여·몽 연합군은 3개월간 전국에서 장정을 징발하고 전함을 대량 건조하여 다시 공격할 준비를 하였다. 김방경과 몽골의 흔도를 우두머리로 하고, 중군·좌군·우군의 3군으로 편성된 연합군은 총공격에 나섰다. 용장산성 입구로 진격해 온 중군을 삼별초가 전 병력을 동원해 막아 내는 사이에, 후방으로 진격해 온 좌군과 우군이 산성을 넘어 궁성을 점거하였다.

혼란에 빠진 삼별초는 곧바로 용장산성을 탈출하여 남쪽 바다로 달아났다. 배중손이 이끄는 군대는 연합군에 맞서 결전을 치르다가 모두 전사하였다. 이때 승화후 온도 죽었다. 그러나 부장인 김통정이 이끄는 군대는 진도를 탈출하여 제주도로 들어갔다.

제주도에서 삼별초는 항파두성을 쌓고 항쟁 거점으로 삼았다. 제주도 주변 섬들을 점거하고 조세로 거둔 곡식을 운반하는 배를 나포하는가 하면, 서남 해안 지역을 공격하여 수령들을 붙

제주도 항파두성 대몽 항쟁을 계속하던 삼별초는 진도의 용장산성이 함락되자 제주도로 들어가 항파두성을 쌓고 항쟁 거점으로 삼았다. 북제주군 고성리 일대의 삼별초 항몽 유적지.

잡아 가거나 죽이기도 하였다. 합포에 쳐들어가 전함 32척을 불태우고 몽골 병사 10여 명을 사로잡아 죽인 일도 있었다. 제주도로 옮긴 뒤에도 해상에서는 여전히 세력을 유지하면서 고려와 몽골에 맞선 것이다.

고려와 몽골은 1273년(원종 14) 다시 군대를 징발하고 전함을 건조하여 제주도 공격을 꾀하였다. 전함 160여 척과 육·해군 1만여 명으로 대규모 연합군을 편성하여 3군으로 나누어 공격하였다. 중군은 합덕에 상륙하고, 우군은 애월에 상륙하여 삼별초를 유인하였다. 그사이에 좌군은 전함 30척으로 서쪽 비양도를 통해 항파두성을 공격해 함락하였다. 김통정은 70여 명을 이끌고 한라산으로 들어가 저항을 계속하다가 3개월 만에 스스로 목숨을 끊었다. 이렇게 하여 3년에 걸친 삼별초의 항쟁은 끝이 났다.

그렇다면 삼별초의 항쟁을 어떻게 평가할 수 있을까? 군사력으로 세계 최대 제국을 이룬 몽골에 맞서 결사 항전하였던 무장들은 어떤 사람들이었을까?

애초에 삼별초는 무인 정권의 별동대로 특혜를 받아 사사로이 이익을 취하던 집단이었다. 또 그들은 개경 환도에 따라 존립의 기로에 놓이게 되자 반란을 일으켰다. 그렇다면 이들의 항전은 자기 이익을 관철하려는 집단행동이었던 만큼 결국 진압되어야 할 소모전이 된다.

그러나 몽골 침략에 맞섰다는 점에서는 긍정적으로 볼 수 있다. 그렇지만 이들의 지배를 받았던 서남 해안 지역과 제주도 백성들은 진정 이들을 지지하고 호응하였을까? 삼별초의 항쟁은 당시 역사적 상황과 연관지어 여러 가지로 생각해 보아야 할 점이 많다.

개경의 외국어 학교
고려의 상인들

고려는 몽골과 30년간의 긴 전쟁을 끝내고 드디어 평화 조약을 맺은 이후 원나라의 간섭을 받게 되었다. 고려 왕이 원나라의 공주를 왕비로 맞이하게 되면서 두 나라는 많은 사람이 오가며 서로 영향을 주고받았다. 원나라의 문화가 고려에 자리 잡아 '몽골풍'이 되었고, 고려의 문화도 원나라에 퍼져서 '고려양'이라고 불렸다.

교류에는 귀족뿐 아니라 서민도 상당수 포함되었으니, 바로 상인들이다. 이들이 오가면서 장사할 때에는 어떤 말을 사용했을까? 몽골족의 나라이므로 몽골어를 배웠을까?

다음은 당시 사용된 『노걸대』라는 책에 있는 글이다. '노걸대'란 몽골말로 '중국통'이란 뜻으로, 중국어漢語를 가르치기 위해 만든 교과서였다. 고려의 상인이 원나라에서 중국인 상인을 만나 주고받는 이야기가 나온다.

중국인 : 당신은 고려 사람인데 어떻게 중국어를 잘하십니까?

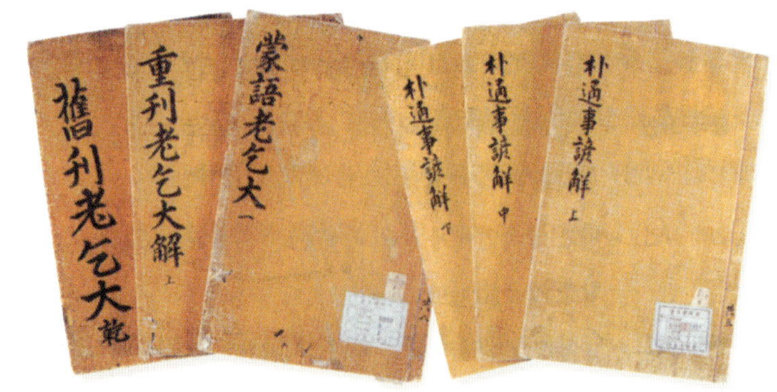

고려인 : 저는 중국인에게서 배웠기 때문에 조금이나마 중국어를 할 수 있습니다.

중국인 : 어디에서 배웠습니까?

고려인 : 중국인 학당에서 배웠습니다.

중국인 : 어떤 책을 공부했습니까?

고려인 : 『논어』, 『맹자』, 『소학』을 공부했습니다.

중국인 : 수업은 어떻게 하였습니까?

고려인 : 매일 아침 일찍 일어나 학교에 가면 선생님이 가르쳐 주시고, 수업이 끝나면 집에 돌아가 밥을 먹고, 다시 학교에 가서 글씨본 위에 종이를 얹고 그 위에 덧쓰기를 합니다.

중국인 : 그다음엔 어떤 수업을 하였습니까?

고려인 : 저녁이 되면 선생님께 가서 제비뽑기를 하여 뽑힌 사람이 책 내용을 외웁니다. 다 외우면 '벌을 면함'이라는 증명서를 한 장 받게 됩니다. 외우지 못하면 당번 학생이 세 번 때리게 합니다.

원나라에 오가는 상인들은 중국어를 사용하였다. 개경에는 중국어를 가르치는 학교가 있었다. 중국인이 세웠는데 교사는 중국인이고 학생은 고려인과 중국인이 반반이었다. 대단히 강도 높은 교육이 이루어져 새벽부터 저녁까지 가르쳤다. 교재는 주로『논어』,『맹자』,『소학』이었고 글쓰기, 시 읊기, 읽기, 뜻 새기기를 차례로 배웠다. 특히 외우기에 집중했는데, 저녁마다 제비를 뽑아 시켰다. 외우지 못한 사람은 종아리 세 대를 맞았다. 이렇게 여섯 달에서 1년 정도 배우면 중국어를 웬만큼 할 수 있었다.

상인들은 어떤 길로 오갔으며, 어떤 물건을 팔고 사 왔을까? 길은 바닷길과 뭍길이 있었다. 두 나라의 수도인 개경과 대도(大都, 지금의 북경)는 걸어서 한 달 정도 걸렸다. 바닷길은 중국 산동반도의 등주에서 우리나라 옹진반도로 이어지는 길과, 중국 강남의 영파에서 흑산도를 거쳐 개경에 이르는 길이 있었다. 2~3일밖에 안 걸렸지만 뭍길에 비해 험하였다.

『노걸대』는 당시 상황을 잘 그리고 있다. 상인들은 1월 추울 때 개경에 모여 장사를 떠났는데, 걸어서 요동을 거쳐 대도로 가서 물건을 팔았다. 이때 돈으로 받은 것은 은이었다. 은을 가지고 산동반도로 가는데 5월 즈음이면 도착하여 비단과 솜을 사 염색을 하였다. 명주 한 필에 3전이고 붉은 물을 들이는 데 2전이 들었는데, 이렇게 물들인 명주를 고려에 돌아와 은 1냥 2전에 팔았다. 비단은 2냥에 사서 3전을 들여 푸른 물을 들인 다음 고려에서 은 3냥 6전을 받았다. 산동에서 배를 타고 개경에 돌아오면 10월이 되었다. 중국 비단은 매우 인기가 좋아 두 배의 값에 팔 수 있었다.

상인들은 여러 가지 물건을 사 와서 팔았다. 구슬 갓끈, 머리 장식, 모자, 화장품, 놀이 기구, 말 장식 같은 사치품도 있었고 바늘, 빗, 칼, 가위, 송곳, 책 등 생활에 필요한 물건도 있었다. 상인들은 "고려 땅에

은의 무게를 다는 청동 추
고려의 상인들이 북경으로 가서 물건을 팔고 돈으로 받은 것은 은이었다. 은의 무게를 다는 저울추는 시장을 관할하는 관서에 비치되어 있었다. 경상북도 경주 분황사에서 출토.

서 파는 물건은 너무 좋은 것은 오히려 팔지 못하고, 다만 아쉬운 대로 쓸 만한 물건이 마땅하다."라고 하였다. 사치품도 값이 그리 비싸지 않았다.

상인들이 원나라에 내다 팔았던 물건은 어떤 것이었을까? 차, 화문석, 종이, 먹, 고려자기 등 여러 가지가 있었지만, 모시와 인삼, 말이 가장 인기가 좋았다. 『노걸대』에 나오는 상인들도 말 10여 필에 모시 130필, 인삼 100근 등을 싣고 가서 팔았다.

고려의 모시는 중국 것보다 훨씬 좋은 당대 최고의 상품이었다. 농민들은 모시를 별로 사용하지 않았으나, 귀족들이 중국에 팔기 위해 만들게 하였다. 인삼 역시 중국에도 있긴 하였지만 원나라 말기에는 거의 없어졌고, 고려의 인삼이 훨씬 우수하였기 때문에 더욱 인기 있었다. 또 말은 키우기에 적당한 조건이 아니어서 항상 부족하였으나, 원나라와 교류하면서 말 기르는 방법이 전해져 많은 목장이 생겼다. 이후 고려는 수출국으로 변하여 『노걸대』에는 청마, 백마, 적마, 황마, 토황마 등 30가지가 넘는 말 종류가 나온다.

모시와 말은 중국에도 있었는데, 어떻게 수출할 수 있었을까? 세모시가 중국에서는 1냥인데 고려에서는 그보다 싼 6전이었다. 즉 가격 경쟁력이 있었던 것이다. 그래서 상인들은 고려의 값싼 물건을 원나라에 팔고, 원나라에서 싼 물건을 사 와서 비싸게 팔았다. 그 결과 나라에서는 "상인들이 열 명, 다섯 명씩 무리를 지어 말과 소, 금, 은을 가지고 매일 외국에 나가므로 나라 안에는 느리고 둔한 노새나 나귀 따위만이 퍼져 있다."고 걱정이 컸다.

고려자기 청자 사자 장식 뚜껑 주전자와 받침(위) 12세기, 높이 27.5센티미터. 청자 상감 당초 국화 가지 무늬 대접(아래) 12세기, 높이 6.1센티미터.

원나라의 대도 근처에는 각종 산물이 모이는 원평현이 있었다. 거기에는 고려인의 집단 거주지인 고려장이 있어 활발하게 무역이 벌어졌다. 고려에서 무역의 중심지는 개경이었다. 개경으로 들어가는 길목에 최고의 무역항 벽란도가 있었는데, 활발할 때는 개경까지 40리 되는 길에 집들이 거의 이어져 있을 정도였다. 그래서 개경에는 무역으로 부유해진 상인들이 많았다. 조선 시대의 개성상인도 여기서 비롯한 것이다. 또 무역을 하던 몽골인, 중국인, 아랍인, 인도인 등 다른 민족도 많이 살았다. 당시에 유행한 「쌍화점」이라는 노래는 개경에 아랍 사람이 쌍화(만두) 가게를 열고 있었음을 보여 준다.

원 간섭기에 원나라가 재물과 사람까지 요구하는 등 고려에 많은 폐를 끼친 것은 이미 많이 지적된 사항이다. 하지만 이와 아울러 서로 많은 교류가 있었고, 거기에는 서민도 상당수 있었음에 주목해야 하지 않을까. 이들은 외국어 학교에서 스스로 교육을 받으며 힘을 키워 나갔다.

몽골풍과 고려양

오늘날까지 전해지는 대표적인 몽골 풍속은 여자의 머리에 올리는 족두리, 남녀의 옷고름에 차는 작은 칼인 장도粧刀, 신부의 두 볼에 찍는 연지 등이다. 또 장사치·시정아치·벼슬아치 등 명사에 '치'를 붙이는 언어 습관, 설렁탕, 임금의 음식인 수라, 궁녀를 뜻하는 무수리, 왕과 왕비 등 궁중의 최고 어른들에게 붙이는 마마, 세자와 세자빈을 가리키는 마누라 등은 원래 몽골의 궁중 용어였다. 여자들이 댕기 머리를 땋는 것, 절따말(赤馬)·가라말(黑馬) 같은 말 이름 등도 몽골풍이다. 특히 몽골이 목마장牧馬場을 직접 경영하였던 제주도에는 몽골 풍속이 아직도 많이 남아 있으며, 말 사육에 관계되는 용어 중에는 몽골어와 흡사한 것이 많다. 이와 반대로 고려의 의복과 음식 등 생활 풍습도 몽골에 많은 영향을 미쳤는데, 이를 고려양高麗樣이라고 하였다.

신돈은 요승인가, 개혁가인가?
고려 말 개혁 정치의 성격

신돈이 겉으로는 공평한 척 꾸미면서 사람들에게 은혜를 베풀고 환심을 사고자 하여, 무릇 천한 신분의 사람이 양인이 되기를 호소하면 한결같이 양인이 되게 해 주었다. 이에 주인을 배반한 종이 봉기하여 말하기를 "성인이 나타났다."라고 하였다. 또한 여자들 가운데 재판을 하는 사람이 용모가 아름다우면 신돈이 겉으로는 동정하는 척하면서 자기 집으로 불러들여 간음하고 재판에 이기게 하여 주니, 이로 말미암아 여자가 만나기를 청하는 일이 성행하였다. 그러므로 뜻있는 선비들이 이를 갈았다.

위는 『고려사』 「열전」에 실린 신돈에 대한 내용이다. 신돈은 고려 말 공민왕 때 승려로서 권력을 잡았던 인물인데, 그에 대한 평가는 매우 상반된다. 위의 내용에 보이듯이 천민과 같은 피지배층에게는 '성인'처럼 보일 정도로 이들을 살리는 개혁을 한 것으로 인식되었지만, 권문세족과 같은 지배층에게는 이를 갈 정도로 복수의 대상이 되었다.

그런데 신돈을 올바로 평가하려면, 먼저 어떠한 상황에서 그가 등용되었는지부터 살펴봐야 할 것이다. 어째서 공민왕은 이름 없는 승려인 그를 등용하였을까?

고려 말에는 원나라 황실이나 높은 관리들의 집안과 혼인 관계를 맺고 고위 관직을 차지한 친원 세력들이 정치적으로 실권을 쥐고, 왕까지 좌지우지하였다. 게다가 이들은 권세를 이용하여 함부로 남의 땅을 빼앗아 광대한 농장을 가지고 있었다. 그리고 가난한 농민들을 거두어 자기 농장의 노비로 일하게 하였다. 그러니 자연히 세금을 내야 할 백성이 줄고 나라의 재정 형편은 점점 어려워졌다.

공민왕의 영토 회복 원나라에서 성장한 공민왕은 귀국한 후 고려의 자주성 회복을 위해 부단히 노력하였다. 원나라의 힘이 약해진 틈을 타서 원이 지배하던 국경 지역을 되찾았으며 정동행성을 없애고, 쌍성총관부를 탈환하여 철령 이북의 영토를 회복하였다.

공민왕은 왕위에 오르자, 이러한 문제의 심각성을 느끼고 개혁 조치를 시행하였다. 중국 대륙에서 원나라가 힘이 약해진 틈을 타서 당시 대표적 친원 세력을 제거하고, 원이 지배하던 국경 지역을 되찾았다. 또 원이 설치한 정동행성을 폐지하고, 관제도 원 간섭기 이전의 제도로 되돌렸다. 다음으로는 국왕 중심의 지배 체제를 확립하고 내정 개혁을 추진하기 위한 정치적 변혁을 시도하였다. 그리고 이러한 일련의 개혁 정책을 밀고 나갈 참신한 인재들을 찾았다.

공민왕은 기존의 세력은 믿지 않았다. 먼저 권문세족은 권력 내부에서 서로 깊이 얽혀 있었다. 신진 관료들도 처음에는 깨끗한 척하지만 명망을 얻어서 귀해지면, 자기 가문이 한미한 것을 부끄럽게 여겨 권문세족과 혼인을 맺고 그 일원이 되었다. 과거에 급제하여 진출한

자들도 과거 시험관을 좌주(스승)라 하고 자신들은 문생(문하생)이라 하면서 당파를 이루어 행세하였다. 따라서 기존의 각종 연줄에서 비교적 자유로운 인물이 필요하였다. 그런 조건에 들어맞는다고 여겨 등용한 인물이 바로 신돈이었다.

신돈은 실제로 이렇다 할 기반이 없었으며, 불교계에서도 비중 있는 위치에 있지 못하였다. 양인인 아버지와 절의 여종인 어머니 사이에서 태어나 여러 곳을 떠돌아다니던 이름 없는 승려였을 뿐이다. 그러나 그는 사회 모순에 대한 인식이 뛰어난 인물이었다. 이것이 공민왕이 신돈을 등용한 이유였다.

공민왕은 신돈에게 나라의 큰일을 맡길 만하다고 여겼다. 공민왕이 신돈을 불러들였을 때, 그들 사이에는 실로 절실한 대화가 오갔다.

"세상을 복되고 이롭게 할 뜻이 있으니, 비록 헐뜯는 말이나 훼방이 있더라도 저를 끝까지 믿어 주십시오."

"염려 마시오. 대사는 나를 구하고, 나도 대사를 구하리다."

이와 같은 신돈의 요청과 공민왕의 다짐에서 고려 사회의 개혁 방향에 공감하고 서로에 대한 믿음이 있었음을 알 수 있다.

공민왕과 신돈이 내세운 개혁 가운데 핵심은 바로 땅과 사람의 소유 문제를 바로잡는 것이었다. 당시 지배층의 농장은 산과 강을 경계로 삼고, 하나의 군, 현을 다 차지하고 있다 할 만큼 대규모였다. 지배층의 농장과 토지 소유가 늘어 갈수록 일반 농민의 생활은 어려워졌고 국가 재정도 무너져 갔다. 이러한 위기를 해결하려면, 권문세족이 불법으로 빼

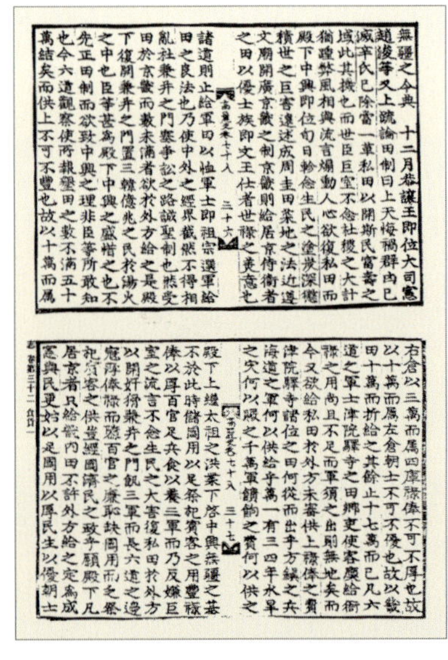

토지 개혁 상소 고려 말 개혁의 근본 과제는 토지 문제의 해결이었다. 공민왕과 신돈은 토지 개혁에 대한 뜻을 함께했다. 이들의 개혁 시도는 고려 말 신진 사대부의 전제 개혁으로 이어졌다. 사진은 『고려사』에 실린 조준의 3차 전제 개혁 상소다.

앗은 농민의 땅을 되돌려 주고, 노비로 떨어진 사람들은 본래대로 양인으로 되돌려 지배 체제의 바탕을 확실히 안정시켜야 했다. 그것이 바로 전민변정田民辨整 사업이었고, 그 일을 맡은 기관이 곧 전민변정도감이었다.

신돈은 공민왕에게서 권한을 넘겨받은 뒤, 전민변정 사업을 이끌고 나갔다. 신돈의 전민변정 사업은 그 주도자의 열의나 사업 성과 면에서 이전의 개혁 시도들과는 사뭇 다른 면이 있었다. 그가 내린 명령은 단호하였다.

"근래에 기강이 무너져 탐학하는 일을 부끄럽게 생각할 줄 모르게 되어 종묘, 학교, 창고, 절, 녹전, 군수● 등 조세를 거두는 토지와 개인이 대대로 가지고 있던 논밭을 거의 다 부유하고 세력이 있는 집들이 강탈, 점령하였

공민왕릉 개혁 정치를 펼친 공민왕은 1374년 죽음을 맞았다. 공민왕릉은 노국공주의 능과 함께 있다. 개성시 개풍군 해선리에 있다.

● **녹전祿轉, 군수軍須**
관료들의 녹봉 등 관청과 군대 운영에 필요한 재원을 마련하기 위해 조세를 거두는 토지.

다. 그들은 땅을 반환하라는 판결을 받고도 이를 이행하지 않고, 또 여전히 양인을 자신들의 노비로 삼고 있다. 그리고 각 주현의 역리●, 관노, 백성들로서 자기 역에서 도피한 자를 모조리 은닉하여 크게 농장을 차림으로써 백성에게는 해독을 끼치고, 나라를 궁핍하게 만들고 있는 바, 이것이 하늘에 닿아 홍수, 가뭄, 역질이 그치지 않고 있다. 이제 도감을 설치하고 그 시정 사업을 담당케 하였으니, 서울에서는 15일 이내로, 지방에서는 40일 이내로 자기 잘못을 알고 스스로 시정하는 자는 잘못을 묻지 않는다. 그러나 기한이 경과한 뒤에 일이 발각된 자는 처벌할 것이며, 함부로 고소한 자도 처벌을 받을 것이다."

이 명령에 따라 권세가들에게 빼앗겼던 많은 땅이 주인에게 돌아가고 노비들이 풀려나 온 나라가 기뻐하였다. 따라서 신돈의 개혁은 어느 정도 성과를 거두었다고 볼 수 있다. 신돈의 태도도 분명하였다. 실제로 신돈이 여색을 좋아하고 탐욕스럽다고 욕하는 자는 있었으나, 그가 땅이나 노비들을 끌어모았다는 비난은 없었다.

이런 점에서 본다면, 적어도 신돈은 전민변정 사업을 사명감을 갖고 추진해 나갔고, 상당한 성과를 거두어 백성들의 큰 호응과 지지를 얻었음을 짐작할 수 있다.

그러면 이 사업은 성공하였는가? 그렇지 못하였다. 개혁 사업을 이끈 사람은 신돈이었지만, 실제로 그 사업을 하나하나 시행해야 할 사람들은 관리들이었는데, 당시 관직의 대부분은 권문세족들이 꿰차고 있었다. 이들은 농장의 주인이었으며, 노비와 예속 농민들을 부려야 농장을 유지할 수 있었다. 이들이 가진 땅과 노비의 상당수는 불법으로 차지한 것이었다. 그러한 사람들이 실무를 맡았으니 자신들의 이

공민왕릉의 무인 석상
공민왕릉 하단에 서 있는 무인 석상. 임금의 무덤을 지키는 듬직한 석상처럼 재위 시절 공민왕과 함께 개혁을 추진할 이들이 있었다면 더욱 성과가 있지 않았을까?

해와 상반되는 전민변정 사업을 제대로 시행할 리 없었다.

이처럼 현실적인 세력 관계로 보아 신돈의 전민변정 사업이 지속될 수 있는 조건은 처음부터 매우 열악하였으니, 사업은 결국 실패할 수밖에 없었다.

『고려사』에 전하는 것과 같이, 신돈이 정말 간교한 언행으로 뇌물을 받고 여색을 밝혔는지는 확실하지 않다. 그러나 분명한 것은, 이러한 도덕성 문제 때문에 전민변정 사업이 실패한 것은 아니라는 점이다. 신돈의 개혁이 실패한 이유는 개혁을 추진할 세력 기반을 갖지 못하였다는 점과, 개혁으로 말미암아 제 이익이 줄어드는 층의 반발에 따른 것으로 봐야 할 것이다.

어느 시대나 개혁이란 개혁가의 의지만으로 이루어지는 것이 아니며, 개혁을 수행할 수 있는 사회 세력이 있어야만 가능하다. 고려 말 신돈이 끝내 이루지 못한 개혁은, 그 뒤 새롭게 등장한 신진 사대부 세력이 수행하여 조선 왕조의 건국으로 이어진다.

넷째 마당

조선

# 백성은 도덕을 실천할 능력이 없다?

민본 이념의 실상

조선은 백성을 나라의 근본으로 삼는다는 '민본'과 덕으로 다스린다
는 '덕치'의 유교 이념을 내건 국가였다. 그래서 고려 시대에 없던 백
성을 위한 정책이나 제도가 많이 생겨났다. 훈민정음, 각종 농서와 의
약서의 발간, 그리고 그 가운데 신문고도 포함된다. 태종 4년(1404년)
의 기록 중 신문고에 대한 내용을 보자(『태종실록』).

국가에서 백성의 의사가 왕에게 전달되지 못할까 염려하여 신문고를 설치
하였다. 백성들에게 와서 치도록 허락하여 왕의 귀와 눈이 막히고 가려지
는 근심을 없애니, 이것은 진실로 좋은 법이요, 아름다운 뜻이다.

이처럼 신문고는 백성이 건의하고 싶은 일이나 억울한 일을 북을
쳐서 왕에게 알리는 통로 역할을 하도록 규정한 제도였다. 이를테면
덕치와 민본이 합해진 '백성을 위한' 배려에서 나온 것으로 보인다.
그래서 현 국사 교과서에서도 신문고는 글을 모르는 백성을 위해 설

치하여 그들의 의견을 국가가 반영한 것으로 표현하며 마치 오늘날의 민주 제도와 같은 것인 양 교육하고 있다. 중학교 국사 교과서에 실린 다음의 글을 보자.

나라에 큰일이 생기면 백성들이 좋은 의견을 왕에게 올리도록 하였으며, 그 의견을 검토하여 정치에 반영하기도 하였다. 글을 모르는 백성들을 위해 신문고를 설치하였는데 후기에는 왕이 행차할 때에 징, 꽹과리 등을 울려 왕의 관심을 끌도록 한 후에 억울함을 호소할 수 있도록 하였다.

교과서만이 아니다. 현재 청와대에 설치된 신문고나 국민 권익 위원회에서 운영하는 국민 신문고, 이동 신문고 등은 아직도 신문고를 국민의 목소리를 듣는 상징적인 제도로 이해하는 단적인 예다.

그러나 지금은 꽤 알려졌듯이 신문고는 본래 중국에서 받아들인 제도이며, 실상은 일반 백성이 접근하기조차 어려웠다.

신문고는 조선 3대 왕인 태종 1년(1401년) 7월에 송나라의 등문고를 본받아 설치되었다. 그래서 이름도 등문고라 하였다가 곧 신문고라고 고쳤다. 그때 왕은 "호소할 데 없는 백성 가운데 원통하고 억울한 한을 품은 자는 나와서 신문고를 치라."고 하였다. 당시 글(한문)을 몰랐던 하층민이 말로 억울함을 호소할 수 있는 신문고를 설치한다는 것은 그야말로 혁신적인 조치였다.

나라의 근본인 백성 글을 모르는 대다수 백성들이 억울함을 호소할 수 있게 끔 신문고를 설치하였다고는 하지만, 서울에 하나뿐인 신문고가 백성들에겐 그림의 떡이 아니었을까? 그림은 조선 시대 모내기와 보리타작 하는 농민들의 모습을 담은 〈경직도〉다.

그러나 신문고는 전국의 백성들이 언제 어디서나 칠 수 있는 것이 아니었다. 신문고는 서울에만 있었으므로 신문고를 치려면 서울까지 올라가야 했다. 그리고 신문고를 치기 위해 지켜야 할 절차가 간단하지 않았다. 말하려는 내용에 따라 치는 방식이 셋으로 나뉘었다.

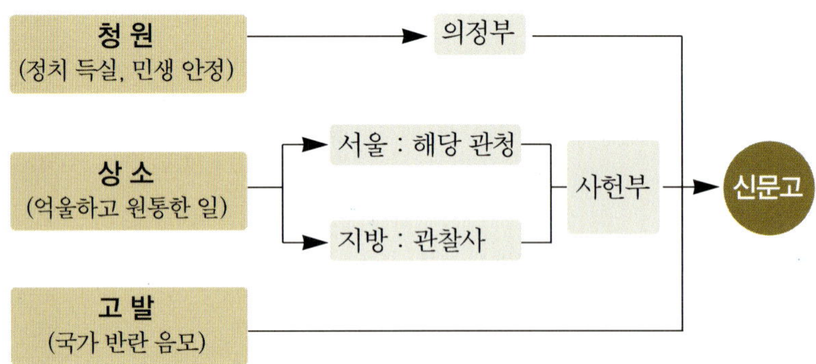

위의 표 가운데 특히 백성들이 억울하고 원통한 일이 있을 때 호소하는 방법은 두 번째 상소였다. 이 경우 먼저 서울과 지방의 해당 관청에 호소하고, 그렇게 한 뒤에도 억울함이 해소되지 않았을 때 사헌부를 거쳐 비로소 신문고를 칠 수 있었다. 신문고를 칠 때에도 억울한 내용을 진술하여 담당 관리가 글을 작성하고, 신청자가 사는 곳을 확인한 뒤에 북을 두드리게 하였다. 따라서 원통하고 억울한 일이 있어도 신문고를 친다는 것은 매우 어려운 일이었다.

까다로운 절차 말고도 신문고를 치기 어려운 이유는 또 있었다. 여러 가지 제한 규정 때문이다. 『경국대전』「형전」에 따르면, 국가 안위에 관련된 사건과 불법 살인 사건을 빼고는 중앙 관청의 하급 관리나 노비가 그의 상관을 고발하는 경우와 지방의 양반, 향리, 백성들이 관찰사나 수령을 고발하는 경우는 오히려 벌을 받는다고 규정하였다. 그뿐 아니라 노비는 아예 북을 치기가 쉽지 않았다. 세종 때에는 양반

집의 노비가 신문고를 치려고 하였는데, 담당 관리가 아예 허용하지 않았기 때문에 엉뚱하게 광화문에 걸려 있던 종을 쳐서 문제가 된 적도 있었다. 원통하거나 억울한 일이 있으면 왕에게 직접 호소하라고 만들어 놓은 신문고는 힘없는 백성에게는 그림의 떡에 지나지 않았다. 설령 신문고를 쳐도 그 일은 대부분 왕에게 보고되지 않았다.

일반 백성이 신문고를 제대로 이용할 수 없는 사정은 조선 후기로 내려가면 더욱 심해졌다. 영·정조 때의 학자 홍양호의 『이계집』耳溪集에는 신문고와 관련된 「효자 홍차기전」이라는 애달픈 사연이 하나 전해진다. 그 줄거리는 다음과 같다.

영조 말년쯤의 일이다. 충청도 충주 노은동에 홍선보라는 사람이 살고 있었다. 어느 날 동리에서 살인 사건이 일어났는데, 선보가 누명을 쓰고 옥에 갇히게 되었다. 이때 선보의 아들 차기가 태어난다. 차기의 어미는 남편의 억울함을 풀려고 차기를 맡기고 서울로 갔지만, 수년 동안 신문고를 치려는 뜻을 이루지 못하고 죽는다.

(이후) 열 살을 갓 넘긴 차기는 그 사실을 전해 듣고 어미를 대신하여 수백 리 길을 올라와 간신히 신문고를 두드렸으나, 담당 관리가 이를 왕에게 보고하지 않아 세월을 허비한다. 그러던 어느 날 다행히 길에서 형조 판서 윤동섬을 만나 아비의 누명을 벗게 해 준다는 약속을 받고 다시 고향으로 내려간다. 하지만 워낙 오래된 사건이라 문서가 남아 있지 않아 해결이 쉽지 않았다. 기다림에 지친 차기는 굶주리고 병든 몸으로 다시 서울로 올라오다가 그만 정신을 잃는다. 누군가의 도움으로 서울에 도착하여 겨우 정신을 차린 차기는 아비가 곧 풀려난다는 소식을 듣고는 영영 눈을 감고 만다. 이때 차기의 나이 열네 살이었다.

이처럼 백성들이 억울한 일을 호소하려고 신문고를 치는 일은 어렵기 짝이 없었다. 그러나 양반들이 정치의 득실을 따지고 민생 안정을 주장하기 위해 신문고를 칠 경우에는 일반 백성들보다 훨씬 수월하였다. 실제로 당대의 기록을 보면 신문고를 이용한 사람은 거의 대부분 양반을 비롯한 지배층으로 나타난다.

결국 신문고는 하층민의 억울함을 호소하고 해결하는 제도라기보다는 백성을 위한다는 명분 아래 왕의 권위를 드러내고 지배층의 언로를 열어 지배 체제를 안정시키는 수단에 지나지 않았던 것이다.

사실이 이러한데도 마치 오늘날 국민의 목소리를 듣는 민주 제도의 상징물처럼 청와대에 신문고가 설치되고 국민 권익 위원회에서 국민 신문고, 이동 신문고 등을 운영하는 이유는 어디에 있을까? 그것은 한마디로 조선 시대의 민본 사상에 대한 환상 때문이라고 하겠다. 그렇다면 민본이란 무엇인가?

성리학에서는 인간을 포함한 만물이 모두 천지의 같은 기氣로 이루어졌고 인간은 모두 똑같은 본성을 지닌다고 설명한다. 이러한 생각 덕에 성리학에서는 '민유방본'民惟邦本, 곧 백성이 나라의 근본이 되는 존재라는 사상이 나올 수 있었다.

그런데 현실은 이와 달랐다. 유교적 도덕 정치를 이상으로 삼았던 조선의 통치 집단은 백성들에게는 '도덕의 실천 능력'이나 '덕성'이 없거나 부족하다고 보았다. 즉 백성은 근본적으로 어리석고 무지하여 스스로 도덕을 실천할 능력이 부족하다는 것이다. 반면 사대부는 스스로 배우고 이끌 수 있으며 도덕 능력을 지녔다고 보았다. 그 때문에 백성은 사대부가 가르치고 끌어 주어야 하는 대상이고, 단지 주어진 직분에 따라 열심히 일하고 먹는 존재일 뿐이었다. 그래서 사대부들

은 백성도 같은 본성을 지닌 인간이기는 하지만 상하, 존비, 귀천에 따라 구분하였다. 결국 백성은 유교 사회에서 결코 정치의 주체가 될 수 없는 존재였다.

이런 점에서 백성을 나라의 근본으로 삼는다는 '민본'의 실질적인 내용은 매우 빈곤하였다. 조선 초에 정도전은 민생이 도탄에 빠지면 국가 체제가 흔들리므로 백성에게서 세금을 거둔 대가로 그들을 위하는 것을 사회적 의무라고 보았다. 그러나 실제 이를 실천한 관인들은 많지 않았다.

민본과 잘 통하는 '농자천하지대본'이라는 말도 마찬가지다. 민본의 '민'을 당시 가장 많은 인구와 중요한 산업인 농업을 운영하는 농민으로 대치한 것이다. 이 말은 꽤 농민을 위한 말처럼 들리지만, 실제

왕이 백성을 만나다 정조가 어머니 혜경궁 홍씨를 모시고 화성에 가서 회갑연을 치른 뒤, 창경궁으로 돌아가는 장면이다. 이처럼 왕이 바깥 나들이를 할 때 백성들은 징이나 꽹과리를 치며 억울한 사연을 호소하기도 하였다. 〈화성능행도〉 가운데 〈시흥환어행렬도〉의 일부(1795년).

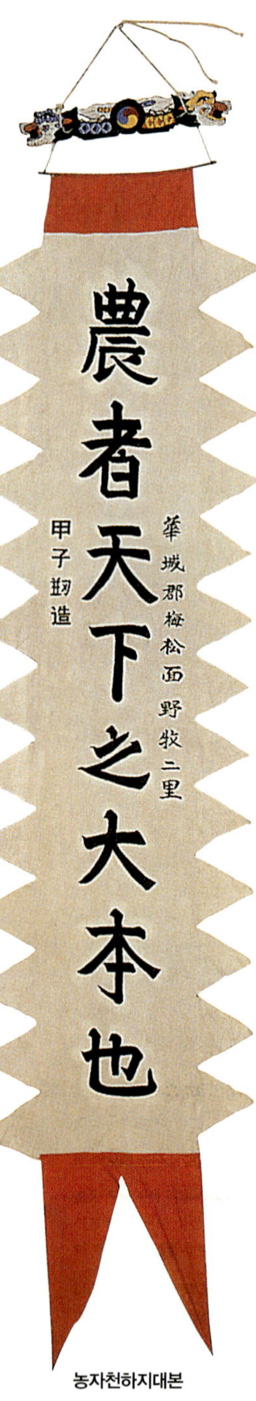

농자천하지대본

농민이 근본으로 대접받은 적은 없다. 이것은 주어진 직분에 따라 열심히 일하는 농민이 나라의 살림살이에 필요한 세금을 거둘 수 있는 중요한 대상이라는 뜻을 보기 좋게 포장했을 따름이다. 옛날이나 지금이나 정부의 정책이나 정치가의 말에 실질적인 배려가 담기지 않았다면, 그것은 불평불만을 일시적으로 무마하거나 눈과 귀를 속이려는 겉만 번지르르한 말에 지나지 않는다.

겉으로만 주장하고 그치는 것이 아니라, 모든 백성을 배려하고 동일하게 인정하려는 자세가 더 중요하다. 그런 점에서 조선 후기의 실학 사상인 북학파가 사농공상을 사회 분업으로 인식한 점은 중요한 변화였다. 특히 민본 사상을 실천하려고 노력한 대표 인물로는 정약용을 꼽을 수 있다. 그는 백성을 단지 통치의 대상이 아니라 사회의 한 계층으로 인정한다. 그는 『목민심서』에서 "천하에 가장 천해서 의지할 데 없는 것도 소민이요, 천하에 가장 높아서 산과 같은 것도 소민"이라고 하였다. 그는 민생을 바로 보고 백성을 위한 실천을 하려고 노력하였다.

민본 사상을 실천하는 또 다른 길은 스스로 찾아 나서는 것이다. 한계가 있지만 백성은 신문고를 애써 치려 하며 집단으로 호소하고 시위도 하면서 길을 찾으려 하였다. 실제로 18세기 말 곡산 부사로 부임하던 정약용이 곡산 농민 항쟁을 이끌었던 이계심에게 "고을의 수령이 밝지 못하게 되는 이유는 백성이 폐단을 보고도 항의하지 않기 때문이다. 너 같은 사람은 관가에서 마땅히 1000냥의 돈을 주더라도 사야 할 사람이다."

하고 격려한 일이 있다. 이는 민본을 실천하려는 두 주체의 만남으로
보인다.

미국에서도 독립 선언문(1776년)에 "모든 사람은 평등하고 자유를
가질 권리가 있다."고 했지만, 그 후에도 노예 제도는 계속되었다. 링
컨은 1863년 흑인 노예 해방을 선언하였지만, 그 100년 뒤인 1960년
대에 마틴 루터 킹은 여전히 흑인은 해방되지 못한 존재라는 사실을
소리 높여 외칠 수밖에 없었다. 선언만으로는 평등을 보장하지 못했
던 것이다. 마찬가지로 조선의 민본도 처음부터 제한된 용어였을 뿐
아니라, 실천이 따라야 하는 문제였다. 나아가 국민을 위한다는 정치
를 외치는 오늘날도 마찬가지일 것이다.

 # 백성의 생활을 하늘의 운행에 맞추다

세종 대의 천문학

인간 세상의 모든 일은 하늘의 해와 별의 운행 법칙에 달렸다. 해와 별의 운행은 천문 기기에 밝게 나타나므로, 옛 성인은 반드시 정치의 으뜸을 천문 기기의 제작과 연구로 삼았다.

세종 대에 하늘의 운행을 관측할 수 있는 각종 천문 기기들이 완성되자 승지 김돈이 세종의 업적을 칭송하여 올린 글의 내용이다. 이는 『세종실록』에 실려 전한다. 세종은 천문 관측을 매우 중시하였다. 세종뿐만 아니라 고대 이래 통치자들은 천문 관측을 매우 중시하였다. 천문학은 농업뿐 아니라 정치와 밀접하게 연관되어 있었다. 왜냐하면 인간 세상의 질서를 담보하는 원리가 하늘의 운행, 즉 자연의 법칙 위에 구축되어 있다고 보았기 때문이다.

조선 시대 통치의 정당성은 하늘의 법칙이자, 자연의 이치를 정확하게 아는 데서 비롯하였다. 그렇지만 하루아침에 천문 역법의 지식을 모두 이해할 수는 없었다. 먼저 중국의 앞선 천문 역법을 충분히 연

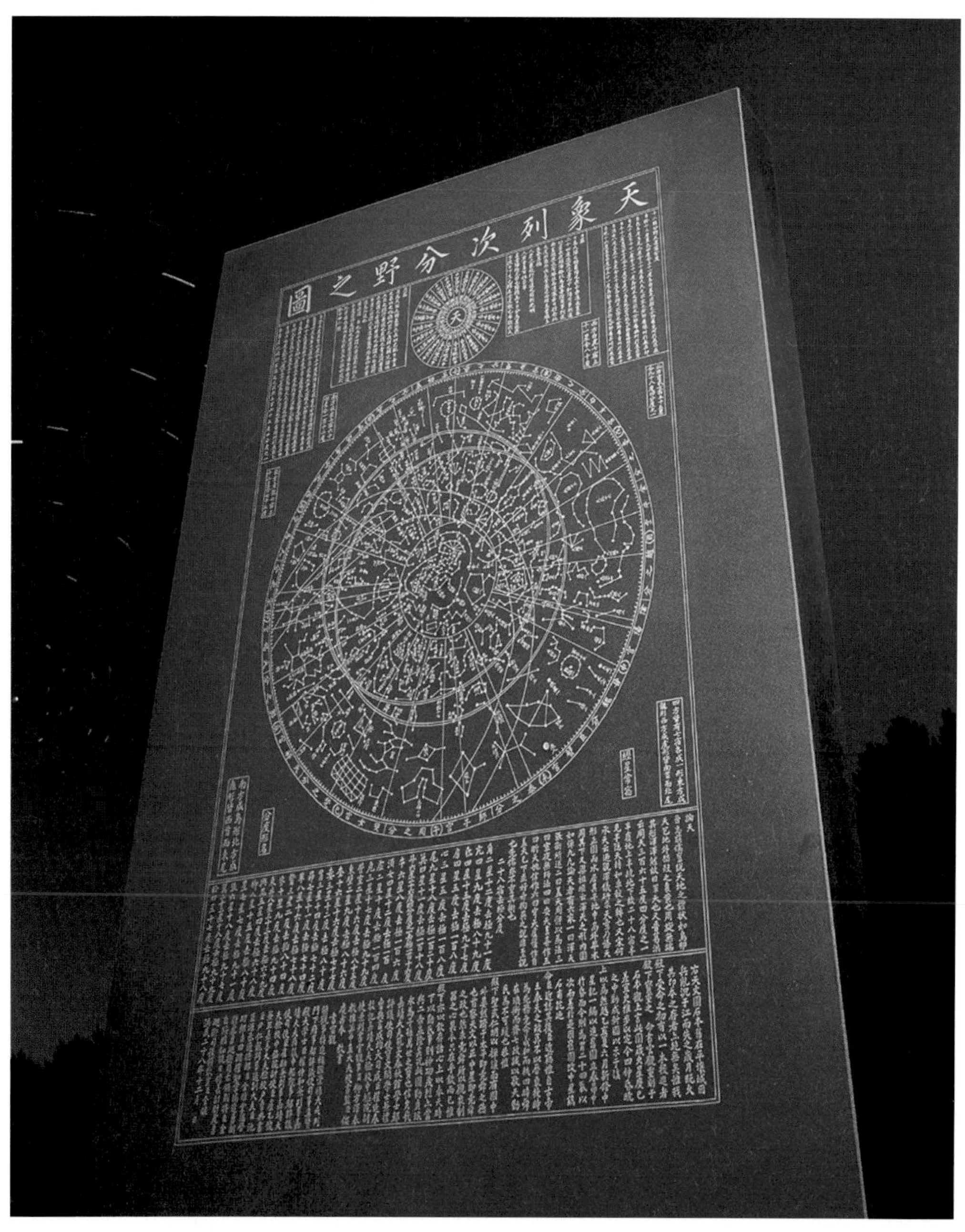

천문 고대 이래로 통치자들은 천문 관측을 매우 중시했다. 사진은 조선 태조 때 권근 등 열한 명의 학자가 참여하여 완성한 〈천상열차분야지도〉天象列次分野之圖의 복원품, 서울을 중심으로 우리나라에서 보이는 중요한 별 1464개를 석각石刻한 천문도로, 하늘의 적도를 12분야로 나누어 차례로 늘어놓았다. 경기도 여주 영릉 세종 유적 관리소의 복원품으로, 크기는 122.5×211센티미터다.

구하고, 그런 다음 조선의 경위도에 맞는 관측 자료를 수집해야 했다. 그렇게 하려면 천문대가 필요하고 관측 장비도 있어야 했다.

1417년 태종은 천문대를 쌓으라고 명하였다. 고대의 천자와 제후들은 모두 하늘을 연구하였으니 조선도 마땅히 천문대를 쌓아 하늘을 관측해야 한다는 것이었다. 그러나 역법 등 충분한 지식이 없던 당시에는 결국 천문대를 완성하지 못하였다.

태종의 천문 연구 의지는 세종으로 이어졌다. 세종은 집권 초부터 정확한 시각을 측정하고 이를 백성들에게 알리는 일이야말로 왕이 해야 할 중대사임을 강조하였다. 세종은 천문 역법에 밝은 신하들에게 당나라의 선명력宣明曆과 원나라의 수시력授時曆을 연구하도록 지시하였다. 또 중국어와 수학에 밝은 자를 중국에 유학 보냈다. 중국의 역법을 정확하게 이해한 토대 위에서만 조선 천문의 독자적인 발전이 가능했기 때문이다.

1432년(세종 14년) 마침내 정초와 정인지 등은 중국 역법을 조선의 경위도에 맞추어 정확하게 수정할 수 있는 계산법을 완성하였다. 남은 일은 한양의 북극 고도에 적합한 관측 자료를 축적하는 것이었다. 천문 관측을 위해 천문대와 천문 기기의 제작이 시급해졌다.

1432년 7월 세종은 정인지와 정초 등에게 천문 기기의 제작을 명하였다. 당시 천문 관측은 중국의 천자만이 할 수 있는 일이었지만, 세종은 중국과 다른 조선을 강조하면서 주체적인 천문 관측을 시도하였다. 이에 정인지와 정초는 문헌을 연구하고, 이천과 장영실은 직접 천문 기기를 제작하였다.

간의 세종 당시 경복궁의 간의대에 설치되었던 대표적인 천체 관측 기구.

　　천문 관측과 역법 연구에서 빼놓을 수 없는 기기가 간의簡儀다. 세종의 명을 받은 연구진은 임시로 나무 간의를 제작하여 설치한 후 관측을 시행하였다. 이를 토대로 하여 정밀하게 보정한 뒤 구리로 정식 간의를 제작하고, 태양의 그림자를 측정하는 규표圭表도 제작하였다. 이렇게 완성된 천문 기기들은 경회루 북쪽에 돌을 쌓아서 만든 간의대에 설치하였다. 규표나 간의처럼 실제 관측에 필수적인 기기들이 완성되자, 자연스럽게 한양의 경위도에 적합한 관측 자료가 축적되었다.

　　이어 한양 하늘에서 관찰되는 천문 현상을 정확하게 재현할 수 있게 되었다. 1433년(세종 15년) 이천, 정초, 정인지 등은 천문 현상을 한눈에 볼 수 있게 혼천의渾天儀를 제작하였다. 혼천의는 베에 물을 들인 후 둥글게 만든 틀에 붙여 공처럼 만든 후 천문도를 그려 넣은 천구의로, 적도와 황도 그리고 수많은 별들이 한 치의 오차 없이 하루에 한 번 자동으로 돌아가게 만든 정교한 기계였다.

　　천문 기기들이 제작되자, 세종은 하늘의 운행을 백성들에게 알리는 일을 서둘렀다. 모든 백성들이 하늘의 움직임天理에 따라 생활해야 한다는 세종의 뜻이야말로 천문 기기 개발의 근본 이유였다. 한양의 시각을 기준으로 백성들의 생활을 맞추려는 세종의 의지는 시계 제작으로 이어졌다. 1434년 6월 드디어 새로운 역법에 근거한 정확한 시계가 완성되었으니, 자격루가 바로 그것이다.

　　새로운 시계의 등장은 당장 문제를 일으켰다.

규표 태양의 그림자를 측정하여 계절과 24절기를 알아내기 위한 천문 관측 장치. 높이가 40척(약 121 센티미터)이나 되었다.

혼천 시계 관상감 교수 송이영이 제작한 새로운 방식의 혼천의. 이 혼천 시계는 1699년(현종 10년)에 제작되었다.

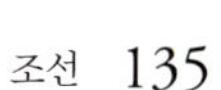

자격루 1434년 장영실이 만든 장치로서 자동으로 종과 북, 징을 쳐서 시간을 알려 주었다고 한다. 아쉽게도 지금은 그 작동법을 알지 못한다. 1536년(중종 31년)의 것으로 덕수궁 뜰에 있다.

시각의 기준이 달라지자 일시적으로 백성들의 생활이 불편해졌다. 자격루의 시각은 이전에 비해 밤 시각이 빨라지고 새벽 시각은 늦어졌다. 과거에 비해 이른 시각에 통행 금지를 하고, 늦은 아침에 해제한 것이다. 세종은 새로운 자격루가 과거의 습관에 젖은 사람들에게는 불편하지만, 실제 천문의 움직임에 따라 맞추어진 '자연의 시각'임을 강조하였다. 자연의 움직임을 정확하게 알고 순리에 따르는 인간의 일이야말로 세종이 진정 원하던 자연스러운 정치였다.

자격루는 물을 이용한 자동 시계다. 시각을 알리는 십이지신의 나무 인형들이 시각에 따라 자동으로 시패를 들고 움직인다. 자격루는 궁궐 내 보루각에 설치되었으며, 하늘의 운행을 관측, 기록하고 역서를 편찬하던 서운관 관원들이 번갈아 근무하면서 동작 여부를 감독하였다. 보루각의 자격루가 자동으로 시각을 알리면, 서운관 관리들이 경회루의 남문과 근정문 등에 설치된 쇠북을 쳐서 시각을 전달하고, 마지막으로 광화문의 큰 북을 울려 백성들에게 시각을 알려주었다. 이제 밤에도 정확한 시각을 알 수 있게 된 것이다.

해시계인 앙부일구도 설치하였다. 혜정교와 종묘 남쪽 거리에 설치하여 지나다니는 백성들이 수시로 시각을 알 수 있게 하였다. 특히 해시계 안에 시각을 상징하는 동물을 그려 넣어 어리석은 백성들도 그림을 보고 시각을 알 수 있게 배려하였다. 이렇게 해서 백성들은 밤 시각은 물시계 자격루로, 낮 시각은 해시계 앙부일구로 알 수 있었다. 모두 실제 백성들의 생활을 하늘의 운행에 맞추려는 의지의 결과였다.

　백성들에게 정확한 시각을 알릴 수 있게 된 세종은
마지막으로 궁궐 안 천추전 서편 뜰에 조그마한 정
각(흠경각)을 짓고 종이로 산 모양을 만들어 그 안
에 옥루玉漏를 설치하였다. 인공으로 만든 산 주위
에 『시경』에 묘사된 사계절의 풍경과 짐승, 초목의
형상을 계절별로 꾸몄다. 자연을 그대로 옮겨 놓은
장치였다.

　옥루 또한 자격루처럼 물로 움직이는 자동 장치로,
십이지신 외에 북과 종을 치는 인형들이 저절로 움직였다. 천문 시각
을 그대로 재현하여 하늘의 운행과 조금도 차이가 없게 한 것이 마치
신이 그렇게 하는 것처럼 보일 정도였다. 또 옥루 장치는 물이 비면 기
울고 물이 가득 차오르면 엎어지게 제작되었다. 이는 천지 자연의 이
치가 차면 비고, 비면 차는 원리를 살필 수 있도록 만든 것이다. 세종
이 얼마나 자연과 인간의 합일을 강조했는지 알 수 있다.

　세종 대 천문학의 발달은 하늘의 움직임에 인간 세상을 자연스럽게
조화시키려는 천인합일의 정신에서 비롯한 문화였다.

앙부일구 앙부일구란 가마솥이 위로 열려 있는 모양의 해시계라는 뜻이다.

 김시습과 『금오신화』
저항하는 지식인의 한 유형

나는 은 왕실의 후손인 기씨의 딸이오. 내 선조 기자께서는 실로 여덟 가지 금법으로 백성을 가르쳤으므로 1000년이나 문물이 크게 빛났소. 나라의 운수가 갑자기 꽉 막히니, 재앙과 우환이 문득 닥쳐와 선고●께서는 보잘것없는 이의 손에 패전하여 마침내 국가를 잃게 되었고, 위만이 이 시기를 타서 왕위를 차지하니 조선의 업적이 여기서 끊어지고 말았소. 나는 이 어지러운 때를 당하여 굳게 절개를 지키기로 맹세하고, 죽기만 기다리고 있었소.

조선 전기의 비판적인 지식인 김시습이 지은 『금오신화』 가운데 「부벽정에서 취하여 놀다」에 나오는 한 구절이다. 기자 조선●●의 자손이라는 한 여인의 입을 빌어, 선조가 위만에게 빼앗긴 나라를 되찾으려고 벼르는 모습을 보여 준다. 조선 전기의 선비 김시습은 왜 몇천 년 전 기자 조선의 이야기를 지었을까?

조선은 건국 뒤 곧바로 왕자의 난 등 권력 투쟁이 한동안 계속되었

● **선고** 돌아가신 아버지. 여기서는 고조선의 마지막 왕 준왕準王을 가리킴.

●● **기자 조선** 은나라가 망한 후 기자가 고조선에 망명하여 세웠다고 전해지는 나라.

다. 그러다가 태종이 권력을 잡으면서 사병을 혁파하고,
왕권을 강화하였으며, 세종, 문종, 단종으로 왕위가 계승
되면서 봉건 왕조의 기반을 닦아 나갔다.

그런데 세조가 이를 쿠데타로 무너뜨리고 정권을 잡았
다. 여기에 반발하는 지식인이 적잖았는데, 그 가운데 한
사람이 김시습이었다.

그는 어렸을 때부터 천재로 이름이 났다. 세 살 때 이미
유모가 보리를 맷돌에 가는 것을 지켜보면서 지었다는 유
명한 시가 있다.

김시습 어렸을 때부터 천
재로 이름이 났으나, 세조
가 힘으로 왕위를 빼앗자
온 나라를 돌아다니며 세
상을 등지고 살았다.

비도 없이 천둥소리 어디서 나나?
누런 구름 조각조각 사방에 흩어지네.

세종이 어린 김시습을 대궐로 불러들여 그의 재주를 보고 크게 칭찬
하며, 뒷날을 기약할 정도였다. 그러나 그는 세조가 무력으로 왕위를
빼앗자, 격분하여 머리를 깎고는 세상을 등지고 온 나라를 돌아다녔
다. 그 후 그는 현실의 불의와 타협하지 않고 살았다. 옳지 않은 시대
에 과거를 보고 관리로 출세하려는 생각도 버렸다. 때문에 그는 유교
뿐만 아니라 불교, 선교 등 다양한 사상을 두루 섭렵할 수 있었다. 그
러나 끝내 어느 것에도 안주하지 못하고, 시와 소설로 울분을 달랬다.

이처럼 조선조에 사대부의 일원이었으면서도 체제와 현실에 대한
불만으로 안주하지 못한 지식인을 방외인方外人이라 불렀다. 김시습
은 방외인 문학을 처음으로 연 인물이다.

그는 서른한 살 되는 봄에 10년 동안의 방랑 생활을 끝내고, 경주

남쪽 금오산에 매월당을 짓고 살았다. 여기서 국문학사에 빛나는 『금오신화』라는 한문 소설을 창작했다. 이 소설이 본디 몇 편이었는지는 알 수 없으나, 지금 전하는 것은 다섯 편이다.

첫째는, 전라도 남원의 노총각 양생이 만복사 불상 앞에서 부처와 저포놀이로 내기를 하여 배필을 맞는 이야기다(「만복사의 저포 놀이」). 둘째는, 송도의 이생이라는 총각이 남의 집 담 안을 엿보다가 그 집 최씨 처녀와 인연을 맺고 혼인하는 이야기다(「이생이 담 안의 아가씨를 엿본 이야기」). 셋째는, 개성의 부유한 상인 홍생이 평양 부벽정에 가서 놀다가 기자의 딸이라는 미녀를 만나 시구詩句를 주고받는 이야기다(「부벽정에서 취하여 놀다」). 넷째는, 경주 박생이 평소에 극락과 지옥을 부정하다가 꿈에 염라국에 가서 염라왕과 같이 대화를 나누는 이야기다(「남쪽 염부주에 가다」). 다섯째는, 송도의 문장가 한생이 용궁의 초대를 받아 새 집의 상량문을 지어 주고, 잔치에 참여하는 이야기다(「용궁 잔치에 가다」).

앞의 두 편은 남녀 사이의 애정 문제를 소재로 하여 사회 제도, 인습, 전란, 죽음 따위에 맞서 자신을 지키려고 싸우는 현실 세계를 그렸

지만, 나머지 셋은 천국, 지옥, 용궁 등 비현실적인 세계를 그렸다. 그런데 이 다섯 편의 이야기는 김시습의 행적으로 보아 모두 자신의 삶이나 염원과 관련하여 해석할 수 있다.

첫째 편은 죽고 사는 문제를 뛰어넘는 남녀의 애정 문제를 다루었는데, 죽은 여인이 나타나서 다음 세상에는 양생을 받들겠다고 약속하는 것은, 김시습 자신이 세종에게서 받은 은총을 잊지 않고 보답하겠다는 염원을 담은 것으로 풀이할 수 있다.

둘째 편은 최씨 처녀가 이리 떼 같은 도적의 칼날에 쓰러지면서까지 끝내 정조를 지켜 열렬히 이생을 사랑하는 모습을 그렸다. 이것은 김시습 자신이 세조 정권에 지조를 팔지 않고 단종에게 충성을 바치려는 의지를 나타낸다고 풀이할 수 있다.

셋째 편은 고조선 왕인 준왕이 보잘것없는 위만의 손에 나라를 빼앗겼다는 사실과, 연약한 선녀가 사방을 헤매다가 조상의 도움으로 하늘나라로 올라갔다는 내용이다. 앞은 세조가 정권을 빼앗은 것을 비유한 것이고, 뒤는 어린 단종의 모습을 그린 것으로 볼 수 있다. 선녀가 홍생을 천국으로 데려가 벼슬을 시켰다는 것은 김시습 자신의

● **패관 문학** 민간에서
수집한 이야기에 창의성
과 윤색을 더한 산문 문
학으로, 뒤에 소설 발달
의 모태가 되었다.

미래를 그린 것으로 풀이된다.

넷째 편은 염라왕이 강직해서 불의에 굴복하지 않는 박생의 기백을 장하게 여겨, 죄인을 심판하는 염라국의 통치자로 뽑아 자신의 자리를 물려준다는 내용이다. 이는 천명과 민심에 어긋난 세조 정권을 비난하고, 정의의 실천자인 김시습 자신이 현실의 불의한 무리를 저승에서나마 처단해 보겠다는 것으로 이해할 수 있다.

다섯째 편은 자신을 글 잘하는 한생으로, 세종을 용왕으로 그린 것으로 해석할 수 있다. 세종의 은총을 받은 지난날을 그리워함을 보여 주는 것이다.

『금오신화』는 이처럼 귀신, 염라왕, 용왕, 용궁, 염부주 같은 비현실적인 것들을 소재로 삼았으므로 전기 문학傳奇文學이라고도 일컫는다. 또한 김시습 자신의 모습과 생각을 비유적으로 담아낸 자전적 소설이라고도 할 수 있다.

우리는 이 작품에서 어려운 시대에 타협과 굴복을 거부했던 한 지식인이 잘못된 현실과 자신의 이상을 글에나마 담아서 저항하고자 했던 모습을 읽을 수 있다. 『금오신화』는 고려 시대의 패관 문학●을 이으면서 이후 허균의 『홍길동전』, 김만중의 『구운몽』, 박지원의 단편 소설 등으로 이어져 국문학사에서 중요한 자리를 차지한다.

# 정벌의 대상이 배움의 대상으로
임진왜란과 병자호란 이후 세계관의 변화

임진왜란과 병자호란 이후 100년은 조선을 둘러싼 동아시아의 국제 환경이 급격히 변화하는 시기였다. 이 시기 조선의 위정자와 지식인들은 변화하는 환경 속에서 양란이 남긴 상처와 충격을 치유하기 위해 노력하였다. 그 노력은 어떻게 진행되었으며, 그 과정에서 조선 사람들이 세계를 바라보는 인식은 어떻게 변화하였을까?

1592년에 일어나 7년 동안 계속된 임진왜란은 한·중·일 세 나라의 관계에 커다란 상처를 남겼다. 우선 조선에서는, 무고한 침략을 자행한 일본과 일본인을 '한 하늘을 이고 함께 살 수 없는 원수'로 여기게 되었다. 그에 비해 원병을 파견한 명나라에 대해서는 '망해 가던 조선을 위기에서 구해 준 은인'으로 고마워하는 마음이 커져 갔다.

1598년 일본의 도요토미 히데요시가 죽고 임진왜란은 끝났지만, 조선을 둘러싼 바깥 정세는 다시 먹구름에 휩싸였다. 조선과 명이 임진왜란을 겪는 사이 만주 지역에서 누르하치가 이끄는 여진족의 세력이 급격히 커져 두 나라를 위협했기 때문이다.

17세기 초에 이르자 여진족의 위협은 한층 더 심각해졌다. 누르하치는 1616년 나라 이름을 후금으로 고치더니 이윽고 명에 선전 포고를 하고 정면 도전을 선언하였다. 위기감을 느낀 명은 누르하치를 치기 위해 군대를 동원하는 한편, 조선에도 자신들을 도와 누르하치를 공격하는 데 동참하라고 촉구하였다. 명은 자신들이 '임진왜란 당시 조선을 도와 일본군을 물리쳤다.'는 것을 강조하면서 자신들의 '은혜'에 보답하라고 강요하였다.

임진왜란을 직접 겪어 전쟁의 참상을 잘 아는 광해군은 명의 요구에 고분고분 따르지 않았다. 그는 두 나라 사이의 싸움에 말려들지 않으려 노력하는 한편, 일본과도 우호 관계를 수립하여 국가의 모든 역량을 누르하치를 방어하는 데 투입하려고 시도하였다.

하지만 정파 사이의 다툼이 심해지는 와중에 1623년 인조 반정으로 광해군이 쫓겨나고 인조가 즉위하면서 상황이 달라졌다. 명과 후금의 갈등이 심각한 상황에서 조선이 명 쪽으로 기울어지는 외교 자세를 보이자, 후금은 1627년 정묘호란을 일으켜 조선을 침략하였다. 정묘호란 당시 인조와 조선 조정은 강화도로 피신하여 위기를 겨우 넘겼지만 상황은 만만찮았다.

날이 갈수록 국력이 커진 후금은 1636년 마침내 나라 이름을 청으로 고치고 제국이라 자처하며 조선에게 신하의 예로 복종할 것을 요구하였다. 조선이 이를 거부하자 그들은 병자호란을 도발하였다. 청

의 침략을 맞아 조선 조정은 남한산성에 들어가 항전하였지만, 추위
와 굶주림을 이기지 못하고 45일 만에 결국 항복하고 말았다.

병자호란의 항복은 커다란 충격으로 다가왔다. 일찍부터 조선은 여
진족을 '오랑캐'이자 '개돼지와 같은 존재'로 멸시하였다. 그런데 인
조가 '오랑캐 추장'에게 무릎을 꿇고, 수십만 백성이 포로가 되어 청으
로 잡혀가는 치욕을 겪게 되었다. 이내 복수를 하자는 주장도 나왔다.

특히 청나라로 끌려가 9년간 인질 생활을 했던 봉림대군(효종)이
즉위한 뒤에는, 군사력을 길러 청에게 복수를 하자는 북벌 운동이 시
도되었다. 북벌은 과연 실현 가능한 일이었을까? 병자호란 이후에도
청은 승승장구하였다. 1644년 명이 멸망하자 청은 북경으로 들어가
중원 전체를 차지하고 이어 강희제, 옹정제, 건륭제 등 뛰어난 황제들

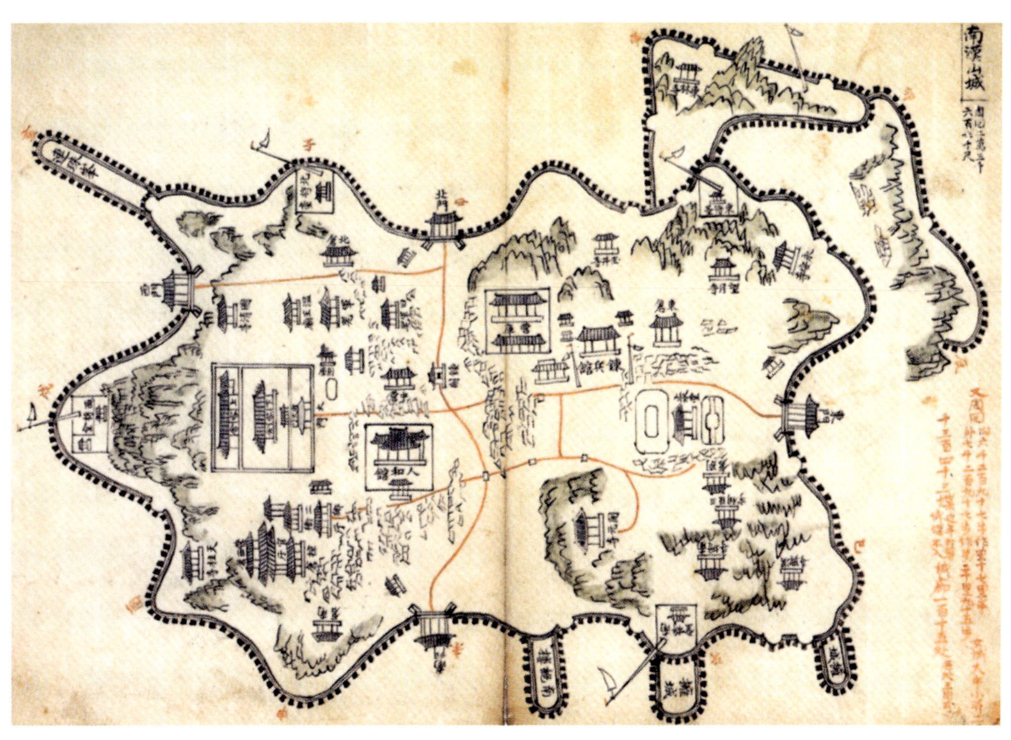

남한산성 성곽뿐만 아니
라 4대문, 서문과 북문 사
이로 연결된 연주봉 옹성
등 산성 내부 시설과 위
치 등이 매우 자세하여
그 규모와 위용을 짐작할
수 있다. 18세기 후반에
그려진 작자 미상의 남한
산성 지도.

이 잇따라 등장하면서 최고의 전성기를 맞이하였다. 반면 조선에서는 북벌을 열망했던 효종이 1659년에 세상을 떠난 이후 잇따라 기근이 발생하는 등 내정을 추스르기에도 여유가 없는 상황이었다.

이렇듯 임진왜란과 병자호란을 거치면서 동아시아의 정세는 급격히 바뀌었다. 과거 동아시아의 대국이자 문명국을 자처했던 명과 조선이 망하거나 쇠퇴의 조짐을 보이는 데 비해, 오랑캐 국가로 여겼던 청과 일본이 새로운 강국으로 떠오르게 되었다. 특히 청은 18세기 초까지 티베트, 신강, 내몽골 지역을 정복하여 명나라 시절보다 영토가 40퍼센트 가까이 확대되었다.

병자호란 이후 위기가 닥치면서 일본에 대한 조선의 적개심은 누그러지는 기미를 보였다. 조선은 이미 1609년, 날로 커지는 누르하치의 위협에 대처하기 위해 적개심을 억누르고 일본과 국교를 재개하였다. 조선은 임진왜란 이후 19세기 후반까지 모두 열두 차례에 걸쳐 일본에 통신사를 파견하였다. 도요토미 히데요시의 세력을 몰아내고 일본을 장악한 도쿠가와 막부는 조선 통신사를 초청하여 자신들의 집권 정당성을 안팎으로 과시하고자 하였고, 왜란이 남긴 상처를 다독이고 후금의 위협을 막는 데 진력하고자 한 조선은 일본과 우호 관계를 유

국서누선도國書樓船圖
통신사 일행이 탄 배가 조선 국왕의 국서를 받들고 오사카의 요도가와를 지나는 장면. 에도 시대 작품.

조선 통신사 일행을 맞는 에도 사람들 임진왜란 이후 일본의 끈질긴 요청을 받아들여 중단되었던 통신사 파견이 1636년에 다시 시작되었다. 일본과의 교린 정책으로 시작된 통신사 파견은 두 나라의 문화 및 경제 교류의 중요한 창구였다. 1748년 그림.

지하는 것이 절실하였다. 통신사의 파견은 이 같은 양측의 이해관계가 맞아떨어졌기 때문이 이루어질 수 있었다.

통신사가 파견되는 동안 한·일 두 나라는 우호 관계를 유지하였다. 하지만 통신사를 바라보는 시각은 서로 달랐다. 조선에서는 '통신사를 통해 일본에 조선의 앞선 문화를 전해 주었다.'고 생각하였는데, 일본의 일부에서는 '통신사는 조선이 보낸 조공 사절'로 인식하였다.

17세기 후반에서 18세기로 접어들면서 조선 사람들이 청나라를 바라보는 인식도 달라지고 있었다. '병자호란 때 당한 치욕을 되갚아야 한다.'는 인식이 쉽게 없어지지 않고, '문명국 명이 망한 상황이니 조선만이 유일한 문명국'이라는 자부심이 생겨나기도 했다. 그렇지만 양국의 접촉이 빈번해지면서 청에 대한 적개심은 조금씩 누그러졌다. 특히 전성기를 맞은 청이 조선에 비교적 관대한 태도를 보이면서 그 같은 경향은 더욱 강해졌다. 연행 사절단의 일원으로 청의 각지를 방

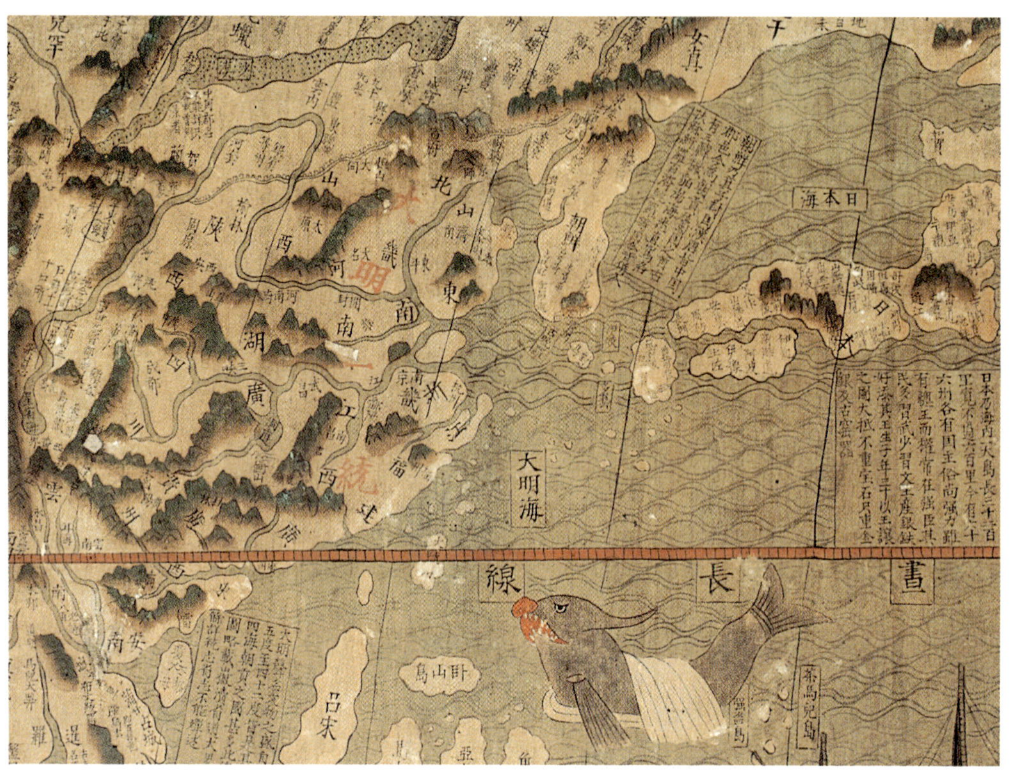

「곤여 만국 전도」 1603년 명나라를 통해 마테오 리치가 그린 「곤여 만국 전도」가 전래되었다. 동아시아 부분.

문했던 박지원 등은 그들의 앞선 문물과 현실을 예리하게 관찰하였다. 박지원은 특히 『열하일기』에서 청을 여전히 오랑캐로 멸시하는 조선 지식인들의 허위의식을 통렬히 비판하고, 청의 앞선 문물을 적극적으로 배워야 한다고 주장하였다. 박지원 등에게 청나라는 이제 '복수해야 할 대상'에서 '배워야 할 대상'으로 바뀌었다. 달리 말하면 '북벌의 대상'이 '북학의 대상'으로 바뀐 것이다.

한편 17세기가 되면서 서양의 새로운 과학 기술에 대한 이해의 폭도 넓어졌다. 이미 1603년 명나라를 통해 마테오 리치가 그린 「곤여 만국 전도」가 전래되었다. 그것은 지구가 둥글다는 전제에서 전 세계를 하나의 타원 구도로 그린 지도였다. 이제 일부 사람들을 중심으로

'중국이 곧 세계이자 중심'이라는 생각이 흔들리게 되었다.

  18세기에는 청을 통해 서양의 천문도나 새로운 역법 등이 전래되었고, 많은 서적들이 들어왔다. 김석문, 홍대용 등은 새로운 과학 서적을 읽고, 그 내용을 받아들이는 데 열심이었다. 그 같은 배경에서 지전설 등에 대한 이해가 이루어지고, '중국이 세계의 중심'이라 여겼던 기존의 세계관에서 점차 벗어나는 의식의 변화가 일어나기 시작하였다.

흥겨운 탈놀이
서민 문화의 발달

경상도 안동군 하회 마을 농민들은 정월 초부터 보름까지 풍물놀이와 함께 얼굴에 탈을 쓰고 하는 굿판을 벌였다. 다음은 하회 별신굿 탈놀이의 한 토막이다.

(도포를 걸치고 수염을 단 양반 광대가 머리에 관을 쓰고 나온다. 손에는 부채를 들고 짝지(지팡이)를 짚었다. 그러고는 잔뜩 거드름을 피우며 선비와 수작을 부린다.)

양반 : (발칵 화내며 선비에게) 자네가 감히 내 앞에서 이럴 수가 있는가?

선비 : 그대가 진정 나한테 이럴 수가 있는가?

양반 : 아니, 그렇다면 자네 지체가 나만 하단 말인가?

선비 : 그러면 자네 지체가 나보다 낫단 말인가?

초랭이, 이매 : (제 상전의 세도 자랑을 흉내 낸다.)

양반 : 암, 낫고말고.

선비 : 뭣이 나아? 말해 봐.

양반 : 나는 사대부의 자손으로…….

선비 : 뭣이 사대부? 나는 팔대부의 자손일세.

양반 : 팔대부는 또 뭔가?

선비 : 팔대부는 사대부의 갑절이지.

양반 : 우리 할아버지는 문하시중이거든.

선비 : 아, 문하시중? 그까짓 것. 우리 할아버지는 바로 문상시대인데.

양반 : 문상시대? 그것은 또 뭔가?

선비 : 문하보다 문상이 더 높고, 시중보다 시대가 더 크단 말일세.

양반 : 그것 참 별꼴을 다 보겠네.

선비 : 지체만 높으면 제일인가?

양반 : 그러면 또 뭣이 있단 말인가?

탈놀이 탈놀이에는 양반 사회에 대한 백성의 불만이 익살스럽게 담겨 있다. 이는 조선 후기 성장한 백성의 의식을 반영하는 것이다.

선비 : 첫째, 학식이 있어야지. 나는 사서삼경을 다 읽었네.

양반 : 뭣이, 사서삼경? 나는 팔서육경을 다 읽었네.

선비 : 도대체 팔서육경이 어디에 있으며, 대관절 육경은 또 뭔가?

초랭이 : 나도 아는 육경! 그것도 몰라요? 팔만대장경, 중의 바래경●, 봉사의 안경, 약국의 길경●●, 처녀 월경, 머슴 새경.

이매 : 그래 맞다, 맞아.

양반 : 이것들도 다 아는 육경을 이른바 선비라는 자가 모르나?

양반과 선비가 서로 제 집안과 학식을 자랑하면서 싸우는 대목이다. 그들의 집안 자랑과 학식 자랑이 다 엉터리라, 구경하는 사람들이 사이사이에 그들을 비웃는 말을 던진다.

"세상에 팔대부가 어디 있으며, 팔서육경은 또 어디 있느냐?"
"자신의 조상이 팔대부에 문상시대라고 자랑하니, 조상 한번 대단하군."
"선비라는 자가 육경도 모르느냐?"
"양반 놈도 마찬가지다. 아니, 그것이 육경이냐?"

마을 농민들은 양반 가면과 선비 가면을 쓴 광대들의 못난 행동을 보면서 의젓한 체하는 양반들이 사실상 저 양반 광대들이나 다름없다는 것을 깨닫는다. 그들이 자랑하는 가문이나 학식이 뭐 얼마나 대수롭단 말인가! 더구나 여러 탈놀이에 말뚝이가 등장하면서 양반의 체면을 여지없이 깎아내린다. 말뚝이는 양반을 따라다니는 하인이지만, 양반 앞에서 언제나 당당하고, 양반의 잘못된 점을 폭로한다. 종의 신분이지만 말뚝이는 양반의 지배에서 거의 벗어나 있다.

다음은 황해도 봉산 탈춤에서 말뚝이가 양반들을 관객에게 소개하는 대목이다.

(말뚝이 등장. 울긋불긋한 검붉은 탈을 쓰고, 머리에 검은 벙거지를 썼다. 불그레한 짧은 옷을 입고, 오른손에는 채찍을 쥐었다. 굿거리장단에 맞추어 우스운 춤을 추며 양반 삼형제를 인도한다. 양반 삼형제, 말뚝이 뒤를 따라 점잔을 피우며 들어온다. 하지만 어색한 느낌이 드는 점잔이다.)

말뚝이 : 양반들 나오신다아! 양반이라거니 노론, 소론, 이조, 호조, 옥당(홍문관) 다 지내고, 삼정승, 육판서를 다 지내고, 퇴로退老 재상으로 계신 양반인 줄 알지 마시오. 개잘양이라는 '양'자에 개다리소반이라는 '반'자 쓰는 양반들이 나오신단 말이오.

양반들 : 야, 이놈 뭐야!

말뚝이는 양반들을 비아냥거리며 소개한다. 이 대목에서 관객들은 양반들이 말뚝이에게 조롱당하고 있음을 눈치챈다. 말뚝이에게 조롱당하는 양반들은 말뚝이에게 호통을 쳐서 체통을 세워 보려고 하나, 어쩐지 잘 안 될 듯하다. 마침내 말뚝이는 "너 이놈, 말 들어라. 너희 행사 볼진대는 능지처참할지로되, 차마 죽이지 못하노니 내 용서할 것이니, 너의 마음 개심하여……."라고 양반들에게 호통을 치며 양반과의 대결에서 승리한다. 이 대목에서 관객들의 박수가 터져 나온다.

이러한 탈놀이가 발달한 것은 조선 후기부터다. 명절이나 특별한

탈 왼쪽 위는 송파 산대 놀이의 옴중 탈, 오른쪽 위는 봉산 탈춤의 목중 탈, 가운데는 동래 야류의 말뚝이탈, 아래는 하회 별신 굿 탈놀이의 양반탈이다.

날에는 마을굿이 벌어졌다. 마을굿에는 으레 농민들이 즐기는 노래, 춤, 이야기의 흥겨운 마당이 펼쳐졌다. 풍물놀이도 빠지지 않았다. 풍물놀이패들은 상쇠의 지휘를 받으며 풍물을 두드려 사람들을 모으고, 흥을 돋우었다. 마을 농민들은 놀고 즐기면서 풍년이 오기를 빌며, 힘든 농사를 같이 짓는 마을 사람끼리 우애를 다졌다. 그러다 보니 자연히 농민을 억누르고 괴롭히는 양반을 비판하고, 농민이 잘사는 새로운 세상이 왔으면 하는 바람을 나누게 되었다. 양반에 대한 비판은 탈을 쓰고 하는 탈굿에서 가장 두드러졌다.

본래 마을굿에 탈을 쓴 사람이 등장한 것은 풍년이 오게 하는 귀신과 흉년이 들게 하는 귀신을 나타내기 위해서였다. 귀신끼리 서로 싸우다가 풍년 귀신이 이기게 만들어 풍년을 기원했던 것이다.

그런데 조선 후기에 탈굿이 발전하자, 귀신 모양의 탈만이 아니라 양반탈도 등장하고, 농민 탈도 등장하였다. 더구나 사회 변화에 따라 의식이 성장하면서 농민들은 탈을 쓰고 양반에게 직접 할 수 없었던 이야기들을 자유롭게 하였다. 이를 통하여 양반에게 그동안 당했던 억울한 감정을 마음껏 발산하고, 불만을 이야기하였다.

탈놀이판은 대개 장터에서 벌어졌으며, 장에서 장사하는 상인들이 돈을 내고 후원하여 발전시켰다. 탈놀이가 벌어지면 많은 사람이 모이고, 그러면 장은 더욱 흥청거려 장사가 잘되었기 때문이다.

상인이나 수공업자들도 그들을 천하게 보고 멸시하는 양반에게 불만이 많았다. 그들은 상업이나 수공업을 천한 것으로 여겨 억누르는 양반 사회가 무너지기를 바랐다. 말뚝이가 상전인 양반과 대결해서 승리하는 장면은 부를 쌓으며 활기차게 살아가는 상인이나 수공업자, 도시 사람들이 벌써 자신을 억누르는 양반과의 싸움에서 승리할 수

있다는 자신감을 갖기 시작했음을 보여 주는 것이다.

농민들은 탈을 쓰고 춤을 추며, 그동안 자신들에게 호령하며 갖은 수모를 주던 양반을 웃음거리로 만들어 버렸다. 그러는 가운데 농민들은 저런 엉터리 같은 양반들이 자신들을 짓누르고 있는 현실이 잘못되었음을 깨달았다. 양반에게 억눌려 지내는 생활에서 벗어나고 싶은 농민들은 탈놀이에서나마 해방감을 맛보며, 양반과 상놈의 구별 없이 모든 사람이 평등한 새로운 세상이 오기를 바랐다.

개성에는 남자가 없다
상업의 발전과 개성상인

1495년 5월 개성부 유수 홍흥은 국왕 성종에게 "개성에는 남자가 없어 풍기 문란이 심합니다."라는 보고서를 올렸다(『성종실록』).

개성부에 사는 남자들은 상업에 전념하여 먼 지방을 돌아다니니 집에는 그들의 처만이 남아 있게 됩니다. 그런데 관내의 승려들이 착한 일을 한다는 핑계로 남자가 없는 여염집들을 돌아다니고, 심지어 머물러 숙박까지 하면서 온갖 거리낌 없는 행동을 하고 있어 풍기 문란이 적지 않습니다. (……) 청컨대 이들을 즉시 잡아 가두고, 죄상이 명백한데도 스스로 자백하지 않는 자들은 곧바로 형벌을 가할 수 있게 하여 주십시오.

상공업을 업신여겨 낮잡아 보는 조선 시대에도 개성상인의 행상 활동은 왕성하였다. 위의 글에서 알 수 있듯이, 개성에는 남자들이 모두 행상을 직업으로 삼아 전국을 떠돌았기 때문에 남아 있는 남자가 없을 정도였다.

조선 후기의 실학자 이익은 정부가 상업을 억제하는데도 개성 사람들이 상업에 많이 종사하게 된 이유로 다음과 같은 점을 들었다. 개성이 서울에서 가까우면서 중국과도 쉽게 연결되는 지리 조건을 갖추었고, 개성 사람에 대한 정부의 차별 때문에 그곳 사대부의 후예들이 학문을 버리고 상업에 종사하였다는 것이다. 그러나 더 중요한 사실은 고려 시대부터 활발히 해외 무역을 하여 고려 상인의 핵심을 이루던 상인이 곧 개성상인이란 점이다. 이들은 고려의 수도였던 개성, 즉 송도에 근거를 두고 활동을 하여 송상이라고도 불렀다.

개성과 개성 인근에서는 민간 차원에서 화폐를 널리 사용했는데, 17세기 초 조선 정부는 이를 모범으로 삼아 상평통보라는 화폐를 주조하여 전국에 보급하려 하였다. 이처럼 개성상인의 상업 활동은 활발하였고 앞서 있었다.

게다가 개성의 큰 상인들은 자신들의 장사 일에 시중을 드는 차인差人을 전국 각지의 상업 중심지에 보내 그곳에 오늘날의 대리점 내지 지점과 비슷한 '송방'松房을 차렸다. 이곳에서 그 지방의 생산물을 사거나 다른 지방의 생산물을 판매하였다. 송방을 통하여 활동 지역을 전국으로 조직화한 것이다. 이런 활동으로 송상은 조선 전기부터 서강, 마포, 용산 등지의 한강변 물산 집산지를 중심으로 성장한 경강상인과 함께 조선의 양대 상인으로 불렸다.

송방을 거점으로 하여 전국의 상권을 장악한 송상의 활동은 조선 후기에 들어서자 더욱 확대되었다. 그들은 장사하여 번 돈을 밑천으로 하여 이른바 도고 상업에 손을 뻗었다. 도고 상업

화폐 사용 개성과 개성 인근에서는 민간 차원에서 화폐를 널리 사용하고 있었다. 이에 조선 정부는 1678년(숙종 4년) 법정 통화로 상평통보를 주조하여 전국에 보급하려 하였다.

상인들의 도량형 도구
도량형 도구들은 지역과
사용자에 따라 다양하였다.
'도량형'의 '도'度는 길이
를 재는 기준으로 '자'라고
불렸으며, 1자의 길이는
30센티미터 안팎이었다.
'량'量은 부피나 양을 재는
단위로 홉, 되, 말, 석 등이
있었다. '형'衡은 무게를
재는 기준으로 리, 푼, 돈,
근 등이 있었다.

은 쉽게 말해 사재기를 하는 것이다. 송상은 많은 돈을 가지고 물산이 모여드는 중요 집산지에서 값이 오를 것으로 예상되는 물건을 싼값에 몰아서 사들인 다음, 값이 오르기를 기다렸다가 되팔아서 큰 이익을 남겼다. 이것은 조선 후기 상업의 특징이기도 하다.

조선 후기 최대 물산 가운데 하나였던 포목(베와 무명)은 당연히 송상의 도고 대상이었다. 1811년 서울 시전 상인이, 개성인 김계현이 함경도 지방에서 서울로 들어오던 포목을 중간에서 사재기하고 가격을 조종하여 서울 상인에게 큰 손해를 주었다고 고발할 정도였다.

갓도 마찬가지다. 제주도에서 많이 생산된 갓은 주로 당진과 해남 등지를 거쳐 육지로 들어오는데, 이곳의 중간 상인들이 갓을 사들여 서울에 판매하였다. 그런데 19세기 초에 이르면 송상이 당진과 해남에 진출하여 갓을 독차지하였고, 서울로 들어오는 길목인 경기도 안성에서 다시 사재기를 하였다. 그 결과 도성에서는 자연히 갓 구하기가 어려워지고 그만큼 값이 크게 올랐다. 송상은 이렇게 전국으로 팔려 나가는 갓을 독차지하여 큰 이익을 남겼다.

그러나 개성 하면 첫째도, 둘째도 인삼이다. 원래 인삼은 자연산으로, 국내 수요도 많고 중국과도 중요한 교역 품목이라 정부는 인삼을 사사로이 사고파는 행위를 통제하였다. 그러나 송상은 특유의 상인 정신으로 인삼의 비공식적인 상업 활동에 참여하여 큰 이익을 챙겼다.

자연산이던 인삼을 삼밭에서 재배하기 시작한 것은 17세기 말에서

18세기 초의 일이다. 전하는 말에 따르면, 전라도 동복현의 한 여인이 산삼 씨를 받아 밭에 뿌려 재배하는 데 성공하였고, 이것을 개성인 최 모라는 자가 전수하여 번식시켰다. 이렇게 인삼 재배가 가능해지자, 송상은 장사로 번 돈을 인삼을 재배하고 가공하는 데 투자하였다. 1821년 무렵이면 "많은 개성 주민들이 인삼 재배를 업으로 삼아 매년 세금이 이곳에서 나온다."고 할 정도로 개성에는 인삼을 재배하는 밭이 급속히 늘어났다. 이제 송상은 장사로 얻은 이익을 인삼을 재배하고 가공하는 생산에도 투자해 더 많은 이익을 바라보게 되었다.

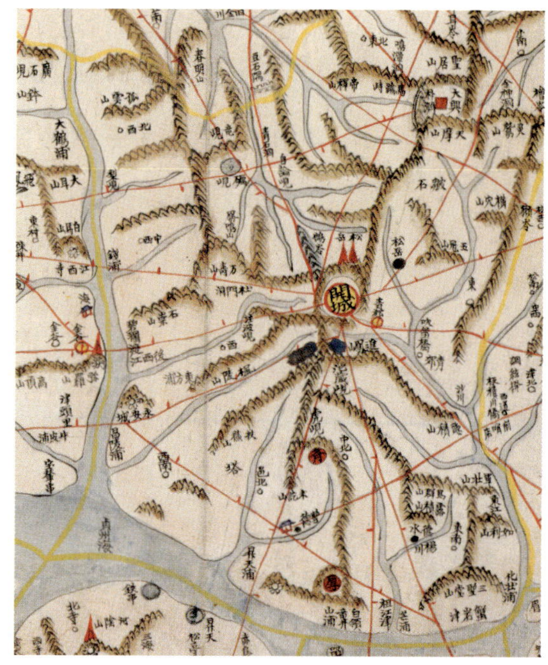

개성 지도 개성을 중심으로 사방으로 뻗어나가는 도로와 바다로 연결되는 예성강을 볼 수 있다. 고려 시대에는 예성강 하류에 국제 무역항이던 벽란도가 있어 외국 상인의 교류도 활발하였다. 상업이 발달하기 좋은 조건을 갖추었음을 알 수 있다. 김정호가 그린 「동여도」 가운데 개성 부분이다.

　송상은 재배하여 생산한 인삼을 가지고 국내만이 아니라 중국과 일본을 연결하는 중계 무역으로도 큰 이익을 남겼다. 이들은 중국과 공식 또는 비공식 무역을 하여 인삼의 수출량을 늘려 갔다. 당시 중국에서는 아편 중독자들이 조선 인삼을 진귀하게 여겨 만병 치료약 또는 장생초長生草로 여겼다. 이 때문에 중국에서 인삼은 조선의 최대, 최고의 수출 상품으로 명성을 얻게 되었다. 그런데 가끔 인삼 복용 시 부작용이 일어나자, 이에 대응하여 개발한 것이 인삼을 찌고 말리는 과정을 여러 번 반복하여 만든 홍삼이다.

　송상이 인삼을 중국이나 일본에 수출할 때는 중국과 주로 교역하던 의주 상인이나 일본과 주로 교역하던 동래 상인의 손을 거쳐 이루어

졌다. 즉 송상은 인삼을 동래 상인을 거쳐 일본에 수출하여 은과 교환
하고, 또 그 은을 중국에 가져가서 국내에 필요한 물품을 수입하였다.
이렇게 송상은 국내의 여러 물산지를 송방을 통해 장악하는 한편, 중
국과 일본까지도 교역하는 국제 중계 무역을 하였다.

송상의 상업 활동과 관련하여 또 하나 주목할 사실은, 이들이 창안
한 독특한 장부 기재 방식인 송도사개치부법松都四介治簿法이다. 이는
현금과 외상 거래의 수입과 지출을 하나의 장부에 기록하는 방식으로
전체 영업의 내역을 쉽게 파악할 수 있는 오늘날 복식 부기와 같은 장
부다. 송상의 상업 활동 규모가 그만큼 크고 체계적이었음을 잘 보여
주는 증거다. 여기서 '사개'란 거래 내용을 기록할 때 반드시 있어야
하는 네 가지, 즉 주는 사람, 받는 사람, 주는 것, 받는 것을 말한다.

송상이 이러한 합리적인 장부 기재 방식을 창안할 수 있었던 것 역
시 독특한 개성의 문화 환경 덕분이었다. 1873년 개성부에 사는 선비
인 박경제는 집이 너무 가난하여 늙은 어머니를 봉양할 수 없게 되자
앉아서 글만 읽을 수는 없다고 여겨 장사에 나섰다. 이 시기에는 선비
가 하루아침에 행상에 나서는 일이 결코 쉽지 않았지만, 박경제가 그
리할 수 있었던 것은 개성이기 때문이었다. 개성에서는 일찍부터 정
부의 지역 차별 정책 때문에 양반 사대부가 행상에 나서는 일이 흔했
고, 이런 식자층의 참여가 합리적인 장부 기재 방식의 창안을 가능하
게 한 것이다.

송상의 이 같은 모습은 조선 후기 상인들이 도고 상업으로 많은 이
익을 남기고, 또 그 돈을 인삼 가공업 같은 생산에 투자하는 등 상공업
이 상당히 발전하고 있었음을 보여 주는 흥미로운 증거다.

농민에게 토지를!

여전제과 정전제

어떤 사람이 토지 10경을 가지고 있는데, 그의 아들은 열 명이라고 하자. 그 가운데 한 아들에게는 3경을 주고, 두 아들에게는 2경씩을 주고, 세 아들에게는 1경씩을 주었다. 그러고 나니 나머지 네 아들에게는 줄 땅이 없었다. 그래서 그들이 울면서 뒹굴다가 길거리에서 굶어 죽는다면, 그런 사람은 부모 노릇을 잘한 것일까?

위의 글은 다산 정약용의 문집 『여유당전서』 중에서 토지 개혁론을 담은 「전론田論」이라는 글의 첫 부분이다. 농민에게 땅을 돌려 줘야 하는 이유를 이처럼 간결하면서도 절절하게 표현한 글도 없을 것이다.

정약용은 자신의 시대를 철저하게 고민한 지식인 가운데 한 사람이었다. 그가 살았던 18세기 말에서 19세기 초는 상품 화폐 경제가 성장하고 농업 생산력이 발달했다. 그러나 지주제가 심화되어 많은 농민의 삶을 위협할 정도로 수탈이 극성을

『**여유당전서**』 1936년 신조선사에서 간행한 것으로, 여유당은 정약용의 당호堂號다.

부리던 시대였다. 토지는 일부 지주층에게 집중되어 남의 땅을 빌려 농사짓는 농민이 70퍼센트를 넘었다. 농민이 땅을 빌리는 것이 쉽지 않아 지주가 소작을 주지 않으면 품을 팔거나, 정든 고향을 떠나 광산으로 가거나, 거지 아니면 도적이 되었다.

토지를 조금 가진 자작농도 삶이 뿌리 뽑히는 위협에서 벗어나지는 못하였다. 자작농들은 쥐꼬리만큼 얻은 생산물을 세금과 관리의 불법 수탈에 뜯겨 그다음 해를 살아갈 일이 아득할 지경이었다.

당시 농촌의 실정을 아는 지식인이라면 누구나 가장 큰 문제가 토지임을 알아차렸다. 그들은 농민들이 살아가려면 토지 제도를 개혁해야만 한다고 강조하였다. 실학파를 중심으로 여러 토지 제도 개혁안이 제기되었다. 토지 소유를 일정 선에서 제한하는 한전론限田論, 토지를 균등하게 소유하게 하는 균전론均田論, 토지를 우물 정井 자 형태로 구획하는 정전론井田論 등이었다.

실학자들보다 더욱 맹렬하게 앞서서 나아갔던 이들도 있었다. 18세기 말, 안악 출신의 이달우라는 한 평민은 집마다 70부●를 지급하면 한 가족이 넉넉히 살아갈 수 있다고 주장하며, 농사를 짓는 사람이 토지를 소유해야 한다는 취지로 문제를 해결할 것을 요구하였다. 자신의 주장이 받아들여지지 않자, 그는 노래를 지어 퍼뜨려 알려지게 하였다. 그러자 벼슬아치들은 조정을 비방하고 민심을 선동하였다는 죄목을 씌워 이달우를 사형에 처하였다.

그 시기에 지방관을 지내며 안목을 넓혀 가던 정약용은 농촌의 실상을 누구보다 정확히 이해하였다. 그는 자신의 자리에서 최선을 다해 대안을 제시하고자 하였다. 그중 하나가 바로 토지 개혁론이다. 그는 토지 국유제 아래에서 농사를 지을 사람만이 토지를 얻어야 한다

김홍도의 〈쟁기질〉 쟁기질하는 농부의 모습이 힘차고 즐거워 보인다. 소들도 화면 밖으로 튀어 나올 듯 힘차게 나아간다. 농부도 소도 모두 흐뭇해 보인다. 이런 흐뭇한 마음으로 농사를 지으려면 무엇보다 농부에게 땅이 있어야 한다. 그러나 19세기 농촌의 현실은 그렇지 않아 힘주어 토지 개혁을 주장하는 이들이 생겨났다.

고 강조하였다. 또 농사를 짓지 않는 사람은 상업이나 수공업 등에 종사해야 한다고 하였다. 특히 지식인의 경우, 농민 생활에 도움을 주는 사람에게만 그에 해당하는 보수를 주고, 그렇지 않을 경우엔 농업이나 상공업 등에 힘써야 한다고 하였다. 이러한 생각은 당시 발전하고 있던 상품 화폐 경제에 따른 직업의 분화를 반영한 것이었다.

그러면서도 정약용은 이전에 제기된 한전론과 균전론에는 반대하였다. 균전론은 논밭과 인구를 계산하여 이를 균등하게 나누어 주자는 것인데, 인구수가 계속 변하므로 실행하기 어렵다고 보았다. 한전론은 일정한 한도 이상은 토지를 매입하지 못하게 하자는 것인데, 남의 이름을 빌려서 토지를 한도 이상으로 늘릴 수도 있으므로 한계가 있다고 보았다.

이와 달리 정약용은 자신의 토지 개혁 구상을 정전제井田制와 여전제閭田制로 제시한다.

여전제는 농사짓는 사람에게는 토지를 갖게 하고, 농사짓지 않는 사람에게는 토지를 갖지 못하게 하자는 정신에서 비롯하였다. 먼저 산골짜기와 시내의 지세를 기준으로 구역을 나누어 '여'閭라는 마을 단위를 설정한다. 그리고 여 안에 있는 토지를 여민이 공동으로 소유하고 공동으로 경작한 다음, 여의 우두머리인 여장閭長이 개인의 작업량을 기준으로 생산물을 분배하도록 한다. 여전제는 일종의 공동 농장제 형태로, 당시 현실에서 웬만한 사람들은 상상조차 할 수 없는 파격적인 방안이었다. 그 때문에 정약용은 점진적인 방안으로서 1817년에 유배지 강진에서 정전제를 구상하였다.

정전제는 고대 중국에서 전해 내려오는 토지 제도다. 토지를 우물 정井 자로 나누면 모두 아홉 구역의 땅이 나오는데, 여덟 명의 농부에

다산 초당 정약용이 18년간 귀양살이를 하면서 수많은 책을 쓴 곳으로, 전라남도 강진의 귤동 마을에 있다. 정약용은 1871년 이곳에서 정전제를 구상하였다.

게 각각 하나씩 주어 경작하게 하고, 나머지 가운데 땅은 같이 농사를 지어 수확물을 국가에 바치게 하자는 것이다.

정약용은 처음에 정전제를 반대하였다. 정전은 본래 밭을 대상으로 하는 것이며, 그것도 평평한 토지라야 가능한데, 우리나라는 논이 많고 밭도 산지에 많아 실시하기 어렵다고 보았기 때문이다. 그러나 그 뒤 정전제의 원리만을 채택하여 시행할 것을 주장하였다. 즉 원래 정전은 평평한 땅만을 정 자로 나누지만, 그렇지 못한 산기슭이나 비탈진 곳에 있는 땅은 조각조각으로 끊고 보태어 100묘를 1부로 만들고, 다시 그 아홉을 묶어 9부를 1정으로 하면 된다는 것이다.

그러나 많은 토지를 경제 기반으로 삼고 있던 권력층에게 토지 제도를 바꾸자는 주장이 받아들여질 리 없었다. 그야말로 벽을 보고 소리치는 꼴이었다. 그렇다고 정약용에게 이를 시행할 만한 힘이나 그를 받쳐 주는 세력이 있었던 것도 아니었다. 그러나 이러한 주장은 당시 사회 속으로 퍼져 나가 많은 사람들에게 영향을 주었다.

"농사짓는 농민에게 토지를!"

이러한 주장은 그 뒤에도 끊이지 않았다. 농민들은 자신들을 위하여 제기된 방안을 실천하고자 하였다. 힘을 모아 나가면 언젠가 이루어질 수 있다는 믿음을 가지면서…….

봉기를 일으키는 농민들

19세기의 농민 항쟁

철종 13년(1862년) 2월 14일 새벽이었다. 진주 서쪽에 자리 잡은 수곡면으로 여러 마을에서 장정들이 모이기 시작하였다. 모두 머리에는 흰 수건을 질끈 동여매고, 손에는 지게 작대기를 움켜쥐고, 아직도 어두운 새벽길을 나섰다. 여기서부터 열흘간에 걸친 농민 항쟁이 시작되었다. 농민들은 읍내에 들어가서 평소에 권세를 부리던 수령이나 서리들을 굴복시켰다. 평소에 농민을 괴롭히던 못된 양반들도 용서하지 않았다. 농민들은 대열을 지어 마을마다 다니면서 이들의 집을 부수고, 그들이 긁어모은 돈을 빼앗고는 집에 불을 질렀다.

1862년 전국에서 일어난 농민 항쟁(임술민란) 가운데 진주 지역의 모습이다. 좀체 없었던 농민들의 이러한 행동은 어디서 비롯한 것일까?

조선 시대 농촌은 많은 문제를 안고 있었다. 먼저 땅 문제였다. 몇 사람의 지주가 많은 토지를 차지하고, 농민들은 이를 빌려서 지대를

내며 살아갔다. 다음으로는 부세● 문제였다. 국가의 재정이 커지면서 부세의 종류와 양이 늘어났다. 더구나 수령이나 서리의 탐욕이 심해지면서 부세가 더욱 늘었다.

조선 후기에 부세 문제가 터졌을 때, 처음에는 오히려 그 지역의 양반들처럼 어느 정도 힘 있는 자들이 나섰다. 집권층의 권력 독점과 부패에서 비롯한 부세 문제가 지방 사회의 지배 계층에게까지 피해를 주었기 때문이다. 그래서 지방의 양반들은 참지 못하고 모여서 관과 수령을 비난하며 자신들의 요구를 내세웠다. 그러나 그 방식은 기껏 감사나 비변사에 등장●●을 올리고 호소하는 정도였다. 봉건 질서를 깨뜨릴 뜻은 처음부터 없었기 때문이다.

양반들은 이전부터 그들끼리의 지역 조직을 갖고 있었고, 지방민에 끼치는 영향력도 있었다. 때문에 그렇게라도 나설 수 있었다. 반면 가장 큰 피해를 보는 농민은 사회적으로 억눌려 있었으므로 공공연히 힘을 모으고 운동에 나서기는 어려웠다. 그들은 스스로 나서지 못하

● 부세賦稅 크게 보아 세금이라 이해하면 된다. 그러나 세금 외에 군포, 환곡과 각종 부가세 명목의 징수 등도 포함된다.

●● 등장等狀 여러 사람이 이름을 잇대어 써서 관청에 올리는 조선 시대의 청원서.

고 대체로 양반들의 지시를 받거나 그들에게 이끌려 참여하는 경우가 많았다.

그러나 차츰 의식이 깨고 힘도 모이면서, 자신들의 억울한 처지를 뼈저리게 느끼는 인물들이 직접 나서기 시작하였다. 이들이 중심이 되어 통문을 돌리고 집회를 열었다. 여기서 관리들을 성토하고, 힘을 모아 관가로 쳐들어가자고 주장하였다.

이미 사회는 곪을 대로 곪았고, 농민들의 의식도 깨어났기 때문에 곳곳에서 같은 현상이 일어났다. 3월에는 경상도 여러 지역에서 시작하여, 4월에는 전라도 곳곳으로, 그리고 5월에는 충청도 구석구석까지 농민 항쟁이 들불처럼 타올랐다. 그리하여 전국에 걸쳐 70여 개 군에서 봉기가 일어났다.

대부분의 고을에서 농민들은 수령과 서리 그리고 욕심 많은 양반과 부자들을 공격하였다. 농민들은 왕이 보낸 수령이라 하더라도 용서하지 않았다. 수령을 가마에 태워 끌고 다니면서 창피를 주고, 고을 밖으로 쫓아내기도 하였다. 이런 일은 양반 사회에서는 흔한 일이 아니었다. 그만큼 농민들의 분노는 컸다. 농민들은 이렇게 수령을 처단하거나 내쫓고서는 고을을 점령하였다. 그리고 자신들의 요구 조건을 내놓았다. 지역에 따라서는 여러 달을 버텼다.

이러한 농민들의 움직임에 대하여 지배층은 어떻게 대응하였을까? 지방관을 통하여 농민 봉기 소식은 중앙에까지 전달되었다. 왕과 대신들은 머리를 맞대고 해결책을 의논하였다. 워낙 이전부터 지방 수령이나 서리들이 농민을 괴롭힌다는 소식을 들어 왔기에, 그들이 왜 무리를 지어 관가에 뛰어들었는지 충분히 짐작할 수 있었다. 그래서 차마 농민들만 나무랄 수는 없었다.

그렇다고 가만히 보고 있지만은 않았다. 앞장서서 이끌던 사람들을 잡아다가 처벌하였다. 그러면서 다른 농민들은 용서하겠다고 달랬다. 다른 한편으로는 봉기가 일어난 고을 수령을 책임을 물어 파면하였다. 또 암행어사를 보내 지방 관리들의 잘못을 조사하였다.

그러나 이것으로 그동안 쌓인 농민들의 분노를 막을 수는 없었다. 농민들은 중앙에서 관리가 내려오면 길을 막고는 사정도 하고 을러대기도 하였다.

상황이 호락호락하지 않자, 조정에서는 마음이 급해졌다. 왕과 대신들은 적극적인 대책을 마련하기 시작하였다. 삼정 이정청●이라는 별도의 관청을 세워서 대책을 만들었다. 그 내용은 주로 농민에게 가장 큰 피해를 주던 환곡●●을 없애고, 대신 토지에 세금을 매긴다는 것이었다. 그러나 이것도 대신들 가운데 반대하는 자가 있어서 환곡의 액수를 약간 줄이는 정도로 그치고 말았다.

어느덧 농민 봉기가 가라앉게 되자, 관가에서는 이들을 처벌하기에 바빴다. 포교들은 마을을 돌아다니며 눈에 불을 켜고 봉기에 참가한 사람들을 잡아들였다. 도망가는 이에게는 그 처나 아이를 옥에 가두고는, 관가에 나오면 풀어 주겠다고 협박하였다. 앞장선 사람들은 대개 목을 베었고, 적어도 섬에 유배를 보내거나 곤장을 쳤다.

농민 봉기는 조선 후기 사회의 모순으로 일어났다. 농민들은 어느 정도 의도한 바를 이루었으나, 봉건 지배의 두꺼운 벽을 무너뜨리지는 못하였다. 그러나 농민들이 잘못된 부세 제도를 비판하고 대안을 제시하며

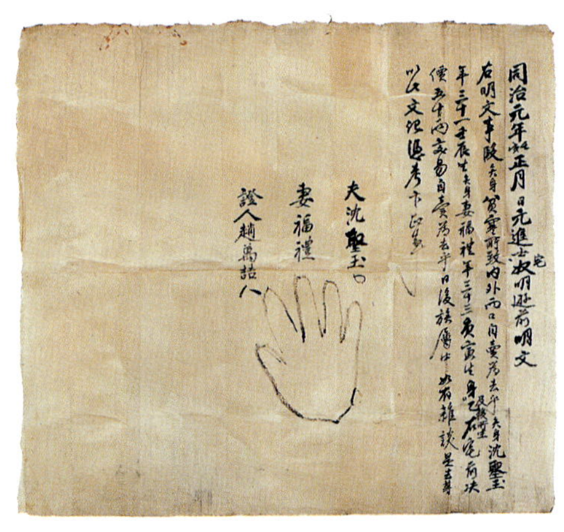

스스로 정치의 주체로 각성된 점은 높이 평가해야 할 것이다.

오늘날 지방마다 과거에 수령을 지낸 자들이나 양반 지주들의 선정비*가 늘어서 있는 것을 볼 수 있다. 그런데 당시 농민을 위해 활동했던 사람들을 기념하는 유적은 하나도 없다. 농민 봉기 지도자 가운데 오직 진주의 유계춘만이 그 묘(현재 경상남도 진주시 대평면 당촌리 소재)가 확인되었을 뿐이다. 하지만 아직도 그의 행적을 알려 주는 비석 하나 세워지지 않고 있다.

이제 이러한 역사적인 사실과 자신을 희생했던 이들의 사적을 발굴하고 기념하여 농민 봉기의 의미를 되새겨야 할 필요가 있다. 그리하여 어느 마을을 가더라도 거짓 선정비가 아닌, 농민들의 꿋꿋한 삶을 담은 기념비를 자랑스럽게 내세워야 할 것이다.

비할 데 없이 상세하고 정밀한 고지도

김정호의 「대동여지도」

규장각 한국학연구원 전시실 바깥 벽면에는 22첩의 목판본 「대동여지도」의 모사본을 모두 연결하여 전시해 놓았다. 전시실을 찾는 많은 관람객들은 세로가 약 6.6미터, 가로가 약 4미터나 되는 「대동여지도」를 바라보면서 "와!" 하는 감탄사를 연발하며 그 크기와 정밀함에 놀란다. '김정호는 저렇게 크고 자세한 지도를 어떻게 그렸을까?' 하는 의문이 자연스럽게 든다. 그러면 김정호가 전국을 답사하고 백두산을 일곱 번이나 올라갔다 왔다는 항간의 설명에 고개가 끄덕여지면서 다시 한 번 그의 열정에 감탄하게 된다.

물론 요즘은 김정호가 전국을 직접 답사하였다거나 백두산을 일곱 번 올라갔다는 이야기가 사실이 아니라는 것을 아는 사람도 많아졌지만, 그래도 아직 잘못된 이야기에 혹하는 사람이 꽤 있다.

'김정호' 하면 대부분의 사람들이 1861년에 제작한 목판본 「대동여지도」만 떠올린다. 하지만 그가 1834년에 처음으로 만든 대형 지도는 「청구도」이다. 이를 모두 연결하면 크기가 목판본 「대동여지도」와 거

「대동여지도」 22첩을 모두
펼쳐 연결한 모습.

의 비슷하다. 김정호는 이에 머물지 않고 사람들이 더 쉽게 이용할 수 있도록 지리지에만 수록되던 역사 지리 정보를 첨가한 「청구도」를 세 개나 더 만들었다. 이후 「청구도」에 비해 내용과 형식을 획기적으로 바꾼 두 개의 대형 지도를 더 만들었으며, 1856년과 1859년 사이에 필사본 「동여도」를 완성하였다. 그리고 이를 바탕으로 하여 1861년에 목판본 「대동여지도」를 제작하고 간행했으며, 1864년에 일부를 수정하여 다시 간행하였다.

김정호는 꼼꼼하고 정직했다. 그는 처음으로 만든 「청구도」 일러두기에 "지도와 지리지 등 여러 자료 사이에 서로 다른 것이 많은데, 현재로서는 어떤 것이 맞는지 알 수가 없다. 따라서 「청구도」에서는 내가 주로 참고한 옛 지도의 내용을 그대로 따르고 나중에 누군가 고쳐 줄 것을 기다려 본다." 하고 기록해 놓았다. 그는 자신의 능력으로 틀렸는지 맞았는지 판단하기 어려운 내용은 함부로 고치지 않았고, 자신보다 뛰어난 누군가가 있을 수 있다는 점도 인정할 줄 알았다. 그가 주로 참고한 옛 지도의 최초본은 1770년 영조의 명령으로 신경준이 주도하여 만든 것이다. 이 지도를 모두 연결하면 세로가 5미터쯤 된다. 이 지도의 산줄기와 물줄기 및 지명을 「청구도」와 비교해 보면 거의 같다.

일러두기에는 혼자서 「청구도」의 오류를 교정할 수 없다는 것을 잘 알고 있었기 때문에 국가가 자신의 지도를 전국의 모든 고을에 보내 직접 교정해 줄 것을 부탁하는 내용도 있다. 또 각 고을에 전문 지도 제작자가 없는 상황을 고려하여 지도의 내용을 고치는 방법을 아주 자세하게 기록해 두었으며, 나아가 문장으로 이해하기 어려울 수도 있다는 점을 고려하여 그림으로도 제시하였다. 하지만 국가에서는 김

「대동여지도」의 목판과 각 첩 「대동여지도」는 「동여도」를 저본 삼아 목판에 새겨 인쇄한 것이다.

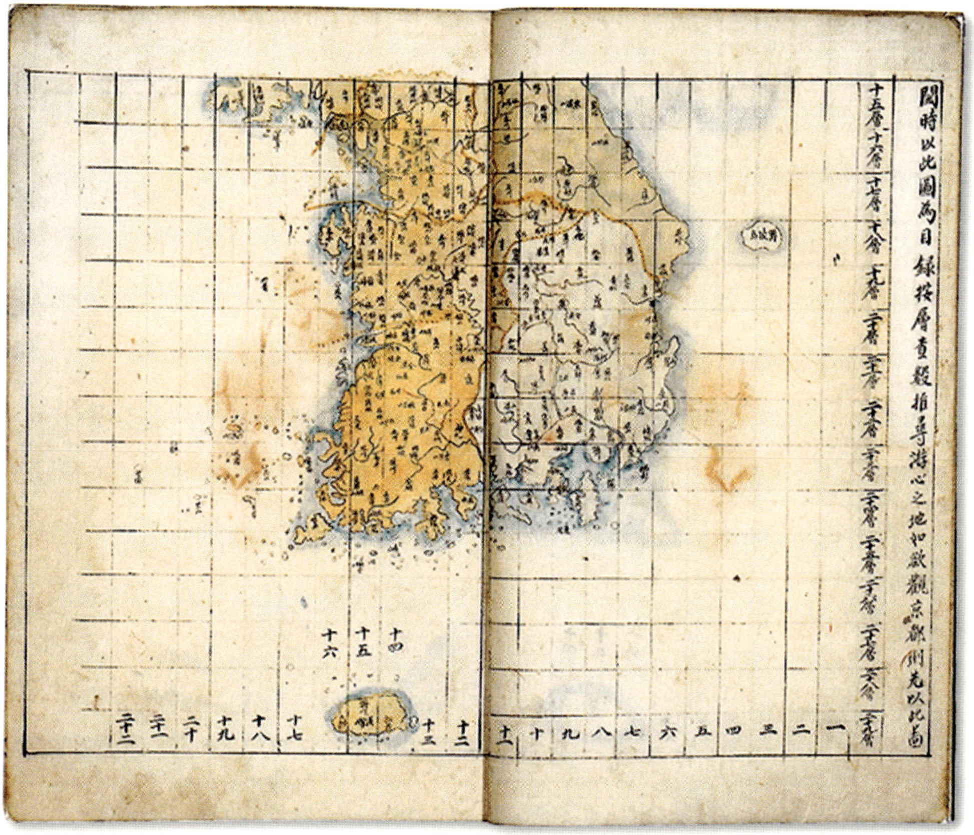

「청구도」 김정호가 처음 만든 대형 지도로 1834년(순조 34년)에 완성하였다. 기존 전국 지도 위에 중요 역사 지리 정보를 비교적 상세하게 수록한 독특한 구성의 지도다.

정호의 부탁을 들어주지 않았다. 이에 김정호는 「청구도」의 오류를 직접 교정하려고 시도하였다.

대부분의 사람들은 김정호를 지도 제작자로만 알고 있다. 하지만 김정호는 「청구도」의 제작 이후 지도와 함께 지리지 편찬에도 노력하였다. 지리지는 한 지역의 산천, 사방 경계, 역사적 연혁, 인구와 산업 등을 상세히 기재해 그 지역의 지리적 특성을 종합하여 볼 수 있는 자료다. 김정호는 전국의 모든 고을을 한눈에 이해하기 위해서는 지도와 지리지를 함께 이용해야 한다는 걸 잘 알고 있었고, 그 때문에 지도와 지리지를 함께 편찬하려고 한 것이다.

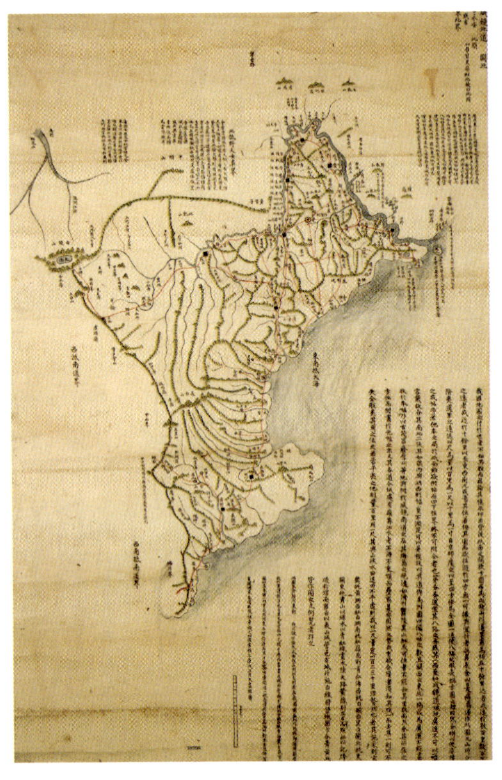

정상기의 「팔도지도」 함경북도 부분. 김정호보다 100년 전에 태어난 정상기가 만든 「팔도지도」는 김정호의 「대동여지도」가 나오기 전까지 가장 많이 사용하던 지도였다.

그리하여 그는 여러 지도와 지리지 자료를 종합하여 37권 22책의 『동여도지』란 지리지를 편찬하였다. 또 1851년과 1856년 사이에 최성환과 함께 20권 20책의 『여도비지』란 지리지를 편찬하였으며, 목판본 「대동여지도」를 제작한 뒤 32권 15책의 『대동지지』 편찬에 주력하다가 완성하지 못한 채 세상을 떠났다.

김정호가 「청구도」를 제작한 뒤 지리지 편찬에 주력한 또 다른 이유는 「청구도」의 오류를 바로잡기 위해서였다. 조선은 매우 높은 수준의 중앙 집권 국가였다. 그 때문에 원활한 직접 통치를 위해 전국 지리지의 편찬과 지도의 제작을 아주 활발하게 진행시켰다. 비록 국가

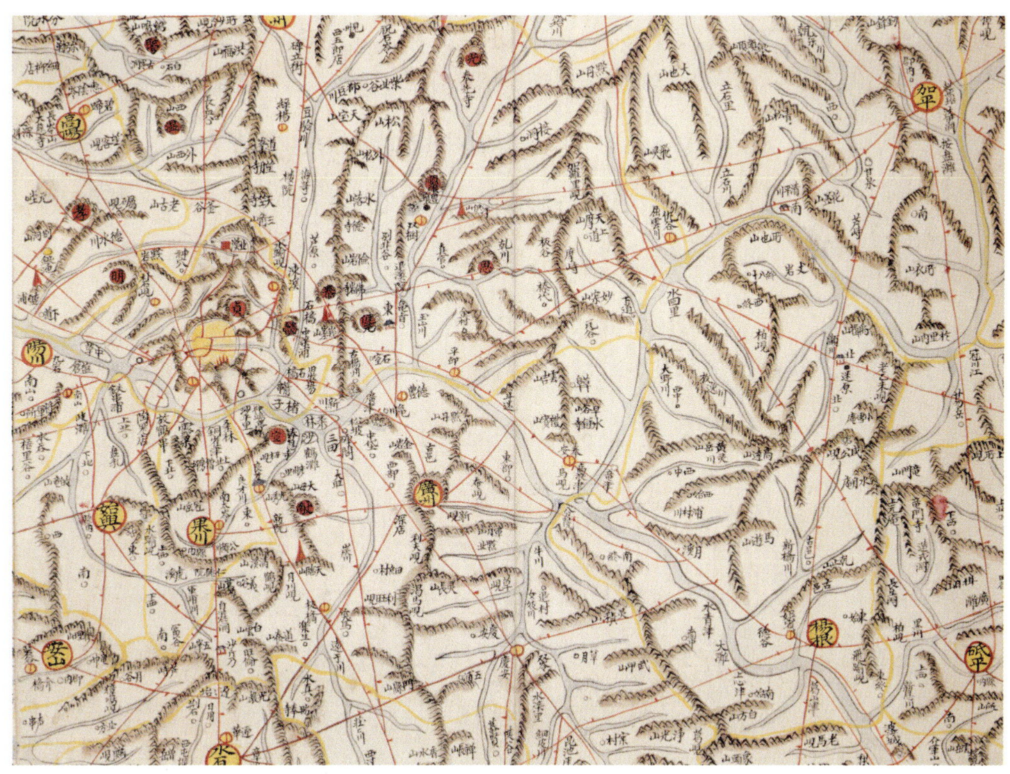

가 「청구도」의 오류를 교정할 수 있게 해 달라는 김정호의 부탁을 들어주지는 않았지만, 더 정확하고 자세한 지도를 제작할 수 있는 지리지와 지도 자료는 풍부하게 만들어 놓았다. 김정호가 이들 자료를 널리 수집하고 꼼꼼하게 비교, 검토하여 편찬한 것이 『여도비지』 같은 지리지였다. 그리고 김정호는 그것을 바탕으로 하여 「청구도」의 오류를 적극적으로 교정할 수 있었고, 필사본 「동여도」와 목판본 「대동여지도」란 걸작품을 만들어 낼 수 있었다.

　사람들 중에는 「대동여지도」의 내용이 현대의 지도만큼 자세할 것으로 오해하는 경우가 있다. 그런데 「청구도」의 일러두기에는 "내 지도가 조선에서 가장 크지만 넣을 수 있는 지명에는 한계가 있다. 「청

「**동여도**」 서울과 인근 지역 부분. 산줄기가 북쪽에서 내려와 서울에서 명당의 형국을 형성하는 모습과 북한강과 남한강이 합류하여 서쪽으로 흘러 명당수가 되어 서울을 감싸고 도는 모습이 생동감 있게 표현되어 있다. 모든 길이 서울로 모이고, 길과 한강이 만나는 곳에는 수많은 나루터가 있다. 「대동여지도」와 더불어 김정호의 대표작으로 꼽는 지도다.

구도」를 보고 자기 동네의 이름이 빠졌다고 하여 불만스러워하는 사람이 있다면 나는 그런 사람과는 얘기하지 않겠다."라고 기록되어 있다. 정확하게 그리려고 노력한 조선의 지도 중 김정호의 지도가 가장 크지만 동네 이름까지 넣을 수 있을 정도는 아니다. 오늘날 행정 구역으로 보면 면 단위까지 넣을 수 있는 수준이다. 이보다 더 자세한 지명까지 수록하려면 세로가 6.6미터보다 커야 하며, 당시 사람들은 그 정도까지 자세한 전국 지도는 필요로 하지도 않았다.

「대동여지도」에 대해 사람들이 갖고 있는 또 다른 오해는 현대의 지도만큼 정확할 것이라는 점이다. 하지만 「대동여지도」를 현대의 지도와 비교해 보거나 「대동여지도」를 가지고 실제 답사를 해 보면, 세세한 부분에서는 틀린 점이 너무 많다. 그렇다고 이것이 김정호의 잘못이라고 할 수는 없다. 「청구도」의 일러두기에는 "전해 오는 지도마다 내용이 다르고, 하나의 산에 두 개의 이름이 있기도 하며, 옛날 이름과 지금의 이름이 다르기도 하다. 다만 「청구도」를 가지고 산수의 형세를 분별하고, 고을의 동서를 살피며, 거리의 원근을 헤아리고, 지형의 험하고 평탄함을 찾을 수 있을 뿐"이라는 내용이 기록되어 있다. 김정호는 당시 수집한 정보에 입각하여 최대한 정확하게 그리려고 했지만 100퍼센트 정확할 수 없음을 잘 알고 이를 솔직하게 인정하였다.

유재건이 1860년대에 편찬한 『이향견문록』에는 김정호를 다음과 같이 기록하였다.

김정호는 자신의 호를 고산자라 하였다. 그는 본래 공교한 재주가 많았고,

「대동여지도」와 현재 지도의 비교

특히 지도학에 깊은 취미가 있었다. 그는 두루 찾아보고 널리 수집하여 일찍이 「지구도」를 제작하였고, 또 「대동여지도」를 만들었다. 자신이 그림을 그리고 새기고 인쇄하여 세상에 펴냈다. 그 상세하고 정밀한 것은 고금에 비교할 만한 것이 없다. 내가 한 질을 구해 보았더니 진실로 보배로 삼을 만한 것이었다. 그는 또 『동국여지고』 10권을 편찬했는데, 탈고하기 전에 세상을 떴으니 정말 애석한 일이다.

『이향견문록』은 양반이라 보기 어려운 신분의 사람 가운데 뛰어난 업적을 남긴 사람들을 기록한 책이다. 김정호가 이 책에 기록되어 있다는 점, 김정호의 가문에 대한 기록이 전혀 없다는 점으로 볼 때 그는 양반 신분이 아니었다. 그런데도 그는 수많은 지도와 지리지를 제작하고 편찬했으며, 현재까지도 그의 업적은 한반도 역사에서 가장 뛰어난 것 가운데 하나로 평가받는다.

19세기 조선은 세도 정치의 혼란이 극에 달하였다가, 외세의 침입에 시달린 실망의 시대였다. 하지만 양반도 아닌 낮은 신분의 김정호가 「대동여지도」와 『대동지지』라는 대작을 만들어 낼 수 있을 정도로 역동적인 희망의 시대이기도 하였다.

다섯째 마당

근대 태동기

파랑새가 날다 | 1894년 농민 전쟁   "나는 조선의 국모다" | 민 왕후에 대한 오해와 진실   쌀 한 줌 때문에 맞아 죽은 노동자 | 개항 후 민중의 삶   신분이 무엇이기에 | 양반 의병장 활동에 대한 평가   '노다지, 노다지, 금 노다지'의 아픈 기억 | 열강의 이권 침탈   독립문의 '진짜' 교훈 | 독립 협회의 대외 인식   "일본이 한국을 차지하는 것을 보고 싶다" | 버려진 카드, 대한 제국

 파랑새가 날다

1894년 농민 전쟁

새야 새야 파랑새야 녹두밭에 앉지 마라.

녹두꽃이 떨어지면 청포 장수 울고 간다.

이 노래는 우리 할아버지와 할머니가 불렀고, 어머니와 아버지도 불렀다. 우리도 무슨 의미인지 모른 채 불렀다. 앞으로 우리 자손들도 부를 것이다. 이 노래가 끊임없이 불리는 이유는 무엇일까?

파랑새는 희망, 꿈, 새 시대를 상징한다. 녹두꽃이 피어난 녹두밭, 아름다운 밭 뒤에 녹두 장군이 우뚝 서 있다. 그의 뒤에는 푸른 도포를 입은 장수들이 죽창을 들고 파랑새 노래를 부른다.

이는 우리 역사 속에 실제 있었던 일이다. 바로 1894년에 일어난 농민 전쟁 때 농민군이 불렀던 노래, 그들이 이루지 못한 꿈과 한이 서린 민중의 노래다. 녹두 장군, 그는 바로 농민 전쟁 최고의 지도자 전봉준(1855~1895년)이다. 전봉준 등을 중심으로 한 농민군은 새 시대 희망의 역사를 만들고자 목숨을 버릴 각오로 죽창을 들었다.

농민 전쟁 기념 무명 농민군 위령탑 1994년 9월 전라북도 정읍시 동학 농민 혁명 계승 사업회가 주축이 되어 정읍시 고부면 신중리 주산 마을 녹두 회관 앞에 세운 무명 농민군 위령탑. 이름을 남기지 못하고 죽어 간 수많은 농민군의 영혼과 넋을 위로하려고 세웠다.

거기에는 그만한 이유가 있었다. 조선 사회는 지주제라는 토지 제도와 신분제라는 사회 제도를 두 기둥으로 하여 이루어졌다. 이는 토지를 못 가진 농민, 신분적으로 하층인 평민과 노비를 옥죄는 제도였다.

조선 후기에는 이에 대한 농민들의 분노가 서서히 타오르기 시작하였다. 1862년에는 충청도, 전라도, 경상도 지방에서 대대적인 농민 항쟁이 일어났고(임술민란), 1876년 개항 이후에도 수없이 많은 농민 항쟁이 터졌다. 그리하여 1894년, 농민들은 그동안 쌓인 불만과 새로운 세상을 만들려는 염원을 모아 농민 전쟁을 일으켰다.

당시 농민들 사이에는 "갑오세 가보세 을미적 을미적 병신되면 못 가리."라는 노래가 유행가처럼 번졌다. 갑오년(1894년)에 떨쳐 일어나 새로운 세상을 만들지 않고, 을미년(1895년)까지 을미적 을미적 하다가는, 병신년(1896년)엔 병신이 되어 아무것도 못 하게 된다는 뜻이다.

농민들은 갑오년 3월 21일 전라도 무장에서 농민 전쟁을 알리는 선

김개남 1894년 전봉준과 함께 새로운 세상을 만들려는 염원을 모아 농민 전쟁을 이끈 지도자 중의 한 사람. 전주 장대에서 참수되었다.

언서를 배포한 뒤 죽창을 들고 전라도 고부의 백산에 집결하였다. 이들은 붉은 바탕에 '보국안민'이라고 쓴 큰 깃발을 앞세우고, 전봉준과 김개남 대장을 따라 전주성으로 향하였다.

농민군은 4월 27일에 전주성을 점령한 다음, 정부 측과 화약을 맺고 5월 8일에 전주성에서 철수하였다. 농민군이 전주성에서 철수한 것은 정부가 농민군이 요구한 정치 개혁과 농민군의 신변 안전 보장을 약속했기 때문이다. 게다가 정부의 요청으로 청나라가 군대를 파견하고 또 이를 구실로 일본도 조선에 군대를 파견하여 두 나라 사이에 전쟁이 일어날 일촉즉발의 급박한 상황 때문이기도 하였다. 그래서 농민군은 시국의 변화를 지켜보고, 정부 측의 개혁을 기대하며 전주성에서 철수한 것이다.

그 후 농민군은 부단히 잘못된 정치, 사회, 경제를 바로잡을 것을 정부 측에 요구하였다. 그런 한편, 7월 초부터는 정부 측과 타협을 맺고 전라도 각지에 집강소를 설치한 다음, 본격적으로 치안을 유지하고 폐단을 개혁해 나갔다. 집강소는 농민군이 직접 치안과 행정을 담당하고 정치 개혁을 집행하는 민정 기관이나 마찬가지였다. 이는 농민층이 합법적으로 정치에 참여한 것으로, 귀족이나 양반만 정치를 하던 시대를 끝내고, 모든 사람이 정치에 참여할 수 있는 새로운 시대의 여명이 동트고 있음을 예고하는 사건이었다.

더욱이 정부에서는 농민군의 요구를 받아들여 군국기무처●를 설치한 다음, 신분 제도를 개혁하는 등 근대적인 정치 개혁을 시도하였다. 새로운 역사가 시작되고 있는 흔적이 곳곳에서 나타났다.

그러나 조선을 보호국으로 만들려는 일본의 야심이 점점 목을 조여오고 있었다. 6월 21일, 무력으로 경복궁을 점령한 일본은 사사건건

● 군국기무처 1894년 7월 설치된 최고의 정책 의결 기관으로 내정 개혁에 관한 일체의 사무를 담당하여 갑오개혁의 중추적 역할을 하게 된다.

동학의 집강소, 무장 객사
전라북도 고창군 무장면에 있는 집강소 자리. 집강소는 농민군이 직접 치안과 행정을 담당하고 정치 개혁을 집행하는 민정 기관이나 마찬가지였다.

내정에 간섭하였고, 특히 8월 17일, 평양 전투에서 청나라에 크게 승리한 뒤부터는 노골적으로 조선을 침략하였다. 그리고 그들의 침략에 방해가 되는 농민군을 탄압하기 시작하였다.

이에 농민군은 9월에 접어들면서 일본군을 물리치려고 대대적으로 떨쳐 일어났다. 그래서 9월부터 12월 사이에 전국 각지는 전쟁터로 변했고, 산과 들에는 이름 없는 농민군의 시신이 널렸다. 정부에서 파견한 관군과 일본군 그리고 양반들이 농민군 토벌을 목적으로 조직한 민보군은 농민군을 잡는 대로 총살하거나 목매달아 죽였다. 그리하여 수만 명의 농민이 폭도로 몰려 죽임을 당하였다. 결국 1894년 3월에 일어난 농민 전쟁은 일본의 무력 개입과 양반층의 반동으로 실패하고 말았다.

농민군이 지향했던 것은 잘못된 정치, 사회, 경제 제도를 뜯어고치고, 외세의 침략에 단호히 맞서 싸우려 한 데 있었다. 곧 인간을 인간답게 대하지 않는 신분 제도를 평등한 제도로 고치고, 세금을 공정하게 징수하며, 관리는 능력에 따라 채용하고, 부정을 저지른 관리를 징

농민군 머리에 띠를 두르고 베옷을 입고 화승총을 멘 농민군.

**심문을 받기 위해 법무아
문으로 이송되는 전봉준**
녹두 장군 전봉준이 이끈
농민 전쟁은 조선의 봉건
제도가 종말에 이르렀음을
알렸고, 이후 민족 해방 운
동을 발전시키는 원동력이
되었다.

계하며, 다른 나라의 침략은 절
대 반대하는 것 등이 당시 농민
군이 지향했던 것이다. 농민군
이 이렇듯 정당하고 의로운 지
향을 했는데도 농민 전쟁은 왜
실패하고 말았을까?

농민군이 양반 제도를 반대
하고 그들을 혼내 주었으니 당연히 양반들은 농민군의 주장에 반대하
였고, 그동안 잘못을 저지른 관리들을 징계하였으니 당연히 관리들도
농민군을 싫어하였다. 또 외세의 침략에 저항하였으니 일본은 농민군
을 토벌하지 않을 수 없었다. 이런 이유로 안으로는 조선의 낡고 썩은
제도를 고치고, 밖으로는 외세의 침략을 막아 내려는 농민 전쟁은 봉
건 지배 세력의 탄압과 일본의 무력 개입으로 좌절되고 말았다.

그러나 1894년 농민 전쟁은 프랑스 대혁명에 버금가는 커다란 사
건이었을 뿐 아니라 이웃 중국에서 일어난 태평천국의 난과도 비교될
정도로 의의가 크다. 농민 전쟁은 우리 역사에 자유와 평등, 사람이 주
인이 되는 근대의 가치를 심어 주었다. 그 때문에 누구나 평등하고 잘
살 수 있는 나라를 만들려고 한 농민군의 꿈은 '파랑새' 노래에 담겨
민중의 입에서 입으로 지금까지 전하는 것이다.

"나는 조선의 국모다"

민 왕후에 대한 오해와 진실

"나는 조선의 국모다."라는 말이 2001부터 2002년까지 인기리에 방영된 텔레비전 드라마 〈명성 황후〉에서 나온 뒤 민 왕후에 대한 세간의 평가가 크게 달라졌다. 이 한마디가 역사적 사실과 관계없이 시청자들에게 깊은 공감을 주어 민 왕후에 대한 선입견을 크게 바꾸어 놓은 것이다. 한 나라의 왕후가 안방에서, 그것도 조선을 침략한 일본 낭인에게 무참히 살해되는 장면은 분노와 함께 민 왕후에 대한 동정심을 자아내기에 충분했으리라.

민 왕후는 주로 '민비'로 불리다가 최근 '명성 황후'로 더 잘 알려졌다. 민비란 성씨 민과 왕비의 합성어이고, 명성 황후는 왕비가 죽은 뒤에 내린 시호다. 그런데 대개 민비란 말은 일제 강점기에 일본이 민 왕후를 폄하하려는 의도로 썼다. 그에 비해 황후는 고종이 대한 제국을 선포하여 황제가 된 뒤 붙인 명칭이다. 그러므로 죽은 후가 아니라 살아생전의 행적을 말할 때 적절한 용어는 왕후다.

그동안 민 왕후와 남편인 고종 그리고 시아버지 대원군, 이 세 사람

명성 황후 생가 원래 집은 1894년 농민 전쟁 때 불타 없어졌고, 이 집은 1995년 에 다시 지은 것으로 경기 도 여주군 여주읍 능현리 에 있다.

이 얽힌 궁중 비사를 다룬 소설과 드라마가 꽤 있었다. 이들은 민 왕후를 시아버지와 권력 다툼을 한 부도덕한 며느리이자 간악한 왕후로 그리곤 하였다. 반면 고종은 둘 사이에 낀 무능하고 유약한 군주로 그렸다. 대중의 흥미를 자극한 소설과 드라마는 이들에 대한 부정적 이미지를 만드는 데 상당히 기여하였다.

그러나 세 사람에 얽힌 궁중 비사의 대부분은 일제 강점기 식민 사관의 영향을 받은 것이다. 일본은 조선이 망한 것은 자신들의 침략 때문이 아니라, 유약하고 무능한 왕과 시아버지와 며느리의 날 샐 줄 모르는 권력 싸움 때문이었다는 주장을 하기 위해 사실을 과장하고 왜곡하였다. 이후 이런 사실들이 아무런 비판 없이 흥미 위주로 답습되면서 세 사람에 대한 부정적 이미지가 굳어진 것이다.

그렇다면 민 왕후에 대한 기왕의 오해와 역사적 진실은 무엇인가? 민 왕후는 1851년 경기도 여주에서 한미한 집안의 외동딸로 태어났다. 비록 집안은 한미했지만, 숙종의 계비 인현 왕후를 배출한 노론 명

문가였다. 아버지 민치록이 후사 없이 죽자, 먼 친척인 민승호가 양자로 들어와 민 왕후와 남매가 되었다. 바로 민승호가 대원군의 부인인 부대부인 민씨의 친동생이다. 이런 인연으로 민 왕후는 대원군 가문과 인연을 맺게 되었다.

대원군은 왕실의 외가 세력인 안동 김씨의 세도가 왕실을 능가하고 그 폐해가 심각함을 직접 목격하였다. 그 역시 안동 김씨의 세도에 눌려 일부러 방탕한 생활을 하며 납작 엎드려 숨죽여 지내야 하였다. 그 때문에 대원군은 친정 세력이 변변하지 못한 민 왕후를 고종의 비로 간택했다.

민 왕후와 대원군의 갈등에 대해서는 몇 가지 말이 나돈다. 민 왕후의 첫 아들이 기형으로 태어난 지 5일 만에 죽자 그 원인이 대원군이 보낸 산삼 때문이라고 믿은 민 왕후의 적개심에서 비롯하였다거나, 궁인 이씨가 낳은 완화군 선을 대원군이 세자로 삼으려 하자 위기의식을 느낀 민 왕후가 대원군을 본격적으로 견제하기 시작하면서 갈등이 생겼다는 말이 있다. 그러나 근대 의학이 발달하지 않은 시기에 아이가 병으로 죽는 경우는 흔하였고, 이런 일로 최고 권력을 두고 시아버지와 며느리가 죽기 살기로 싸웠다는 것은 사실과 너무나 동떨어진 흥밋거리 수준의 이야기일 뿐이다.

그렇다면 대원군과 민 왕후의 갈등은 어디에서 비롯하였을까? 갈등은 아들 고종이 직접 나랏일을 돌보겠다고 나서면서 시작되었다. 고종은 12세의 어린 나이에 왕이 되었기 때문에, 정권은 결국 대원군의 손에 넘어가게 되었다. 그러다 10년이 지나서 성인이 된 고종이 1873년에 직접 나라를 다스리겠다고 나섰다. 비록 대원군은 물러났지만 고

흥선 대원군 이름은 이하응이며, 고종의 아버지. 대원위 대감이라고도 불렸다. 아들 고종이 어린 나이에 왕이 되자 정권을 차지하게 되었고, 이후 고종이 성장하여 직접 나라를 다스리게 되자 국정 운영 방향에 대해 마찰을 빚었다.

종은 자신의 뜻대로 일을 펼쳐 나갈 수 없었다. 대원군이 지난 10년 동안 쌓아 놓은 세력이 굳건하였기 때문이다.

민 왕후는 이런 고종을 도와 실질적인 권력을 되찾는 일에 적극 개입하였다. 고종과 민 왕후는 자연스럽게 민 왕후의 친정 세력을 등용하여 자신들의 정치 기반으로 삼았다. 한편 대원군은 비록 정권을 넘겨주기는 하였지만 자신의 정치 세력을 기반으로 하여 계속 영향력을 행사하려 하였다. 민 왕후와 대원군의 갈등은 바로 이 과정에서 비롯한 것이다. 이 갈등은 민 왕후가 일본 낭인에게 시해되고, 이 일로 대원군이 정계를 떠남으로써 막을 내리게 되었다.

민 왕후는 고종과 함께 초기의 개화 정책에도 적극 참여하였다. 쇄국론자들의 격렬한 반대를 물리치고 일본에 이어 미국 등 서구 열강과 통상 조약을 맺어 문호를 적극 개방하였다. 서양 문물을 수용하고 나라들 사이에 서로 물품을 사고파는 업무를 총괄하는 통리기무아문도 설치하였다. 또 김옥균, 박영효 등 젊은 개화파를 적극 등용하였다.

그러나 초기의 개화 정책은 1882년 군인 폭동(임오군란)과 청의 개

별기군 고종과 민 왕후의 개화 정책에 의해 신식 군대인 별기군이 창설되자 별기군에 비해 형편없는 처우을 받던 구식 군대는 결국 1882년에 봉기를 일으켰다.

입으로 실패하였다. 이때 폭동 군인들의 최종 목표가 민 왕후일 정도로 민 왕후에 대한 민중의 반감은 컸다. 민중은 개항 이후 먹고살기가 날로 어려워지는데, 늘어나는 개화 비용을 충당하기 위한 무거운 세금도 부담하여야 했다. 폭동 당일 선혜청 당상 민겸호가 맞아 죽었듯이 정부의 요직을 장악한 민 왕후 친정 세력의 권력 독점과 부패 역시 민 왕후에 대한 민중의 불신을 조장하는 원인이었다.

갑신정변의 주역들 왼쪽부터 박영효, 서광범, 서재필, 김옥균의 모습. 1882년 군인 폭동 이후 민 왕후와 이들 개화파 사이에 갈등이 생겼다.

군인 폭동 뒤 민 왕후와 급진 개화파 사이에는 개화 정책에 필요한 재원을 마련하는 문제로 갈등이 생겼다. 민 왕후는 당오전이라는 돈을 만들어 재원을 해결하려 하였다. 한 차례 폭동을 겪은 뒤라 민 왕후는 개혁보다는 정권 안정에 개화 정책의 목표를 두었다.

반면에 고종의 지지를 받던 김옥균 등 급진 개화파는 당오전 발행에 크게 반발하면서 차관으로 재원을 해결하려 하였다. 실제 돈 가치의 5분의 1밖에 되지 않는 당오전을 사용할 경우 자연히 물가가 오르고 화폐 제도가 어지러워질 것이 뻔했기 때문이다. 또 개혁보다는 정권 안정을 우선하는 민 왕후에게도 불만이었다.

김옥균은 1883년 6월 고종의 신임장을 가지고 일본에 가서 차관 교섭을 꾀하였으나 실패하였다. 민 왕후 세력은 이를 기회로 삼아 김옥균, 박영효 등 급진 개화파를 한직으로 밀어내며 압박하였다. 이에 정치적 불안을 느낀 김옥균 등 급진 개화파는 군사적, 경제적 지원을 약속한 일본을 믿고 1884년에 정변을 일으켰다(갑신정변). 그러나 일본의 외면과 청의 군사 개입으로 정변은 '3일 천하'로 끝나고 말았다.

잇따른 정변으로 친정 세력이 대부분 제거되고, 밖으로 청의 내정 간섭과 일본의 침략이 강화되는 상황에서 민 왕후에게 절박한 문제는 자신의 안위와 정권 유지였다. 민 왕후는 이 문제를 외교 책략으로 해결하고자 하였다. 그것은 당시 외국인들도 그 탁월함을 인정하였다는 '먼 나라를 끌어들여 가까이하는 정책'綏遠政策이었다.

민 왕후는 먼저 미국으로 눈을 돌렸다. 미국은 영토 야심이 없는 국가라는 믿음 속에서 미국에 의지하여 청의 내정 간섭을 견제하려 하였다. 1882년 조미 수호 통상 조약을 맺기 전후 조선 침략에 적극적이었던 미국이었다. 그러나 미국은 1884년을 계기로 조선이 통상 교역상 별로 경제적 가치가 없다는 판단을 내리고 조선 문제에 정치적 개입을 하지 않는다는 불간섭주의를 표명했다. 미국의 이런 태도에 실망한 민 왕후는 러시아로 접근하였다. 러시아는 만주와 조선 진출에 큰 관심을 가지고 있었다. 민 왕후의 주도로 조선 정부는 1885년과 1886년 두 차례 조선의 보호를 요청하는 밀약을 러시아와 맺었다. 그러나 이 밀약은 러시아가 조선에 진출할 경우 조선에 대한 영향력을 잃어버릴 것을 우려한 청과 친청 세력이 강력하게 반발하여 결국 무산되었다.

'러시아를 끌어들여 청을 제거한다.'는 민 왕후의 외교 책략은 청일 전쟁 뒤 일본을 견제하기 위해 다시 시도되었다. 청일 전쟁에서 승기를 잡은 일본이 친일 정권을 앞세워 조선의 보호국화 정책을 강화하자, 이에 반발한 민 왕후는 러시아를 끌어들여 왕권을 강화하고 친일 정권과 일본 세력을 동시에 제거하고자 하였다. 러시아가 삼국 간섭을 주도하여 일본을 곤란하게 만드는 것을 본 민 왕후는 러시아에 더욱 믿음을 가지고 주한 러시아 공사와 은밀히 교섭하였다.

명성 황후 국장 장면 사진 뒤로 현 덕수궁의 정문의 현판인 '대안문'大安門이 보인다. 이 정문은 1904년 화재로 소실되었다가 1906년 재건되면서 '대한문'大漢門으로 고쳐 불렀다.

그러나 이 일은 결국 민 왕후의 죽음을 불러왔다. 민 왕후가 장차 조선 침략에 큰 걸림돌이 될 것이라 판단한 일본은, 민 왕후를 무참히 시해했다. 민 왕후는 시해된 뒤 친일 정권에 의해 왕비의 지위를 박탈당하였다가 친일 정권이 쫓겨난 뒤 복권되었다. 그리고 고종이 대한 제국을 선언하고 황제가 되면서 '명성 황후'로 격상되었다.

쌀 한 줌 때문에 맞아 죽은 노동자
개항 후 민중의 삶

개항 이후 서구 문물이 물밀듯이 들어왔다. 1887년 3월 서울에는 '도깨비불'로 알려진 전깃불이 처음 밝혀졌고, 1889년에는 기차라는 육중한 쇳덩어리가 천둥 같은 소리를 내며 서울과 인천 사이를 쏜살같이 달렸다. 외국 선교사들이 들어와 세운 종교 학교와 병원 역시 민중의 생활과 의식을 크게 바꾸었다. 학교에 가거나 기차를 타려면 이제 서양식 시간을 몸에 익혀야 했다. 근대적 병원의 등장과 서구 의술은 전염병 예방과 위생이란 새로운 생활 습관을 강요하였다. 개항 이후 서구 문물이 들어오면서 한편으로 민중은 서구 문명의 이기利器가 지닌 편리함과 속도에 놀라며 다른 한편으로는 새로운 문물이 가져온 변화로 인해 혼란에 빠져들었다.

이와 함께 개화파와 그 후예들은 어서 빨리 서구 문물을 받아들여 서구처럼 근대화된 나라를 만들자며 목소리를 높였다. 이들은 그렇게 하면 모두 잘살게 되고 나라도 서구 열강처럼 부국강병하게 될 거라 선전하였다. 그러나 이후의 일이 과연 이들의 주장처럼 되었을까?

1876년에 나라의 문을 연 뒤 자연히 다른 나라와 교역이 늘어났다. 주요 교역 상대국은 중국과 일본이었다. 특히 일본이 조선의 쌀을 대량으로 사 가면서 쌀은 최대 수출품 가운데 하나가 되었다.

당시 일본은 산업화가 빠르게 진행되면서 도시에 우후죽순 공장이 들어섰다. 노동자도 많이 필요해졌다. 이에 따라 일본 농촌의 젊은이들이 농사를 포기하고 도시로 나가 공장 노동자가 되었다. 자연히 쌀 생산이 줄고, 도시에서는 공장 노동자들이 먹어야 할 쌀이 부족한 현상이 일어났다. 이에 쌀을 싸게 공급하는 일이 절실히 필요해졌다. 이는 노동자들의 임금을 낮추어 더 많은 이익을 남기려던 일본 자본가들의 이해와도 맞는 일이었다. 즉 값싼 쌀의 공급은 일본 산업 근대화에 꼭 필요한 조건이었고, 그 해결 방안으로 찾은 것이 바로 조선 쌀의 수입이었다. 조선에서 값싸게 수입된 쌀은 당시 일본 근대 산업의 중심지인 오사카와 나라 등지로 팔려 나갔다.

인천항 일본으로 가는 우리나라 쌀이 인천항에서 선적을 기다리고 있다. 개항 뒤 일본으로 쌀이 대량 수출되면서 나라 안에서는 쌀값이 두세 배나 폭등하였다.

그런데 농업국인 조선에서 쌀이 대량 수출되었다면 농민이 모두 잘살게 되고 나라도 부강해져야 한다. 그런데 결과는? 정반대였다. 농민의 살림살이는 물론, 나라의 경제도 어려워졌다. 왜 개화파의 주장과는 다른 현상이 나타났을까?

개항 뒤 일본으로 쌀이 대량 수출되면서 나라 안에서는 쌀 품귀 현상이 일어나 쌀값이 무려 두세 배나 폭등하였다. 쌀을 팔 수 있는 논 주인(지주)이나 상층 농민들은 더욱 부를 늘릴 기회가 생겼다. 반면 다른 사람의 논을 빌려 농사를 짓는 소작농들은 늘어나는 소작료와 세금 부담으로 생활이 어려워지고, 쌀을 사 먹어야 하는 도시 빈민 계층은 쌀값이 폭등하여 살기가 더욱 힘들어졌다.

봄이 되어 먹을 곡식이 떨어지는 보릿고개가 되면 농민들은 가을에 거두어들일 곡물을 담보로 생필품을 사기 위한 돈을 빌렸다. 그리고 가을이 되면 추수한 곡물로 봄에 빌린 돈을 갚았다. 그런데 봄에는 곡물이 귀하여 쌀값이 가장 오르는 시기인 반면, 가을에는 추수기라서 쌀값이 가장 떨어지는 때였다. 그 때문에 농민들은 돈을 빌린 봄보다 더 많은 쌀로 빚을 갚아야 했다. 그 결과 농민은 더욱 가난해질 수밖에 없었고, 쌀로 빚을 받은 사람들은 다시 봄에 비싼 값으로 내다 팔아 큰 이익을 보는 악순환이 계속되었다. 이런 생활마저 힘든 농민들은 짐을 싸서 정든 고향을 등졌다.

이렇게 하여 한강을 중심으로 물산이 모이는 서강, 마포, 용산이나 왕십리, 이태원 등지에 무작정 한양으로 올라온 농민들이 모여들어 빈민촌이 형성되었다. 남자들은 봉급을 주는 훈련도감의 군인이 되거나 짐꾼 등 날품팔이를 하고, 남은 가족들은 텃밭에서 미나리 같은 채소를 가꾸어 시장에 내다 팔아 겨우 입에 풀칠을 하였다.

개항 이후 개항장에도 고향을 등진 농민들이 모여들었다. 외국과 교역이 늘어나면서 배에 화물을 싣고 내리는 일꾼이 필요해졌기 때문이다. 부두 노동자가 된 이들은 미곡을 계량하고 포장하는 일, 선박과 부두 사이에서 화물을 싣거나 내리는 일, 육상에서 화물을 운반하는 일 등을 하였다. 이들은 그날 하루 운반한 화물의 무게와 거리에 따라 임금을 받았다. 해가 뜰 때부터 해가 질 때까지 온 종일 일을 하지만 손에 쥐는 임금은 고작 하루 3~4인 가족의 먹을거리를 해결할 정도의 형편없는 임금이었다.

부두 노동자들은 열악한 임금 때문에 고된 일을 하면서도 점심 끼니를 물이나 엿으로 때우는 일이 흔하였다. 목포의 부두 노동자 김인배는 배고픔을 이기지 못하여 등짐으로 진 쌀가마니에서 쌀 한 줌을 꺼내 먹다가 일본인 감독관에게 들켜 송판으로 맞아 죽었다. 그는 해남군에서 농사를 짓다 부두 노동자가 된 22세의 젊은이였다. 그가 죽었을 때 가진 재산이라고는 주머니에 있던 왜 비누 한

커다란 나뭇짐을 진 지게꾼
당시에는 마땅한 일을 찾지 못해 지게질로 생계를 지키는 빈민들이 넘쳐났다.

장과 약간 남은 쌈지 담배가 전부였다.

고향을 등진 농민들의 고달픈 삶은 광산 노동자라고 예외는 아니었다. 화폐 수요의 확대와 광산물 수출 등으로 1880년대 이후 광산 개발이 활발하였다. 광산이 개발되는 곳에도 고향을 등진 농민들이 모여들어 광꾼, 점꾼店軍이라 불리는 광산 노동자가 되었다.

광산 노동자들은 왕실에서 개발하던 광산이나 1895년 이후 광산 채굴권을 빼앗은 외국인 경영 광산에 고용되어 일하였다. 이들 역시 온종일 일을 하였다. 광산 노동자의 하루 임금은 일당 5~10전으로 부두 노동자와 크게 다르지 않았다. 일본인이 경영하던 충청도 직산 금광에는 2천여 명의 광산 노동자가 일하였는데, 이들은 대부분 평안도와 경상도 출신 농부였다.

개항 이후 정부와 개화파는 부국강병을 위해서라며 적극적인 문호 개방과 근대화를 부르짖었다. 그렇지만 시간이 지나면서 부국강병은 간데없고 민중의 삶과 나라의 경제는 외국 자본의 경제 침탈 앞에 맥없이 무너졌다. 그것은 서구 열강의 침략적 성격을 깨닫지 못하고, 아무런 사전 준비나 가난한 백성의 현실을 고려함도 없이 문호를 개방했기 때문이다. 이것은 19세기판 '세계화'의 결과였다.

신분이 무엇이기에
양반 의병장 활동에 대한 평가

흔히 3·1 운동 하면 '유관순 누나'를 생각하듯이, 대한 제국 말의 의병장 하면 유인석, 최익현, 이인영, 허위 등의 양반 계층을 주로 떠올린다. 평민 의병장으로는 고작 신돌석이란 이름을 기억하는 정도다. 이 가운데 잘 알려진 양반 출신 의병장인 유인석과 이인영은 의병 항쟁을 발전시키고 반일 민족의식을 불러일으키는 데 상당한 역할을 하였다.

1895년 을미 의병 당시 '호남 좌도 의병 대장'이던 유인석과 후기 의병 당시(1907년) '원수부 13도 창의 총대장'이던 이인영 두 사람은 각각 내로라하는 당대의 유학자로서 봉건 유생들의 존경을 받았다. 이 때문에 두 사람은 자신의 문하생인 봉건 유생들의 권유와 추대를 받아 의병장이 되었다.

유인석 등의 양반 유생들은 일제의 침략과 친일 개화파 정권이 과거 제도 폐지와 신식 학교 설립 등의 개혁 조치를 취하자 자신들의 정치적 존립 기반에 위기의식을 느끼고 있었다. 그러던 때에 민 왕후 시

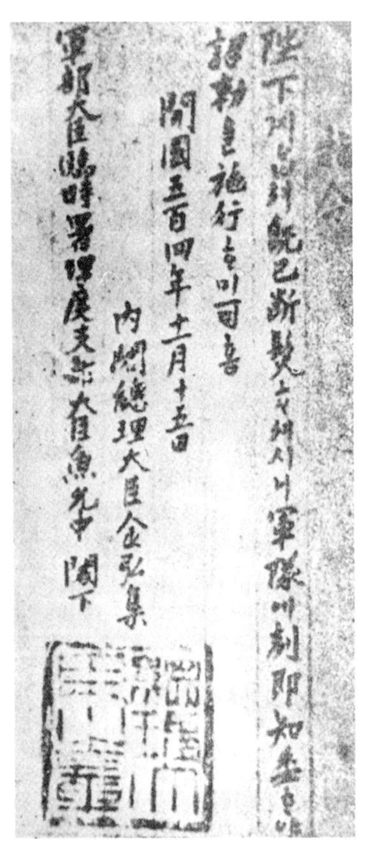

단발령 지령 1895년 11월 15일 내각 총리대신 김홍집이 군부 대신 임시 서리 어윤중에게 "폐하께서 이미 단발하셨으니 군대에 즉각 지시하여 조칙을 시행토록 하라."라고 내건 지령.

해 사건(을미사변)과 뒤이은 단발령을 계기로 하여 일제 침략과 친일 정권에 반대하는 의병을 일으켰다. 유인석은 충청도 제천에 있다가 문하생들의 간곡한 요청을 받아들여 의병장이 되었다. 그는 초기에는 단숨에 충주성을 점령하는 등 큰 성과를 거두었지만, 곧 내부에서 분열이 일어나 정부군의 공격에 패배하고 말았다. 패배의 내적 원인은 그가 신주 모시듯 받든 낡은 봉건 사상 때문이었다.

유인석은 의병 대열에 왕년의 농민군 대장 출신인 신처사申處士라는 인물이 있음을 알고, 그를 그 자리에서 처형해 버렸다. 신처사는 농민 전쟁에서 패배한 뒤에도 무장을 해제하지 않고 있다가 유인석이 반일 의병을 일으켰다는 소식을 듣고 조그만 힘이라도 보태려고 의병에 참가하였지만, 신분 때문에 제대로 뜻을 펴 보지도 못하고 참수되고 만 것이다.

또한 유인석은 당시 400여 명의 용감무쌍한 포군砲軍 부하를 이끌고 와서 충주성을 점령하는 데 가장 큰 공을 세운 포군 대장 김백선마저 처형해 버렸다. 이유는 1895년 3월 충주성 부근의 청룡촌 싸움에서 패배한 뒤, 선봉장 김백선이 작전 약속을 제대로 지키지 않은 중군장 안승우(물론 양반 유생이었다.)에게 따지며 대든 것이 화근이었다. 유인석은 일개 포군이 감히 양반에게 무례하게 대든 불경죄를 저질렀다며 김백선을 참살하였다.

이렇게 하여 급격히 전투력이 약해진 유인석 부대는 곧이어 정부군의 공격을 받고 패배를 거듭하다가 그해 8월, 압록강을 건너 중국으로 들어가 그곳에서 의병을 해산하였다.

나라의 운명이 바람 앞의 등불 같은데도, 강력한 적이 코앞에 있는데도, 유인석은 힘을 한데 모으기보다는 다 찌그러져 가는 양반의 신분과 체면을 더욱 중요시함으로써 패배를 자초하였다.

이러한 양반 의병장의 한계는, 후기 의병이자 특히 1907년 말에 결성된 13도 연합 의병의 총대장 이인영의 경우도 큰 차이가 없었다.

1905년 을사늑약을 전후로 불붙은 후기 의병 운동은, 1907년 일제가 헤이그 특사 사건을 꼬투리 삼아 고종을 강제 퇴위시키고, 조선인 군대마저 해산하면서 새로운 전기를 맞이하였다. 해산 군인들이 의병에 가담하면서 후기 의병 항쟁은 전국적, 전 민족적 항쟁으로 발전하였다.

이때 강원도 원주에서 의병을 일으킨 양반 의병장 이은찬, 이구재는 을미 의병 뒤 문경에서 숨어 지내던 이인영을 찾아가 의병 참여를 간곡히 설득하여, 마침내 그를 '관동 창의대장'에 추대하였다. 이인영은 서울 진격을 목표로 13도 연합 의병을 결성하기 위해 각 도의 유생 의병장에게 경기도 양주로 모일 것을 촉구하였다. 이에 1907년 12월경, 양주 부근에는 전국 각지에서 1만여 명의 의병이 모여들었다.

양주에 모인 의병들은 이인영을 원수부 13도 창의 총대장에 추대하고 전국 연합 부대를 편성하였다. 하지만 말이 전국 연합이지 실제로는 당시 경기도와 충청도, 강원도 일대에서 활동하던 의병 부대들로 구성되었다. 거리상으로 먼 평안도나 함경도 그리고 전라도와 경상도 의병대장들은 대개 경기도 등 수도권에서 활동하던 의병장들 가운데 이들 지역 출신들로 급히 편성하였다. 이 의병 부대에는 일본군이 두려워하던 함경도의 포군 출신 홍범도가 이끌던 의병 부대나 일

신돌석 생가 경상북도 영덕군 축산면에 있는 신돌석의 생가. '태백산 호랑이'로 불린 신돌석은 강원도와 경상도 등지에서 의병 세력을 구축하여 일본군에 큰 타격을 주었다.

본군이 '나는 태백산 호랑이'라고 부를 정도로 용맹을 떨친 경상도의 신돌석 의병 부대 등 주로 평민 출신 의병장들이 포함되지 못하였다.

즉 13도 연합 의병은 실제로는 쟁쟁한 평민 의병장들이 빠진, 양반 출신 의병장들만의 절름발이 의병 부대였다. 더구나 연합 의병은 제대로 싸워 보지도 못하고 일본군의 선제 공격을 받아 패하였다. 여기에는 총대장 이인영의 고루한 사상이 한몫을 하였다.

이인영은 서울 진격을 눈앞에 둔 중대한 시기에 부친상을 당하였다. 그는 곧바로 총대장직을 군사장 허위에게 넘기고 의병 해산을 각 부대에 통고한 뒤, 그날로 문경 집으로 돌아가 버렸다. 졸지에 대장을 잃은 부대가 제대로 싸울 리 만무하였다.

그 뒤 부하들은 부친의 장례를 마친 이인영을 찾아가 다시 의병을 일으킬 것을 요청하였다. 그러자 그는 "국가에 충성하지 않음은 부모에게 불효하는 것이고, 부모에게 불효하는 것은 나라에 불충하는 것이 된다. 충과 효의 도는 하나요 둘이 아니니, 나는 3년상을 지켜 효도를 마친 뒤에 다시 일어서겠다."라고 하며 거절하였다. 그 뒤 그는 일본군을 피해 충청도 황간에서 숨어 지내다 1909년 6월에 체포되어 그해 9월에 처형되었다. 낡은 봉건 사상에 찌든 양반 의병의 한계를 적나라하게 보여 주는 예다.

양반 유생 의병장 유인석과 이인영은 둘 다 일제의 침략과 친일 개화파의 근대화 정책으로 무너지는 낡은 봉건 사상과 제도를 지키려고 의병을 일으켰지만, 결국에는 그 사상 때문에 실패하였다. 이들은 적과의 일대 격전을 앞두고 단 한 사람의 힘도 절실히 필요한 마당에 '봉건적 신분 차별'을 강조하고, '나라의 위기보다는 아버지의 장례를 더 소중히 여기는' 잘못을 저지른 것이다. 나라가 없는데 양반이 무슨 소용이며, 3년상의 효도가 무슨 뜻이 있겠는가?

양반 유생의 의병 항쟁이 실패한 뒤, 1914년까지 이어진 의병 운동은 바람 앞의 등불 같은 나라의 운명을 바로잡으려고 일제 침략에 저항한 전 민족적 항일 운동이었다. 이 항쟁에는 양반 유생만이 아니라 농민, 노동자, 말단 관리, 상인, 해산 군인, 사냥꾼인 포군 등 각계각층의 사람들이 참여하였다.

후기 의병들의 모습
한말 의병 운동은 나라의 운명을 바로잡으려는 전 민족적 항일 운동이었다. 제2차 의병 투쟁 당시 의병들의 모습

그런데도 의병 하면 대체로 양반 유생을 먼저 떠올리는 이유는 무엇일까? 그것은 봉건 사회에서 글을 독차지해 온 양반과 그 후손들만이 기록을 남길 수 있었기 때문이다. 물론 그 과정에서 다소는 실제 이상으로 미화되고 과장되어 오늘에 이르렀다. 반면에 이 땅의 민초들은 양반 지배층의 혹독한 경제적 착취와 억압 때문에 글을 깨칠 여유도 없었고, 설혹 글을 깨친다 한들 엄격한 신분 차별 때문에 소용될 곳도 없었다. 그래서 평민 의병들은 자신들의 행위를 기록으로 남기지 못하였다.

비록 자신의 기록을 남기지는 못했지만, 빛나는 항일 의병 항쟁의 역사는 수많은 이름 없는 민중의 피와 땀이 큰 역할을 하였음을 부인할 수 없을 것이다.

'노다지, 노다지, 금 노다지'의 아픈 기억

열강의 이권 침탈

흔히 금광의 광맥을 찾았거나 필요한 물건이나 많은 이익이 한 군데서 쏟아져 나올 때 '노다지'라는 말을 쓴다. 그런데 '손대지 마!'라는 뜻인 '노 터치'No touch!의 발음에서 유래한 이 말의 뒷면에는, 1894년 농민 전쟁이 실패한 뒤 조선 경제가 반半식민지 경제로 바뀌던 시기의 아픈 역사가 배어 있다.

농민 전쟁이 좌절된 뒤, 제국주의 열강의 경제 침략이 본격화하기 시작하였다. 이 시기에 제국주의 열강은 광산 채굴권, 삼림 벌채권, 철도 부설권과 같은 조선의 중요한 경제 이권을 빼앗으려고 굶주린 이리 떼처럼 앞다퉈 침략하였다. 이때 무능하고 부패한 조선 왕실은 경제 이권을 지키기보다 이를 팔아 자신들을 보호해 줄 나라가 없을까 하고 당시 강대국이던 제정 러시아와 미국의 눈치를 살피고 있었다.

이런 조선 왕실의 사정을 잘 알고 이를 적극 이용하여 조선의 중요한 경제 이권들을 미국에 넘기는 데 가장 기여한 인물이 알렌이었다. 그는 1882년 미국이 조선과 수교한 뒤 주한 미국 공사관의 의사로 근

무하고 있었다. 그는 1884년 정변 당시 민 왕후가 총애하던 민영익이 자객의 칼에 맞아 온몸에 심각한 부상을 입자 이를 치료해 준 인연으로 왕실의 극진한 사랑을 받았다. 덕분에 그는 조선 왕실의 사정을 누구보다도 잘 알았다.

미국은 제국주의 열강 가운데 조선의 경제 이권을 침탈하는 데 가장 적극적인 나라였다. 이미 1871년에 미국이 조선을 침략(신미양요)한 이유 중 하나가 '조선에 풍부하게 매장되어 있는 황금 개발'에 있었듯이, 미국은 일찍부터 조선의 금광 채굴권에 군침을 흘렸고, 그 가운데서도 조선 전체 금 생산량의 4분의 1을 차지하던 최대 금광인 평안도 운산 금광에 눈독을 들였다.

알렌은 이런 사정을 알고, 본격적으로 운산 금광의 침탈에 뛰어들었다. 그는 "운산 금광의 채굴권을 미국에 넘겨주면, 돈이 필요한 왕실에도 도움이 되고 또한 이를 계기로 하여 미국의 환심을 살 수도 있다."며 고종을 설득하였다. 알렌의 말에 귀가 솔깃해진 고종은 마침내 운산 금광의 채굴권을 미국인 자본가에게 넘겨주기로 하였다.

알렌은 여러 차례에 걸쳐 미국 신문에 "조선의 금광은 좋은 시설과 기술만 있으면 톤당 150달러의 수익을 올릴 수 있으며, 임금은 하루 5 ~10전의 싼값이므로 금광 개발로 인한 이익은 막대하다."라고 광고 하여, 운산 금광을 개발할 미국인 자본가를 모집하였다. 이 광고를 보 고 나타난 사람이 모스였다.

그는 알렌의 중개로 1895년 7월, 고종과 금광 채굴 계약을 맺었다. 계약 조건은 '채굴 기한 25년, 소유 자본 가운데 4분의 1은 왕실 소 유, 광산 채굴에 필요한 자금과 기기 등은 면세'라는 특혜였다. 그런데 모스는 자본이 부족하여 개발을 하지 못했고, 1897년에 운산 금광 채 굴권은 다시 미국인 자본가 헌트에게 넘어갔다. 헌트는 계약을 다시 맺어 고종이 가진 주식의 4분의 1을 일시불로 지급하여 채굴권을 완 전히 독점하였고, 계약 기간도 1938년까지 15년 더 연장하였다. 필요하면 20년을 더 연장하여 최소한 1958년까지 독점 채굴이 가능하게 하였다.

헌트는 동양 광업 주식회사를 세우고 미국인 감독관, 일본인 기술자, 말레이시아와 중국인 노동자를 고용하여 운산 금광을 본격적으로 개발하였다. 이미 이곳에서 광산을 개발하던 조선인 광산 주인과 광산 노동자들은 강제로 쫓겨나 하루아침에 일자리를 잃었다. 또한 광산 개발 지역이라고 하여 주변에 널따랗게 철망을 치고는, 이곳에 정착하여 농사를 짓고 살던 조선인 농민들을 강제로 내쫓았다. 이들은 자신의 소유인 토지나 산, 집 등에 대해 한 푼의 보상도 받지 못하였다.

더구나 알렌은 고종의 두터운 신임을 이용하여 미국인 광산 관리인에게 '만약 그곳의 조선인 관리가 말을 듣지 않거나 도와주지 않으면, 자신이 그 관리를 바꾸어 버릴 테니 즉시 보고하라.'는 공문을 보내기까지 하였다. 이렇듯 그는 광산 채굴권의 탈취에 그치지 않고, 한 나라의 주권까지 유린하였다. 그래서 미국인 광산 관리인이 조선인 농민을 두 차례나 살해하는 일이 일어났지만, 그는 아무런 법적 처벌도 받지 않았다. 미국인 관리들은 조선인이 광산에 접근하면 '금을 훔치려 한다.'고 생각하여 무차별 총질을 했으며, 이때 "노 터치!"라고 하던 말이 변하여 '노다지'가 되었다.

미국은 일본과 전쟁을 하기 전인 1930년대까지 운산 금광에서 막대한 이익을 얻었다. 통계 자료가 없어 금 생산량이 정확히 어느 정도인지는 모르지만, 당시 미국인 감독관이

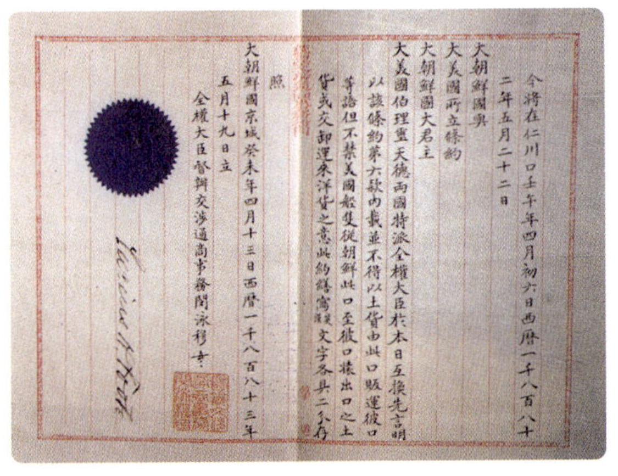

조미 수호 통상 조약 1882년 미국과 맺은 조약. 이 조약을 계기로 이후 조선 왕조는 영국, 프랑스, 독일, 이탈리아 등 서구 열강과 잇달아 통상 조약을 맺고 문호를 활짝 개방하였다.

밝힌 내용에 따르면, 1897년부터 1915년 사이의 금 생산액만도 약 4950만 원이었다.

　이 액수는 현재의 화폐 가치로 따질 때 얼마만 한 금액일까? 그 무렵 한강 철교 공사에 든 비용이 약 40만 원이었다고 하니, 4950만 원의 가치가 어느 정도인지 가히 짐작할 수 있다. 또한 1910년 8월, 일본이 선언한 한일 병합의 구실 가운데 하나가, 대한 제국이 일본에 진 빚 4500만 원이었다. 그렇다면 운산 금광 하나만 미국에 빼앗기지 않았다면, 일본에 진 빚을 갚고 나라 잃는 설움을 당하지 않았을지도 모를 일이다. 운산 금광은 대한 제국의 운명을 바꿀 수도 있었던 중요한 자원이었다.

　한편 미국의 운산 금광 채굴권 획득은 곧바로 영국, 독일, 일본 등 제국주의 국가들에게 중요한 경제 이권들을 빼앗기는 구실이 되었다. 이들 국가는 미국에 금광 채굴권을 주었으니, 자기들에게도 공평하게 경제 이권을 달라며 달려들었다. 미국에 운산 금광 채굴권을 넘겨준 것이 계기가 되어 경제 보호의 벽이 무너지자, 제국주의 열강의 경제 이권 침탈은 광산 채굴권에 그치지 않고 철도 부설권, 삼림 벌채권 등 한 나라 경제의 장래를

제국주의 열강의 이권 침탈

좌우할 중요 기간 산업과 지하 자원으로 급속히 확대되었다. 그 결과 조선의 경제는 제국주의 열강의 원료 공급지, 상품 판매 시장, 값싼 노동력 시장이라는 전형적인 식민지 경제 구조로 탈바꿈해 갔다.

'노다지 노다지 금 노다지……' 하는 가사는 가난에 찌든 민중의 한을 노래하는 듯해 결코 흥겨울 수만은 없다. 이 시기, 미국을 비롯한 제국주의 열강에게는 조선의 경제 이권이 '황금 알을 낳는 거위'와 같은, 그야말로 '금 노다지'였다면, 우리 민족에게는 자신의 중요한 자산이면서도 스스로 개발할 수 없었던 '금단의 사과'와 같은 '노 터치!'였다.

독립문의 '진짜' 교훈
독립 협회의 대외 인식

지금도 서울 서대문구 현저동에 가면 독립 공원 한가운데에 독립문이 우뚝 서 있다. 사람들은 독립문을 보면서 무엇을 생각할까? 아마 열에 아홉은 1896년에서 1898년 사이에 활동한 독립 협회의 '애국적 활동'을 떠올리며 흐뭇해할 것이다.

1895년 일본이 민 왕후를 살해하자, 이에 겁먹은 고종이 러시아 공사관으로 피신하고(아관 파천), 이어서 일본을 비롯한 제국주의 열강이 앞을 다투어 조선을 넘보던 1896년 7월 2일, 중추원 외부의 미국인 고문으로 귀국한 필립 제이슨(서재필)과 정부 대신 이완용 등은 독립 협회를 결성하고, 그 첫 사업으로 '나라의 독립을 기념하는' 독립문을 건설하기로 하였다. 이 소식이 전해지자, 위로는 왕실에서 아래로는 일반 백성에 이르기까지 각계각층의 사람들이 독립문을 건설하는 데 한 푼이라도 보태려고 성금 모집 대열에 줄을 이었다. 이렇게 하여 세워진 것이 지금의 독립문이다.

돌이켜 보면 당시 조선이 나라를 부지하기 어려운 처지에 있기는 해도 독립국임이 분명한데, 도대체 '무슨 독립을 기념하고자' 독립문을 세웠을까? 또 이왕이면 서울의 중심지인 광화문이나 종로에 세우지, 하필이면 외진 서대문 쪽에 세웠을까 하는 의문이 생긴다.

단순한 호기심에서 나온 이 의문들은, 무려 한 세기 넘게 모진 비바람을 견디며 자신의 모습을 지켜 온 독립문이 주는 역사적 교훈은 무엇일까 하는 질문으로 자연스럽게 연결된다.

실마리는 다음 두 가지 사실에서 찾을 수 있다. 하나는 독립문의 자리가 이전에 조선 정부가 청의 사신을 맞이하던 영은문이 있던 곳이라는 점, 다른 하나는 독립문 건설이 결정된 날, 독립 협회가 "조선이 몇 해를 청의 속국으로 있다가 하느님의 덕으로 독립하

독립문과 영은문 주초
독립문을 보며 독립 협회의 애국적 활동이 떠올라 흐뭇해 할 수도 있다. 그러나 독립문의 '진짜' 교훈은 따로 있다.

였다."라며 기뻐하였다는 사실이다.

이 두 가지 사실에서 독립문은 조선이 '청의 속국에서 벗어난' 것을 기념하려는 것이었고, 그 때문에 위치를 '중국에 대한 사대의 상징이었던' 영은문이 있던 자리를 택하였다는 것을 알 수 있다. 개항을 전후하여 청은 조선에 대한 종주권을 내세우며 조선의 근대적 발전을 가로막았던 만큼, 청이 그 종주권을 포기한 사실은 나름대로 기념할 만한 일이었다.

그런데 문제는 독립 협회가 '조선 독립을 기념할 근거'를 청일 전쟁에서 청이 패배한 뒤 일본과 맺은 시모노세키 조약●에 두었다는 점이다. 청이 일본의 강요로 시모노세키 조약에서 '조선에 대한 종주권 포기'를 공식 천명하였던 점을 생각하면, 결국 독립 협회가 감사한 '하느님'은 일본인 셈이다. 이 점은 1898년 8월에 이토 히로부미가 조선에 왔을 때 독립 협회가 그를 '한국의 독립에 큰 공이 있는 사람'이라고 극찬한 데서도 알 수 있다.

이상의 사실에서 독립 협회가 청으로부터의 조선 독립과 이를 가능케 해 준 일본에 대한 고마움의 표시를 함께 나타낸 것이 독립문의 '독립 기념'임을 알 수 있다. 그렇다면 일본은 조선을 식민지로 지배한 나라인데, 이때에는 무슨 이유로 조선의 독립을 원했을까?

1876년 일본이 조선을 강제로 개항시킨 뒤, 가장 대립한 나라는 청이었다. 당시 외세 의존적인 민 왕후 정권은 청의 힘을 빌려 권력을 유지하였고, 청은 종주권을 명분으로 민 왕후 정권을 보호해 주면서 일

영은문 조선 시대에 중국에서 오는 사신을 맞아들이던 모화관의 정문. 대한 제국이 성립하자 서재필이 주도하여 만든 독립 협회에서 발의하여 1896년 11월 21일 이 문을 헐고 이듬해 11월 20일 독립문을 세웠다.

● **시모노세키 조약** 1895년 4월, 청일 전쟁 뒤 청의 대사 이홍장과 일본의 이토 히로부미가 일본의 시모노세키에서 체결한 강화 조약. 청이 조선의 독립을 확인하고 군비 2억 냥을 배상하여, 랴오둥 반도와 타이완, 펑후 섬을 일본에 할양하는 등의 내용이 담겼다.

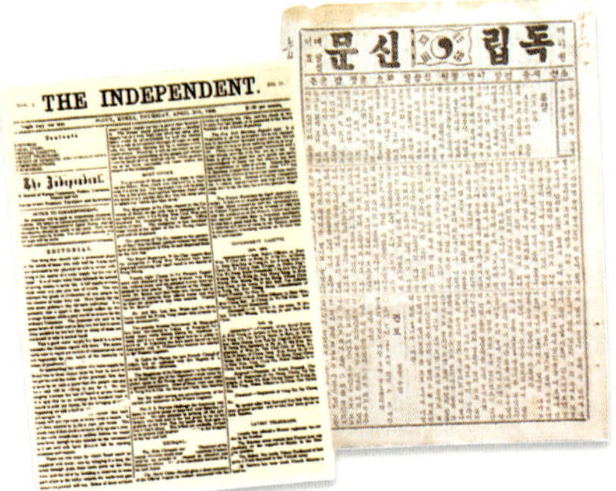
독립신문 한글판과 영문판 독립 협회에서 발간한 최초의 순 한글 신문으로 영문판과 함께 발행하였다. 1896년 4월 7일에 창간되어 1899년 12월 4일자로 폐간되었다.

본과 대립하였다. 청의 간섭만 없다면 당장에라도 조선을 차지할 수 있는 일본에게 청은 눈엣가시였다. 그래서 일본은 1876년 조선과 강화도 조약*을 맺을 때에도 조약 제1조에서 '조선은 자주 독립국'임을 강조하였던 것이다.

결국 일본이 시모노세키 조약에서 청에게 조선이 자주국임을 명시하게 한 것은 진정으로 조선의 독립을 바라서가 아니라, 조선 침략에 눈엣가시였던 청을 제거하여 조선을 제 뜻대로 주무르려는 데 그 속셈이 있었다. 독립 협회는 이러한 일본의 간교한 술책을 깨닫지 못하고, 오히려 고마워하였던 것이다.

그렇다면 독립 협회는 왜 일본의 속셈을 깨닫지 못하였을까? 그것은 그들의 정치적 기반과 개화 사상에 근본적인 한계가 있었기 때문이다.

독립 협회의 대다수 구성원은 개화파의 후신이다. 개화파는 개항 이후 보수 반동적인 움직임을 보이는 민 왕후 정권과 대립하였다. 따라서 자신들이 구상하는 개화 정책을 추진하는 데 민 왕후 정권과 이를 지원하는 청의 간섭을 배제하는 일이 급선무였다. 이런 점에서 그들과 일본은 서로 이해관계가 맞아떨어졌다.

그래서 대다수의 개화파는 일본에 군사적, 경제적 도움을 요청하였고, 일본 역시 청과 결탁한 민 왕후 정권을 제거할 목적에서 개화파를 적극 지원하였다. 1884년 김옥균, 박영효, 서재필 등 급진 개화파가 일으킨 갑신정변은 이러한 배경하에서 일어난 사건이다. 이들은 일본

● **강화도 조약** 1876년에 조선과 일본 사이에 체결한 조약. 군사력을 동원한 일본의 강압에 의하여 맺어진 불평등 조약이었으며, 이 조약에 따라 조선은 부산 외에 인천, 원산의 두 항구를 개항하게 되었다. 조약은 모두 12개조로 되어 있는데, 그 내용에는 일본의 정치적·경제적 세력을 조선에 침투시키려는 의도가 반영되어 있다.

이 베푸는 호의와 일본의 근대화
된 모습을 보고 우리도 일본을 모
델로 삼아 근대화를 이루어야 한
다고 생각하였던 것이다.

이와 같이 일본에 기울어진 초
기 개화파의 근대화 방식은 독립
협회에도 그대로 계승되었다. 그
때문에 이들은 일본의 침략 속셈
에 스스로 장님이 될 수밖에 없었다. 이 점은 독립 협회의 많은 구성원
이 국권 피탈을 전후하여 친일파로 변질되는 데서도 알 수 있다.

다음으로, 1895년 이후 일본, 러시아, 미국, 영국, 프랑스 등이 앞을
다투어 조선을 정치, 경제적으로 침략하던 시절, 이들 나라에 대해서
독립 협회가 어떤 태도를 가졌는지 확인해 볼 필요가 있다. 이들 나라
는 정도의 차이는 있지만 조선의 자주권을 침략하는 제국주의 국가였
던 만큼, 이 점을 확인하는 일은 독립 협회의 '독립 의지'가 얼마나 온
전하고 단단한 것이었는지 가늠하는 기준이 될 것이다.

그런데 독립 협회는 "지금 영국이나 일본은 우리를 사랑하여 보호
하려는 인정은 없으나, 토지와 인민을 욕심내어 삼키려 하지는 않거
니와, 아라사(제정 러시아)는 시비를 붙게 하고, 제 위력만 믿어 우리
를 압제하고, 인정 없이 마구 빼앗으려 하니, 세계 인종 중에 비유하면
곧 시랑(이리와 승냥이)이라." 하여 러시아만을 침략의 대상으로 지적
하고, 1898년에 독립 협회가 해산되기까지 '친러 정부'를 대상으로 러
시아의 이권 침탈을 반대하는 반정부 운동을 벌이는 '독립 의지'의 한
계를 드러내었다.

『대조선 독립 협회 회보』
1896년 창간된 독립 협회
의 기관지로 우리나라 최
초의 잡지로 의미가 있다.
그러나 독립 협회는 제국
주의 열강의 침략성을 제
대로 깨닫지 못하는 한계
가 있었다.

독립 협회의 주장대로 일본과 영국은 조선의 토지와 인민을 욕심내어 삼키려 하지 않았는가? 물론 아니다. 일본은 말할 필요도 없고, 영국 역시 군대를 동원하여 두 번이나 우리 땅 거문도를 장기간 불법 점령하였고, 조선 정부와 주민이 반대하는데도 무력으로 평안도 은산 금광을 빼앗지 않았던가!

이처럼 독립 협회는 초기에는 청, 다음에는 러시아만을 겨냥한 지극히 좁고 잘못된 독립 의지를 가졌다. 그 결과, 독립 협회는 당시 전국 곳곳에서 반일 운동에 나섰던 의병이나 침략에 반대해 떨쳐 일어섰던 민중을 '폭도'나 '도둑의 무리'로 비난하는 잘못을 저질렀다.

독립 협회는 나라의 운명이 기울던 대한 제국 말, 서구의 선진 사상을 소개하고 나라를 근대화시켜 근대 국민 국가를 지향하였지만, 국민을 단지 계몽과 동원의 대상으로 보고 또한 제국주의 열강의 침략성을 제대로 깨닫지 못한 한계가 있었다.

지금 독립 공원에 있는 독립문은 마냥 독립 협회의 활동을 칭찬하는 상징물이 아니라, 지난날 독립 협회의 잘못된 '독립관'獨立觀과 그것이 그 뒤 역사에 미친 나쁜 영향을 되풀이하지 말 것을 가르치는 준엄한 역사의 교훈인 것이다.

# "일본이 한국을 차지하는 것을 보고 싶다"

버려진 카드, 대한 제국

1894년 청일 전쟁에서 승리한 일본은 한반도에 친일 정부를 세워 한국을 보호국으로 만들고, 만주의 랴오둥(요동) 등지를 할양받아 대륙 진출의 발판을 마련하였다. 일본의 한반도 및 대륙 진출은 블라디보스토크를 거점으로 하여 만주와 한반도를 거쳐 남하 정책을 꾀하던 러시아와 정면 충돌하였다. 러시아는 일본을 견제할 목적으로 독일, 프랑스와 손잡고 '랴오둥 반도의 청나라 반환' 등을 요구하며 일본에 군사적 압력을 가하였다(삼국 간섭). 아직 러시아, 독일, 프랑스를 상대로 군사 대결을 할 처지가 못 되었던 일본은 눈물을 머금고 삼국의 요구를 받아들여야 했다.

삼국 간섭으로 일본이 일시 후퇴하자 그동안 일본의 내정 간섭에 불만을 품었던 고종과 민 왕후는 미국과 러시아를 끌어들여 일본을 견제하고자 이들 나라와 은밀히 교섭하였다. 이를 눈치챈 일본은 민 왕후를 살해하는 만행을 저질렀다(민 왕후 시해 사건). 이에 신변의 위협을 느낀 고종은 1896년 2월 러시아 공사관으로 몸을 피한 뒤(아관 파천),

러시아 공사관의 위치
캐나다 선교사 게일이 영
국 왕립아시아학회 기관지
에 게재한 「한성부지도」
(1901년경)의 부분. 경운궁
(현 덕수궁) 왼쪽으로 러시
아 공사관, 미국 공사관,
영국 공사관이 있다.

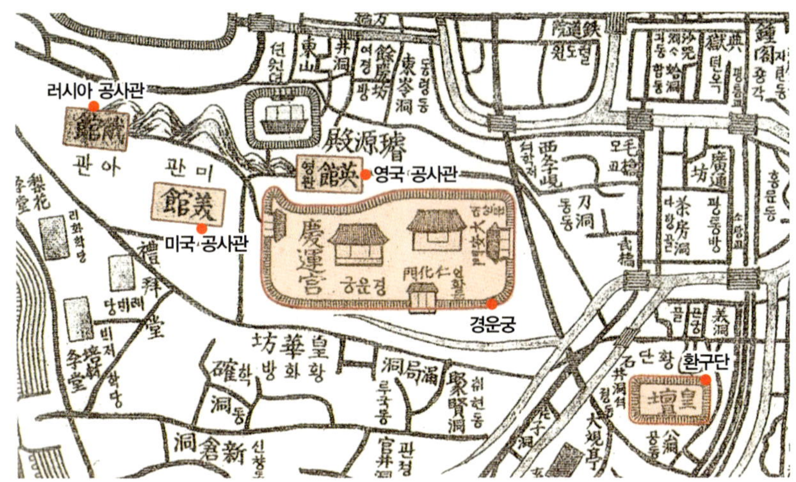

친일 내각을 내치고 친러 내각을 앞세워 독자적인 개혁에 나섰다.

아관 파천 뒤 러시아가 한반도에 본격적으로 진출하면서 동북아시아 정세는 더욱 복잡해졌다. 우선 러시아의 한반도 진출에 영국이 가장 반발하였다. 영국은 러시아가 한반도를 통해 남하 정책을 실현하게 되면 자신들이 확보한 중국과 동남아 그리고 아시아 진출의 교두보인 인도까지 위협받을까 우려하였다. 풍부한 자원과 소비 시장을 가진 만주를 통해 '새로운 개척 시대'를 꿈꾸던 미국 역시 러시아의 남하 정책에 촉각을 곤두세웠다. 러시아가 만주와 한반도에 영향력을 강화한다면 이 같은 미국의 꿈이 물거품이 될 수도 있었다.

이처럼 19세기 말에서 20세기 초의 동북아시아 정세는, 중화 질서의 중심이던 중국이 몰락하는 가운데, 한국을 보호국으로 만들어 대륙으로 진출하려는 일본, 만주로 진출하여 자국의 경제적 이익을 실현하려는 미국, 전통적으로 러시아의 남하 정책과 대립했던 영국 그리고 겨울에도 얼지 않는 항구를 찾아 만주와 한반도를 통해 남쪽으로 세력을 확장하려는 러시아의 이해관계가 첨예하게 대립하였고, 그

고종이 머문 러시아 공사관
덕수궁이 있는 정동 일대
는 각종 공사관이 자리 잡
았다. 사진에 보이는 건물
이 아관파천 후 고종이 머
문 러시아 공사관이다.

한가운데 대한 제국이 있었다.

아관 파천 뒤 세력 만회를 노리던 일본은 러시아의 남하 정책에 반발하는 영국과 미국을 대상으로 반러시아 외교에 집중하였다. 일본은 러시아의 만주와 한반도 진출이 동양의 평화를 위협한다는 점을 들어 영국과 미국을 설득하려 하였다. 즉 러시아의 진출이 영국과 미국 등 서구 열강의 기득권을 위협하여 결국 동양에 군사적 갈등을 부른다는 것이었다. 그 때문에 일본이 한국을 보호국으로 만들면 이런 문제가 모두 해결되어 동양 평화가 유지된다고 주장하였다. 이른바 '동양 평화론'이다. 이것은 러시아에 군사적으로 단독 대응할 수 없었던 일본이 영국과 미국의 지원을 받아 대한 제국을 보호국으로 만들겠다는 속셈이었다.

1901년 8월 러시아가 만주를 침략하자, 러시아의 남하 정책을 반대하던 영국, 미국, 일본 세 나라 사이의 제국주의 군사 동맹이 현실화되었다. 러시아는 영국 등 제국주의 열강이 중국에서 일어난 의화단 운동● 진압에 몰두한 틈을 타서 만주를 침략하여 점령하였다. 이에 만주

● **의화단 운동** 중국 청 나라 말기에 일어난 외세 배척 운동. 의화단은 베이징에서 교회를 습격하고 외국인을 박해하는 따위의 일을 하였다. 이에 미국을 비롯한 8개국의 연합군이 베이징을 점령·진압하였다.

에서 물러날 것을 요구하는 열강들의 반발이 있자, 러시아는 1903년 만주를 봉쇄하는 것으로 대응하였다. 러시아의 만주 봉쇄는 곧바로 영·미·일 삼국의 제국주의 군사 동맹으로 이어졌다.

한편 의화단 운동 진압에 군사적으로 큰 공을 세운 일본은 영국과 미국의 신뢰를 크게 얻었다. 당시 영국은 남아프리카의 보어 전쟁*에 군사력을 집중한 상태였기 때문에 러시아의 남하 정책에 군사적으로 대응하는 데 한계가 있었다. 그 때문에 영국은 일본의 군사력을 이용할 목적으로 1902년 일본과 1차 영일 동맹을 맺었다.

한편 1901년 러시아가 만주를 점령했을 때 미국의 대응은 영국과 조금 달랐다. 1902년 3월 헤이 미 국무 장관이 주미 러시아 대사에게 만주에서 "우리의 무역이 손해를 입지 않고 또한 문호가 개방될 것이라는 확신을 가지게만 된다면 우리는 러시아가 자국의 이익 및 계획을 위해 필요하다고 인정하는 한, 그 방향으로 더욱 진전하는 것조차도 양해할 수 있다."라고 했다. 이렇듯 미국은 만주에서 경제적 이익만 보장된다면 러시아의 만주 점령은 문제가 되지 않는다는 태도였다. 그러나 1903년 러시아가 만주를 완전 봉쇄하자 미국은 태도를 바꿔 영국과 일본의 군사 동맹에 참여하였다.

사실 미국의 태도 변화는 예견된 일이었다. 1900년을 전후한 시기에 미국에서는 '한국인은 자치 능력이 없고, 동아시아에서 미국의 최대 적은 러시아'라고 하는 '친일 반러' 여론이 매우 높았다. 이 여론의 중심에는 미국 부통령 루스벨트가 있었다. 그는 1901년 8월 28일 독일인 친구에게 보낸 편지에서 "일본이 한국을 차지하는 것을 보고 싶다. 일본은 러시아를 저지하는 세력이 될 것이며, 지금까지 일본이 해 온 일로 미루어 보아 그들에게는 한국을 차지할 자격이 있다."라며 속

백인종 대 황인종 프랑스 신문에 실린 러일 전쟁 풍자화. 유럽 챔피언인 거인 러시아가 만주 땅을 딛고 서 있고, 아시아 챔피언인 소인 일본이 한반도와 일본에 한 발씩 걸친 채 도전하고 있다. 당시에 일본이 러시아와 전쟁을 벌이자 백인종 대 황인종, 서양 대 동양의 전쟁이라 여기고 일본의 지배를 받으면서도 일본을 지지한 한국인들이 많았다.

일본에 싸움을 부추기는 영국와 미국 러일 전쟁에 이르는 동북아시아 국제 관계를 압축해 보여 주는 풍자화. 미국은 1903년 러시아가 만주를 봉쇄하자, 미국의 만주 진출에 방해가 되는 러시아의 남하 정책을 저지하기 위해 일본에 한국을 넘기고자 하였다.

내를 숨김 없이 드러냈다. 그해 대통령이 암살되어 대통령직을 승계한 루스벨트의 생각은 1903년 러시아의 만주 봉쇄를 계기로 현실화되었다. 그것은 미국의 만주 진출에 방해가 되는 러시아의 남하 정책을 저지하기 위하여 일본에 한국을 넘기는 것이었다.

루스벨트는 왜 일본이 한국을 차지하는 것을 보고 싶어 했을까? 이에 대한 해답은 그가 1904년 5월 주미 독일 대사와 러일 전쟁의 강화 조건을 상의하는 자리에서 확인할 수 있다. 그는 "일본은 한국을 차지할 수 있다. 단 그들은 한국 내에서 미국의 권익을 보장해야 한다."라고 주장하였다. 그로서는 일본이 한국과 만주에서 미국의 경제적 이익만 보장한다면 일본이 한국을 차지하든, 한국인이 일본의 식민지 노예가 되든 아무런 문제가 없다는 것이다.

이처럼 1894년 청일 전쟁에서 1904년 러일 전쟁에 이르는 10년 동안 일본, 영국, 미국 세 나라는 러시아의 남하 정책을 두고 한국에게 매우 불행한 '흥정'을 하였다. 그것은 일본이 러시아의 남하 정책을 군사적으로 막아 주는 대가로 한국을 보호국으로 만드는 것을 영국과 미국이 보장하는 것이었다. 그 대신 미국은 만주 진출의 꿈을 이루고, 영국은 러시아의 남하 정책을 저지하여 각자의 이익을 얻었다. 그렇지만 이 일들의 한가운데에 희생양 대한 제국이 놓여 있었다.

이후 역사는 세 나라의 흥정대로 진행되었다. 일본은 영국과 미국의 군사적, 외교적 지원 아래 1904년 2월 러일 전쟁을 도발하여 사실상 승

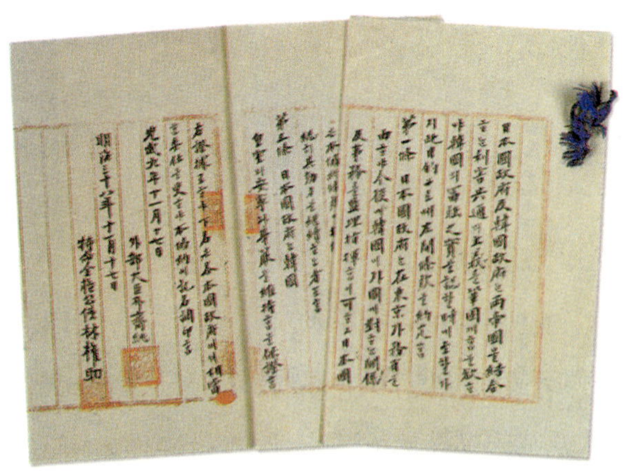

을사늑약 원문 일본은 대한 제국의 외교권을 박탈하는 '을사조약'을 강제로 체결하였다.

리로 이끌었다. 약속대로 미국은 1905년 7월 29일 일본과 가쓰라·태프트 밀약●을 맺었고, 이어 8월 12일 영국 역시 2차 영일 동맹●●을 맺었다. 각각 일본이 한국을 보호국으로 삼는 것을 승인한 것이다. 영국과 미국의 승인을 받은 일본은 마침내 그해 11월 17일 대한 제국의 외교권을 박탈하는 이른바 '을사조약'을 강제로 체결하였다. 이렇게 대한 제국은 자신의 의지와 아무런 상관없이 제국주의 열강들의 이해관계에 의해 일본의 식민지가 되고 말았다.

그런데도 고종과 친미 인사들은 미국에 대한 일방적인 짝사랑을 계속하였다. 이들은 미국이 일본의 침략을 막아 줄 것이라고 굳게 믿었다. 고종은 1882년 미국과 맺은 조미 수호 통상 조약 제1조, 즉 "제3국으로부터 공평하지 못한 일이 있을 경우에 반드시 서로 돕는다."는 원호 중재 조항을 액면 그대로 믿고 주한 미국 공사였던 알렌을 통해 미국에 도움을 요청하였다. 또 '을사조약'이 강제 체결된 뒤에도 비밀 특사 등을 미국에 파견하여 '을사조약'의 무효를 주장하며 도움을 요청하였다. 그러나 이미 미국이 일본에게 한국의 보호국화를 승인한 마당이니 1882년에 맺은 조약은 휴지 조각이나 마찬가지였다.

한 세기 전 한반도를 둘러싼 국제 정세와 그 결과는 국제 관계에서는 '영원한 적도, 영원한 동지도 없다.'는 냉혹한 현실을 극명하게 보여 준다. 그런데 탈냉전 이래 급변하는 21세기 동북아 정세의 한가운데에 또다시 분단된 한반도가 있다. 한반도의 장래를 좌우하게 될 현실 앞에서 한 세기 전 역사적 경험에서 교훈을 얻지 못한다면 또 다른 민족적 불행을 맞이할 수도 있다.

● 가쓰라·태프트 밀약
1905년 7월 미국과 일본이 비밀리에 체결한 협약으로 미국이 일본의 한국 지배를 승인하고, 일본은 미국이 통치하는 필리핀을 침략하지 않겠다고 하는 약속이었다.

●● 2차 영일동맹 1905년 8월 체결한 조약으로, 영국은 일본이 한국에서 가지는 이익을 보장하고, 일본은 영국의 인도 지배에서 취하는 이익을 옹호할 것 등을 내용으로 한다. 영일동맹은 제국주의 열강의 상호 협조와 동의를 보장받아 약소국을 침략하는 국제 조약인 셈이다.

일제 강점기

요릿집 태화관에서 외친 독립 만세 | 33인의 민족 대표 **무엇보다도 먼저 외교?** | 대한민국 임시 정부의 외교 독립론 **노동자가 손을 놓으면** | 부산 부두 노동자의 총파업 **대지로 요를 삼고, 하늘로 이불을 삼아** | 암태도 소작 쟁의 **"조선인은 일본어로 생각할 때 가장 행복해"** | 일제 강점기 말 친일파의 활동 **공부시켜 주겠다고 끌고 가더니** | 일제의 전시 동원 정책

# 요릿집 태화관에서 외친 독립 만세

33인의 민족 대표

요릿집 태화관은 1919년 3월 1일, 이른바 '민족 대표'가 독립 선언서를 낭독한 역사적 장소로 유명하다. 태화관은 명월관의 별관이었다. 명월관은 1909년에 우리나라에서 처음 문을 연 요릿집으로 지금의 광화문 동아일보사 자리에 있었다. 명월관의 첫 주인인 안순환은 대한 제국 말 궁중에서 순종의 요리를 맡아 하던 사람이었다. 그는 궁중에서 나온 뒤 명월관을 개업, 궁중 요리를 일반에 소개하여 큰 인기를 끌었다.

특히 1890년에 관기 제도가 폐지된 후 지방과 궁중의 기생들이 발붙일 곳을 찾아 명월관으로 모여들면서 일류 사교장이 되었다. 명월관의 인기가 올라가자 "땅을 팔아서라도 명월관 기생의 노래를 들으며 취해 봤으면 여한이 없겠다."라는 얘기가 장안에 나돌았다.

명월관은 차츰 조정 대감들의 놀이터에서 친일파가 나라 팔아먹은 돈으로 거들먹거리면서 방탕하게 노는 곳으로 이용되었다. 특히 대표적 친일파이자 국권 피탈의 주역이었던 이완용, 송병준, 이지용 등이 단골손님으로 자주 드나들었다.

　그러나 명월관은 1918년쯤에 불타 버렸다. 안순환은 새로운 장소를 찾다가 순화궁(지금의 종로구 인사동)에 명월관의 별관으로 태화관을 열었다. 태화관에 다시 장안의 내로라하는 기생들이 모여들면서 손님들이 들끓기 시작하였다. 이 무렵 태화관에는 양악대가 등장하여 인기를 끌었다. 손님들은 양악대의 빠른 음악에 맞춰 몸을 흔들며 기생들과 춤을 추었다.

　태화관을 독립 선언서 낭독 장소로 정한 데에는 민족 대표 33인 가운데 한 사람이자 천도교 3대 교주인 손병희의 힘이 컸다. 태화관에 자주 드나들었던 손병희는 태화관 기생 주옥경과 사귀고 있었다.

　1919년 3월 1일 아침, 손병희는 태화관 주인 안순환에게 전화를 걸어 점심 손님 30명이 간다는 연락을 하였다. 오후 1시 무렵부터 모여 민족 대표 33인 가운데 29명이 참석하였고, 동쪽 처마에는 태극기도 걸렸다. 이들이 모인 자리는 태화관 사교 1호실이었다.

이윽고 민족 대표들은 자리에서 일어나 태극기를 향해 경례한 다음, 독립 선언서를 낭독하려 하였다. 이때 대부분의 민족 대표들이 독립 선언서는 이미 다 보았으니 굳이 낭독할 필요가 없다고 하였다. 그리하여 독립 선언서는 낭독하지 않고 그 자리에서 독립 선언 기념 잔치를 벌였다. 이어 손병희는 주인 안순환을 불러 조선 총독부에 전화를 걸어 독립 선언을 하였다는 사실을 알리게 하였다. 얼마 지나 일제 헌병과 순사들이 인력거를 가지고 태화관에 오자, 민족 대표들은 자동차를 가지고 오라고 요구하였다. 이에 다시 택시 일곱 대가 오자, 민족 대표들은 나누어 타고 경무 총감부(오늘날 경찰청에 해당)로 순순히 잡혀갔다.

민족 대표는 어째서 이런 모습을 보였을까?

이들은 애초에 윌슨의 민족 자결주의● 정신을 따라 학생들과 독립을 '선언'할 계획을 세웠다. 그런데 독립 선언서를 낭독하는 장소를 학생과 시민들이 기다리던 파고다 공원에서 태화관으로 갑자기 옮겼다. 그것은 3·1 운동이 확대되어 일제와 충돌할 것을 두려워하였기 때문이다. 이들은 재판 과정에서 "폭동은 우매한 것으로 우리의 독립 선언과 아무런 인과 관계가 없기 때문에 우리에게는 책임이 없다."고 한결같이 말하였다.

3·1 운동을 일으키는 과정에서 이름이 널리 알려진 33인이 서명한 독립 선언서나 그들의 영향이 만세 시위를 일으키는 데 중요한 계기가 된 것은 사실이다. 그러나 민중들의 참여는 윌슨이 제창한 민족 자결주의의

조선 총독부 1910년부터 1945년까지 조선을 지배한 일제의 통치 기구. 경복궁 안에 새 청사를 짓기 전까지 사용한 남산 총독부 청사의 모습.

영향보다는 일제의 민족적, 경제적 수탈과 억압을 견디기 어려웠기 때문이다. 하지만 33인은 민중이 지닌 힘을 믿지 않고, 국제 정세에 의지하면 독립이 이루어질 것으로 생각하였다. 민족 대표들의 이런 생각은 사실상 독립 청원이었기 때문에 이들은 일제와 타협하는 자세를 보였다.

　민족 대표들의 나약한 모습에 비해 학생을 비롯한 민중은 선언서, 유인물, 태극기를 제작·배포하고 거센 시위를 통해 일제에 정면으로 맞섰다. 민족 대표들이 내세운 비폭력 주장은 200만 명이 참여하여 일제의 야만적인 탄압으로 수만 명이 다치고, 수천 명이 목숨을 잃은 현실에 비춰 볼 때 어리석기 그지없는 생각이었다. 민족 대표의 대부분이 2~3년 징역을 산 데 비해 민중은 7500여 명이 죽고, 숱한 사람들이 15년 넘게 감옥 생활을 하였다.

　3·1 운동 때 일제가 평화 시위를 탄압하자, 민중은 강하게 맞설 수밖에 없었다. 일제는 헌병, 경찰, 군대, 심지어 소방대까지 동원하여 평화 시위를 총칼로 무자비하게 짓밟았다. 일제 경찰과 군인들의 무자비한 탄압 앞에서 맨손으로 "대한 독립 만세"를 외치는 것은 죽음만 재촉할 뿐이라는 사실을 민중은 알게 되었다. 이에 민중은 지금까지의 비폭력 운동에서 벗어나 식칼, 낫, 도끼, 쇠스랑, 괭이자루, 돌멩이 등으로 일제 군경과 맞섰다.

　3·1 운동 뒤 독립 운동가들 가운데에는 일제와 싸우기를 포기하고

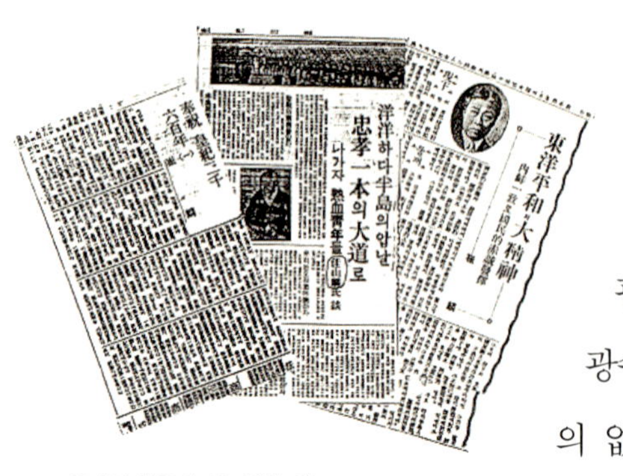

최린의 친일 논설 민족 대표 가운데 한 사람인 최린이 총독부 기관지 매일신보에 기고한 '학병 권유' 등 친일 성향의 논설 기사들.

일제가 인정하는 테두리 안에서 실력을 기른 다음, 먼 훗날 독립하자는 사람들도 나타났다. 일제에게 너무나 반가운 이러한 주장을 소설가 이광수는 「민족 개조론」이라는 글로 정리하였다. 이광수는 조선이 일제의 식민지가 된 것은 게으르고 신의 없는 우리의 민족성 탓이므로, 독립운동보다 먼저 민족성을 개조하고 실력을 길러야 한다고 주장하였다.

민족 대표 가운데 한 사람이었던 최린도 이러한 생각에서 일제 총독이 지배하는 조선인 국회를 만들어 행정을 맡기자는 주장을 하였다. 이러한 주장은 일제 치하에서나마 조선인이 자치할 수 있는 기회가 마련될 것이라는 환상을 갖게 하여 민족 운동 세력을 분열시키고, 나아가 독립운동을 포기하게 만드는 것이었다.

최린은 1930년대 들어 더욱 변절하여 신념에 찬 친일 명사가 되었다. 최린은 천도교 장로로 있으면서 천도교의 이름으로 일제에 비행기를 사서 바쳤다. 또한 1942년 5월 10일자 매일신보(당시 총독부 기관지)에 일제 징병제의 시행을 축하하는 담화를 발표하였다.

"이날이 오기를 얼마나 기다리고 있었느냐. (……) 반도 민중은 창씨도 하였고, 기쁜 낯으로 제국 군인이 되어 무엇으로 보나 황국 신민이 된 것이다."

최린은 이 밖에도 중추원 참의, 시중회● 회장, 매일신보 사장, 조선 임전 보국단●● 단장, 조선 언론 보국회●●● 회장 등 화려한 친일 감투를 도맡아 쓰면서 해방이 될 때까지 그야말로 죽어도 여한이 없을 만큼

서대문 형무소 일제 강점기에 수많은 독립 운동가들이 갇혀 고문을 당하거나 사형당한 민족 수난의 현장이다.

친일 활동을 벌였다.

민족 대표 가운데 한 사람이었던 정춘수도 3·1 운동 뒤 변절하여 기독교계를 친일로 만드는 데 조금도 거리낌이 없었다. 정춘수는 1938년 5월, 경성 기독교 연합회 부위원장으로 있으면서 신사 참배에 적극 앞장섰고, 대표적인 친일 단체인 국민 총력 조선 연맹 문화 위원, 조선 임전 보국단 평의원으로 활동하였다.

역시 민족 대표 가운데 한 사람인 박희도도 3·1 운동 뒤 변절하여 친일파가 되었다. 박희도는 1931년 1월, 일본어로 된 친일 잡지 『동양 지광』을 창간하고 "조선이 자진하여 마음속에서 일본 국민이 되는 것이 가장 필요하다."고 주장하였다. 박희도는 또 국민 총력 조선 연맹 참사, 조선 임전 보국단 평의원으로 있으면서 친일 행각을 벌였다.

이처럼 민족 대표 33인 가운데 3·1 운동 뒤 일제와 타협하여 친일의 길을 걸은 사람들이 많다는 사실을 우리는 알아야 한다. 그래야만 일제가 회유하고 탄압하는데도 굽히지 않고 끝까지 투쟁했던 수많은 독립 운동가들을 올바로 자리매김할 수 있기 때문이다.

# 무엇보다도 먼저 외교?

대한민국 임시 정부의 외교 독립론

1919년 4월, 상해에서 열린 항일 운동가들의 비공식 회의에서 임시 정부의 수반을 누구로 할 것이냐 하는 문제를 두고 열띤 토론이 벌어졌다. 이승만이 적임자라는 발언이 여기저기서 나왔다. 이때 신채호가 실망과 분노가 뒤엉킨 표정으로 자리에서 벌떡 일어났다. 그리고는 "이승만이 적임자라니, 천만부당한 말이다. 이승만이 이완용보다 더 큰 역적이다. 이완용은 있는 나라를 팔아먹었지만, 이승만 놈은 아직 우리나라를 찾기도 전에 팔아먹은 놈이다!"라고 일갈한 뒤, 자리를 박차고 나가 버렸다.

한편 이 무렵 상해 신한 청년단 대표로 프랑스 파리에 가 있던 김규식은 매우 어려운 처지에 몰려 있었다. 그 까닭은, 파리에 모인 각국 대표들이 "조선 사람이 독립운동을 하면서 어찌하여 위임 통치 청원자 이승만을 대통령으로 임명하였느냐?"는 질문을 하였기 때문이다.

이승만은 왜 '나라를 찾기도 전에 팔아먹은 놈'이고, 또한 '위임 통치 청원자'라는 소리를 들었을까?

　　1차 세계 대전이 끝나고, 미국의 윌슨 대통령은 '민족 자결주의'를 선언하였다. 국제 평화와 민족 자결을 내세운 '세계 개조의 새로운 기운'은 마치 조선과 같은 약소 식민지 국가의 독립을 보장하는 듯하였다.

　　이러한 세계 정세의 기운을 타고 미주의 최대 항일 한인 단체인 대한인 국민회 중앙 총회에서는 이승만과 정한경을 파리 강화 회의*에 파견하여 조선의 독립을 호소하기로 하였다. 그런데 일본을 의식한 미국 정부가 여권 발급을 보류하여 이들은 파리로 갈 수 없었다. 그러자 이승만은 '조선이 저 포악한 일본의 통치 아래에서는 절대로 있기를 원치 않고, 나중에 독립할 목적으로 당분간 국제 연맹 통치 아래 두기 바란다.'는 뜻의 위임 통치 청원서를 미국 정부에 제출하였다.

　　이승만은 이 사건 때문에 결국 1925년, 민족 독립 운동가들의 탄핵을 받아 임시 정부의 대통령 자리에서 쫓겨나고 말았다. 어처구니없는 사건이지만, 이것은 외교 독립에 모든 힘을 쏟았던 대한민국 임시 정부의 한계를 알 수 있는 좋은 보기다.

　　3·1 운동이 좌절된 뒤, 나라 안팎의 항일 운동가들은 한결같이 독립운동을 총괄할 지도부의 필요성을 크게 느꼈다. 그래서 만든 독립 단체가 임시 정부였다. 서울의 '한성 정부'를 비롯하여 노령의 대한 국민 의회, 상해의 임시 정부가 만들어졌는데, 그해 9월 이들 단체가 통합하여 세운 임시 정부가 우리가 말하는 대한민국 임시 정부다. 정부라는 최고의 조직 형태를 갖춘 대한민국 임시 정부는 초보적인 공산주의자에서 황제를 모시고 제국을 다시 찾자는 복벽주의자에 이르기까지 여러 이념을 가진 항일 운동가들이 함께 참여한 항일 조직이

신채호 "이승만이 이완용보다 더 큰 역적이다. 이승만은 아직 나라를 찾기도 전에 팔아먹은 놈이다!" 미국의 위임 통치를 받고자 한 이승만에 대한 신채호의 분노는 컸다.

● **파리 강화 회의** 1차 세계 대전의 결말을 짓기 위해 1919년 1월 18일 프랑스 파리에서 개최된 회의. 1차 세계 대전의 주요 승전국인 영국, 프랑스, 미국이 주도하였다. 이 회의에서는 독일을 비롯한 패전국의 출석이 전혀 허락되지 않았으며, 약소국의 의견도 전혀 반영되지 않았다.

대한민국 임시 정부 인사들
1920년 1월 1일, 대한민국 임시 정부 인사들이 모여 신년을 축하하여 촬영한 사진이다.

었다. 권력 형태는 공화제를 채택하여 진보적 성격을 띠었다.

대한민국 임정(임시 정부)은 성립 초기부터 미국 등 강대국을 상대로 한 외교 활동에 온 힘을 쏟았다. 외교 정책의 목적은 '세계 열강으로 하여금 대한의 독립이 세계 평화 유지에 필요함을 깨닫게 하여 우리나라를 동정하게' 하는 데 있었고, 나아가 미국에게서 임정의 합법성을 승인받는 데 있었다.

이에 따라 임정은 당시 파리에서 열리고 있던 강화 회의를, 세계 열강의 동정을 얻어 독립을 청원할 수 있는 절호의 기회로 여기고 이미 민족 대표로서 파리에 파견된 김규식을 외무총장 겸 전권 대사로 임명하는 등 외교 활동에 힘을 쏟았다. 김규식은 임정 대표로 회의에 참여하려 하였으나 거절당했고, 그가 제출한 「한민족의 해방과 독립 회복을 위한 청원서」도 완전히 무시당하였다. 이 회의는 임정의 기대와 달리 전쟁에서 이긴 제국주의 열강들이 제 몫을 차지하려는 자리에 지나지 않아, 조선 문제에 대해서는 한마디 토론도 없이 끝나고 말았다.

1921년 11월, 워싱턴에서 열린 태평양 회의에서도 마찬가지였다. 임정은 미국을 비롯한 열강에게 우리의 독립을 청원할 또 한 번의 기회라고 생각하여 대표를 파견하고, 태평양 회의 외교후원회를 결성하는 등 온갖 부산을 떨었지만, 결과는 파리 강화회의와 다를 바 없었다. 대표들은 이 회의에 직접 참가하여 연설할 기회를 달라고 매달렸지만, 조선 문제는 거론조차 되지 않았다.

파리 강화 회의에 파견된 **김규식** 김규식은 임정의 큰 기대를 안고 파리 강화 회의에 갔으나 철저히 무시당하였다. 앞줄 맨 왼쪽이 김규식이다.

임정이 그렇게 기대하고 온 힘을 기울인 외교 활동은 아무런 성과를 얻지 못하였다. 그래도 성과라고 한다면, 열강이 부르짖는 국제 평화니 민족 자결이니 하는 말이 사탕발림에 지나지 않고, 세계 열강의 이익 앞에 약소민족의 운명이 짓밟히는 현실을 깨달은 것이다.

임정은 처음에는 온 민족의 기대를 안고 출발하여 수많은 항일 운동가들이 헌신적으로 참여하였지만, 결과는 참담하였다. 임정에 모여들었던 항일 운동가와 단체들이 점차 하나 둘 떨어져 나가, 1920년대 중반부터는 일개 독립운동 단체로 지위가 떨어지고 말았다. 1923년 한때 이러한 임정의 노선을 바로잡으려고 국내외의 항일 단체 및 지역 대표 100여 명이 상해에 모여 국민 대표 회의를 열었지만, 이마저 임정을 해산하고 새로 정부를 조직하자는 '창조파'와 현재의 정부를 그대로 두고 개조만 하자는 '개조파'의 대립으로 무산되고 말았다.

처음 출발과는 달리 임정이 정부라는 간판만 가진 하나의 독립운동 단체로 지위가 떨어진 데에는 바로 독립 방법의 첫째로 삼았던 외교 독립론 또는 독립 청원론에 문제가 있었기 때문이다.

첫째, 임정은 일제에 대한 무장 독립 전쟁을 원칙에서 포기하지는 않았지만, 실제로는 외교 독립을 가장 앞세우는 정책을 펴 당시 만주를 중심으로 활발히 활동하던 항일 독립군이나 단체들을 포괄하지 못하였다. 따라서 처음부터 '전 민족의 항일 지도부'로서 한계가 있었다.

둘째, 더욱 중요한 원인은 국제 정세에 대한 잘못된 인식에 바탕을 두고 있다는 점이다. 외교 독립론은 제국주의 열강이 국가를 승인하고 지원해 줄 때에만 성공할 수 있는 방법이었다. 그런데 당시는 어느 때보다도 제국주의의 냉혹한 침략 논리가 지배하던 시대였다. 자기 나라의 이익을 위해서라면 온갖 수단과 방법을 가리지 않고 식민지 개척과 침략 전쟁을 서슴지 않던 시절에, 그들의 동정심을 불러일으켜 독립을 보장받는다는 것은 애초부터 가능하지 않은 일이었다.

예컨대 임정의 외교 정책 가운데 중요한 현안 하나가 미국에게 임정의 합법성을 승인받는 일이었다. 그러나 이 승인은 1945년 해방이 될 때까지 실현되지 못하였다. 임정을 승인하지 않은 미국 정부의 공식적인 이유는 단 하나, 즉 '임정의 합법성 인정은 일본에게 불안감을 일으키게 할 뿐만 아니라, 이 때문에 일본과 협력하여 안정을 꾀하려는 동양 평화의 수립 계획을 방해하는 결과를 낳기 때문'이었다.

결국 '강도의 동정심'을 얻어

김좌진(왼쪽)과 홍범도(오른쪽) 청산리 전투를 승리로 이끈 두 주역. 1920년 10월 이들이 이끄는 독립군 부대가 만주 청산리 등지에서 10여 차례에 걸친 전투에서 일본군을 크게 이겼다. 임정의 외교 활동에 비해 이들의 힘찬 항일 투쟁이 더욱 돋보인다.

독립을 이루겠다는 임정의 외교 독립론이 실패한 것은, 제국주의의 본성과 이들이 지배하는 국제 질서의 냉혹한 현실을 올바로 깨닫지 못한 결과였다. 이승만을 대통령으로 내세우는 데 강력하게 반발했던 신채호는 1923년의 「조선 혁명 선언」에서, 외교 독립론의 한계를 이렇게 비판하였다.

나라가 망한 이후 해외로 나가는 모모 지사들의 사상이, 무엇보다도 먼저 외교가 그 제1장 제1조가 되며 (……) 일반 인사의 '평화 회의', '국제 연맹'에 대한 과신의 선전이 도리어 2천만 민중의 투쟁력을 소산시켜 버리고 (……) 설사 만약에 외국의 도움으로 독립을 얻게 된다 하더라도 그것은 다시 그 나라의 노예 되는 것을 면할 수 없는 것이므로 외교론에 의한 독립이란, 결국 지배 국가를 갑에서 을로 바꾼 것에 지나지 않는다.

노동자가 손을 놓으면
부산 부두 노동자의 총파업

1921년 9월 25일 쉴 새 없이 배가 드나들어 분주하던 부산항에 적막만이 감돌았다. 부두에서 일하던 5000명 남짓 되는 운반 노동자들이 일시에 총파업을 벌였기 때문이다. 우리 땅에 임금 노동자가 본격적으로 생겨난 이래 이따금 임금을 둘러싸고 파업이 벌어지기는 했으나 이렇게 많은 노동자가 일시에 손을 놓은 일은 처음이었다.

그때 부두 노동자들의 상태는 품팔이꾼에 가까웠다. 노동자들은 운송업자에게 고정적으로 고용되어 월급을 받는 것이 아니라, 그때그때 화물이 들어오면 일하고 일감이 없으면 놀기 일쑤였다. 한 달에 보름 일하면 그나마 다행이고, 열흘 정도 일하는 달도 허다하였다. 더구나 일당제도 아니고 화물의 종류와 운반하는 거리에 따라 품삯을 받았다. 따라서 몸이라도 아프거나 일감이 적으면 온 가족이 굶어야 할 형편이었다.

그런데도 부두에는 일거리를 찾는 사람이 늘어만 갔다. 일제의 토지 조사 사업으로 농토를 잃고 고향을 떠나 도시로, 항구로 몰려드는 사람이 많았기 때문이다. 얼핏 보면 활기가 넘치는 부산항이지만, 어디 일거리가 없을까 기웃거리는 노동자들은 풀이 죽어 있었다. 너나없이 옷에는 땟국물이 흐르고, 얼굴은 꾀죄죄하였다. "하루에 열대여섯 시간 일해도 먹고살기 힘든 판에!" 이런 한숨이 곳곳에서 들려오는 듯하였다.

토지 조사 사업 관리들이 토지를 측량하고 있다. 일제의 토지 조사 사업으로 농토를 잃은 사람들이 고향을 떠나 도시로, 항구로 몰려들었다.

더구나 1차 세계 대전 뒤 세계를 휩쓴 대공황의 여파는 조선에도 밀려와 노동자들의 생활은 더욱 어려워졌다.

일거리를 찾는 사람들이 늘어날수록 운송업자 등 자본가들은 오만해졌다. '너희가 아니라도 얼마든지 일할 사람은 있다.'는 식이었다. 더구나 부산항에서 운송업을 하는 자본가들은 거의가 일본인으로, 조선인 노동자들을 함부로 대하였다.

1921년 봄, 일본인 운송업자들은 회사가 어렵다며 부두 노동자들

세계 대공황 1930년대 캐나다 토론토에서 일자리를 잃은 많은 사람들이 무료 아침 식사를 하기 위해 줄을 서 있다. 세계를 휩쓴 대공황의 여파는 조선에도 밀려왔다.

의 품삯을 20퍼센트 내리겠다고 통보하였다. 너무나 갑작스럽고 일방
적인 통보에 노동자들은 분통을 터뜨리면서도 당장 어떻게 해야 할지
몰라 우왕좌왕하였다. "돈 없고 힘없는 우리들이 어쩌겠어?" 하고 체
념하는 사람들도 있었지만, "지금 러시아는 노동자가 주인인 나라를
세워 한창 잘나가고 있다는데, 우리 꼴은 이게 뭐야?" 하는 쑥덕공론
도 만만찮았다. 노동자들은 3·1 운동 이후 나라를 빼앗은 일본에 대
한 저항 의식이 강해져 있었다. 더구나 생존을 위협하는 일본인 자본
가의 횡포에는 더 이상 참을 수가 없었다.

여러 달 동안 줄어든 임금으로 힘들게 참던 노동자들은 드디어 희
생이 따르더라도 강경하게 나가기로 결의를 모았다. 먼저 석탄 운반
노동자들이 행동에 나섰다. 9월 12일, 이들은 봄에 내렸던 것을 포함
해 임금을 30~40퍼센트 올려 달라며 운송업자들에게 15일까지 답변
해 달라고 요구하였다. 그러나 15일이 되어도 돌아오는 말이 전혀 없

었다. 드디어 노동자들은 16, 17일 이틀 사이에 모두 힘을 합쳐 동맹 파업에 들어갔다. 화물 운반 노동자 2000여 명도 가세하였다.

하루 이틀의 파업이었지만 노동자가 손을 놓자 자본가들의 타격은 상당하였다. 운송업자 가운데 가장 규모가 큰 택산 상회는 화물을 부리지 못하여 각지에서 화물 독촉에 시달렸다. 다급해진 일본인 자본가들은 우선 시간을 벌 속셈으로 노동자들에게 25일까지 말미를 달라고 하였다. 노동자들도 한발 물러나 다시 부분적으로 운반 작업을 시작하였다. 그러나 자본가들은 처음부터 노동자들의 요구를 들어줄 생각이 없었다. 약속한 25일이 되었는데도 자본가들은 아무런 말이 없었다. 마침내 노동자들은 총파업을 선언하였다. 그때의 분위기를 1921년 9월 28일자 동아일보는 이렇게 전한다.

부산 노동자 동맹 파업은 아직도 이어지고 있다. 날마다 몇천 노동자가 부두에 모여 일하던 모습은 26일부터 사라졌다. 마치 화로에 불이 꺼진 듯하다. 연락선은 짐을 부리지 못하고 되돌아간다. 노동자들은 바닷가와 부근 산에 20~30명씩 모여 계속 의논을 하고 있으며, 경관들은 이를 막으려고 모두가 출동하여 활동하고 있다.

여지없이 일제 경찰이 나서서 치안을 핑계 삼아 총파업을 막으려 하였다. 노동자들이 어떤 논의를 하는지 염탐하고, 주동자가 있으면 바로 잡아들이고, '집회 금지법'을 들이밀면서 여러 명이 모여 의논하는 기색만 있으면 해산시켰다.

노동자들은 파업 투쟁 선언서를 작성하여 파업의 정당성을 알리고 단결을 호소하였다. 부산에 노동 야학을 세워 부두 노동자들과 고락

노동 야학 야학 교사들은 노동자의 어려운 처지를 잘 알고 있었고, 그들의 활동을 지원하기도 하였다. 오른쪽의 유길준이 노동자에게 배움의 중요성을 강조하고 있는 그림이다. 『노동 야학 독본』, 1909년.

을 함께하던 야학 교사 손명표, 최태열, 김경직 같은 이들은 노동자의 단체 행동을 지원하고 파업 선언서와 탄원서 작성을 도와주었다. 경찰은 이들을 '파업 선동죄'와 '출판법 위반'으로 구속하였다. 그래도 노동자들이 흔들리지 않고 파업을 이어 가자 "노동자가 불온한 태도를 보이면 용서할 수 없다."고 윽박지르면서 '선동한 혐의가 있는 사람'을 경찰서로 불러 조사하였다. 경찰서로 잡혀가는 사람이 줄을 이었다.

일본인 자본가들은 "별로 이익이 없어서 임금을 올려 줄 수 없다."거나, "다른 회사와 협의를 한 뒤에나 임금 인상 문제를 이야기할 수 있다."며 내내 거만하였다. 그러면서 몇몇 노동자들을 돈으로 매수하여 그들 사이를 이간질하고 파업을 와해시키려 하였다. 또 인근 지역의 채소 장수, 나무 장수들을 불러다 하루 2~3원이라는 제법 높은 임금을 주고 일을 시키려다 실패하기도 하였다.

총파업 때 부산 부두 노동자들에게는 노동조합이 없었다. 다만 노동자들의 우두머리인 십장 밑에서 무리를 지어 움직였을 뿐이다. 십장들은 노동자 조직이 만들어지기 전까지 노동자들의 중심이었다. 하지만 이런 십장 가운데는 운송업자를 찾아가 파업을 철회할 테니 대가를 달라고 요구하는 자들도 있었다. 노동자들은 경찰의 강압과 자본가의 회유 술책에 맞서서 자신들의 이익을 대변할 수 있는 조직조차 없었지만, 단결된 힘으로 파업을 이어 갔다.

파업을 벌이는 동안 부산항이 죄다 마비되어 커다란 혼란이 생겼고, 무역상들과 운송업자들의 손실도 불어났다. 노동자들에게도 어려움이 닥쳐왔다. 파업이 계속되면서 대열에서 벗어나는 사람들도 문제

였지만, 하루 벌어 하루 먹고사는 노동자들에게 떨어져 가는 식량은
더 큰 일이었다. 자본가들도 겉으로는 아무렇지 않은 척했지만, 속으
로는 크게 당황하고 있었다.

초조해진 자본가들은 부산 부윤●에게 중재를 요청하였다. 부산 부
윤과 자본가 단체인 상업 회의소, 지역 유력자들이 중재에 나섰다. 이
들은 자본가 편이었지만, 어쩔 수 없이 노동자들의 요구도 조금 들어
주면서 파업을 끝맺으려 하였다. 마침내 임금을 10~20퍼센트 정도
올리기로 타협이 이루어졌다. 이는 1921년 봄 자본가들이 일방적으로
내리기 이전의 임금 수준밖에 되지 않았다. 이 같은 타협안을 받아들
이는 대신 노동자들은 구속된 네 명의 석방을 요구하였다. 경찰은 노
동자들이 일터로 돌아가면 석방하겠다고 약속하였다. 그렇지만 노동
자들이 파업을 풀자마자 약속을 헌신짝처럼 버리고 이들을 검찰국으
로 넘겨 버렸다.

노동자들은 총파업으로 본디 뜻한 바를 다 이루지는 못하였다. 그
러나 노동자들은 많은 것을 몸으로 경험하였다. 무엇보다 노동자들이
단결하면 그 힘이 얼마만큼 강해지는지 깨닫게 되었다. 그렇지만 노

**을밀대 위의 여성 노동자
(왼쪽)** 1931년 5월 16일 평
양 평원 고무 공장의 노동
자 강주용이 임금 인하 조
치에 반발하여 을밀대에 올
라가 농성을 하고 있다.

총파업(오른쪽) 일제 강점
기에 일제와 자본가의 횡포
에 대항한 파업이 빈발했
다. 사진은 1929년 1월부터
4개월간 계속된 원산 총파
업 때의 모습이다.

동자의 이익을 대변하는 조직이 없다 보니, 5000명이 넘는 노동자가 한결같은 마음으로 단결하여 행동하기 어렵다는 사실도 알게 되었다. 또한 노동자 전체의 요구보다 자신의 이익만 얻으려는 십장들은 결코 노동자들의 중심이 될 수 없다는 것도 알게 되었다. 결국 노동자들은 거대한 힘을 가진 자본가에 맞서 싸우기 위해서는 스스로 조직을 만들지 않으면 안 된다는 사실을 절실히 느끼게 되었다.

부산 부두 노동자 총파업은 일제와 자본가의 착취에 맞선 노동자 투쟁의 출발선에 자리한다. 부두 노동자들의 총파업에 이어 양말업이나 고무, 정미업 노동자들도 잇달아 자신들의 권리를 찾기 위해 파업 투쟁을 벌였다. 그 투쟁들이 모여 1929년 일제와 자본가들의 간담을 서늘하게 한 원산 노동자 총파업으로 이어졌다.

 대지로 요를 삼고, 하늘로 이불을 삼아

암태도 소작 쟁의

대지로 요를 삼고 창공으로 이불을 삼아 입은 옷에야 흙이 묻든지 말든지, 쫄아드는 창자야 끊어지든지 말든지, 오직 하나, 집을 떠날 때 작정한 마음으로 그날 밤을 자는 둥 마는 둥 또다시 그 이튿날을 당하게 되었다.

600여 군중 가운데에는 백발이 뒤덮인 칠십 노파와 어린아이를 안은 부인이 근 200여 명이나 된다. 이곳저곳에 흩어져서 둘씩 셋씩 머리를 맞모으고 세상을 한탄하며 사람을 야속타 하고, 지친 다리와 아픈 허리를 두드리며 아이고 대고 신음하는 늙은이의 비애와 아무것도 모르는 천사 같은 어린것들의 젖 달라는 울음, 정신이 씩씩한 젊은 사람들의 기운과 함께 어우러져 하염없는 인생의 비애로 일시에 폭발되었다.

위의 글은 동아일보 1924년 7월 12, 13일자 기사 가운데 일부다. 무슨 일이 있기에 600여 명의 군중이 대지로 요를 삼고, 하늘로 이불을 삼아 쫄쫄 굶어 가며 고생을 한단 말인가?

목포에서 서남쪽으로 27킬로미터, 뱃길로 네다섯 시간쯤 걸리는 곳에 전라남도 신안군 암태면 암태도가 있다. 이곳 농민들은 1923년 8월부터 수확량의 7할에서 8할까지 소작료를 받던 지주 문재철에게 소작료를 4할로 내려 줄 것을 요구하며 싸움을 시작하였다. 문재철은 암태도 출신으로, 목포에 살았다. 싸움은 해를 넘겨 1년 가까이 계속되었다. 그 과정에서 농민 대표가 일제 경찰에 잡혀 감옥에 들어갔다. 암태도 농민들은 목포로 건너가 소작료를 내리고 대표를 석방할 것을 요구하는 시위를 벌이기로 결의하였다.

1924년 7월 8일, 암태도 농민 600여 명은 열 척의 배에 나눠 타고 목포로 떠났다. 농민들은 뱃전에 부딪히는 파도 소리가 오늘따라 유난히 가슴을 친다는 생각이 들었다. 가물가물 멀어지는 자신들의 삶의 터전인 암태도를 돌아보며 이번에는 굶어 죽는 한이 있더라도 결코 물러나지 않겠다고 마음을 다지고 다졌다. 지난번에도 6월 4일에서 8일까지 목포 경찰서와 법원 마당에서 밤을 새우며 싸웠다. 그때 성과를 얻지 못하여 이번에 다시 떠나는 길이었다.

목포에 다다른 농민들은 법원 마당에 모여 굶어 죽도록 싸우자는 아사餓死 동맹을 맺고, 단식 투쟁에 들어갔다. 앞의 동아일보 기사는 바로 이 싸움의 눈물 어린 정경을 담은 것이다.

암태도는 서남해에 있는 다른 섬들과 마찬가지로 기름진 땅이 아니었다. 따라서 농사짓는 데 들어가는 비용도 많았고, 노동력도 더 필요하였다. 그런데도 대지주 문재철은 뭍에서보다 많은 7~8할의 소작료를 걷어 갔다. 그의 땅을 부쳐 먹고사는 소작농들만 800여 명에 이르렀으며, 문재철이 걷어 가는 쌀은 섬 전체 수확량의 3분의 1에 해당하는 1만 석가량이나 되었다.

암태도의 소작 농민들은 더 이상 참을 수가 없었다. 그렇게 빼앗기고는 살아갈 길이 없었다. 마침내 1923년 8월, 농민들은 암태 소작인회를 만들고 서태석을 회장으로 뽑았다. 그들은 먼저 '나락을 베지 말자.'고 뜻을 모았다. 그러나 목포의 문재철은 "누구 배 속에서 먼저 꼬르륵 소리가 나나 보자." 하며 눈 하나 깜짝하지 않았다. 겨울은 점점 다가오고 당장 먹고살 일은 아득하였다. 무엇보다도 자식 키우듯한 나락이 자꾸 떨어져 마음이 아팠다. 그래서 '가을걷이는 하되, 4할 넘게 소작료를 내라고 하면 한 톨도 더 주지 않겠다.'고 다짐하고, 다른 해보다 늦게 벼를 베었다. 다음 해 봄까지 '소작료 불납 동맹'은 이어졌다.

1924년 3월 27일, 암태도 농민들은 면민 대회를 열고, 요구를 들어주지 않으면 문재철 아버지의 송덕

암태 소작인회 1923년 8월, 농민들은 암태 소작인회를 만들어 '나락을 베지 말자.'고 뜻을 모았다. '소작료 불납 동맹'은 다음 해 봄까지 이어졌다.

『조선농민』 조선의 뿌리는 농민이었기에 농민 문제는 모든 정치 세력의 관심사였다. 사진은 천도교 계열의 농민 운동 단체였던 조선 농민사의 기관지.

비를 부수겠다고 알렸다. 그러나 문재철은 끄떡도 않고 요구를 묵살하였다. 4월 22일, 암태도 농민들은 "암태 소작인회 만세!"를 외치며 커다란 송덕비를 쓰러뜨렸다. 만세 소리가 그치기도 전에 문씨 집안 청년들이 몰려 들어와 큰 싸움이 벌어졌다. 목포 경찰이 출동하여 50명을 잡아갔다. 그 가운데 소작인회 간부 열세 명과 문씨 집안 청년 세 명이 감옥에 갇혔다.

그렇지만 암태도 농민들은 싸움을 멈추지 않았다. 농민들의 투쟁은 섬에서 육지로 번져 갔다. 지주와의 싸움은 차츰 지주를 감싸고 도는 일제 경찰과의 싸움으로 바뀌기 시작하였다. 암태 소작인회는 면민 대회를 다시 열고, 목포로 나가 싸우기로 다짐하였다. 그들은 5일치 양식과 소금을 가지고 열 명씩 한 조가 되어 6월 4일 신강리 나루터에 모여 떠나기로 결정하였다. 목포 경찰서에 들이닥친 그들은 "소작인회 간부를 석방하라."고 외치며 밤샘 농성을 하였다. 그때 곳곳에서 암태도 농민들의 투쟁을 지지하였다.

목포 경찰서장은 "질서를 어지럽히면 법대로 할 수밖에 없다."는 말만 되풀이하였다. 노동, 농민 단체 지도자들이 문재철을 만나 쟁의 조정 문제를 협의하였으나, 그는 도리어 무너뜨린 송덕비를 다시 세우고, 원래대로 소작료를 낼 것이며, 신문에 사죄문을 실으라고 소리를 질렀다. 성난 농민들은 목포에 있는 문재철의 집으로 쳐들어갔다. 또다시 30여 명의 농민들이 경찰서에 잡혀갔다.

일제가 악덕 지주 문재철을 두둔하고 암태도 농민들을 잡아 가두자 서울, 순천, 광주, 목포 등지에서 민중들이 규탄 대회를 열고 '암태 소

암태도 소작인 항쟁 기념탑 약 1년간 강인하게 지속된 암태도 소작 쟁의는 1920년대의 대표적인 소작 쟁의로 전국적인 영향을 끼쳤다. 특히 서해안 여러 섬에서 소작 쟁의를 일으키는 계기가 되었으며, 지주와 그를 비호하는 일제 관헌에 대항한 항일 운동으로 의미가 크다.

작인 아사 동맹 동정단'을 만들었으며, 돈을 모아 암태도 농민들의 투쟁을 격려, 지원하였다. 1919년 3·1 운동의 실패 후 일제의 식민 통치에 억눌려 온 조선 민중이 다시 연대하기 시작한 것이다. 당황한 목포 경찰서장은 부랴부랴 소작인회 대표를 만나 사건 해결에 앞장서겠다고 제의하였다. 그러면서 갑자기 목포 형무소에 가두었던 소작인회 간부들을 광주 형무소로 옮겼다. 암태도 농민들은 이 소식을 듣고, 곧바로 소작인회 총회를 열어 세 번째 싸움을 준비하였다.

목포 경찰서장은 이런 분위기를 눈치채고 암태도에 나타나 자신이 문재철을 직접 만나 소작료 문제를 해결하겠으니, 싸움을 참아 달라고 사정하였다. 마침내 1924년 8월 30일, 목포 경찰서에서 '소작료 조정 약정서'가 교환되었다. 소작료를 4할로 내리고, 문재철은 2000원을 소작인회에 기부하며, 미납 소작료는 3년 동안 나누어 낸다는 내용이었다. 구속된 소작인회 간부들도 그 뒤 모두 풀려났다.

암태도 농민들이 일치단결하여 악덕 지주와 그들을 부추기는 일제의 가혹한 식민 통치에 1년을 넘게 싸워 마침내 승리한 것이다. 암태도 농민들이 싸우지 않고 그냥 견디려 하였다면, 여전히 7~8할이나 되는 높은 소작료를 내야 했을 터이고, 체념과 굴종 속에서 노예 같은 비굴한 삶을 계속 살아갈 수밖에 없었을 것이다. 그러나 그들은 싸워서 승리의 성과를 얻어 냈다. 또 그들의 승리는 전국, 특히 전라남도 서해안 여러 섬의 억눌린 소작 농민들에게 투쟁에 나서도록 일깨우고 키다란 용기를 불어넣어 주었다.

 # "조선인은 일본어로 생각할 때 가장 행복해"

일제 강점기 말 친일파의 활동

사람이 사는 데 가장 중요한 일은 먹는 문제를 해결하는 것이다. 먹지 않으면 살아갈 수 없기 때문이다. 그런데 먹기는 먹되, 어떻게 먹을까도 중요하다. 일제 강점기에 먹는 문제를 다룬 글「아침은 엽차로」를 살펴보자.

절미節米 절식節食이라 하기보다도, 어떤 방법으로 부족함을 보충해 나가 느냐가 문제다. 요새처럼 야채가 풍부한 때에는 가급적 그것을 이용하는 것도 좋다. 한 끼는 꼭 죽으로 한다면 모자랄 것도 없다. 어른들은 아침을 거르는 대신, 그것을 성장기 아이들이나 임신부에게로 돌려야 할 것이다. 어른들에게 하루 세 끼는 전혀 필요가 없다. 아침은 뜨거운 엽차 한 잔이 면 충분하다. 그러는 편이 훨씬 머리도 개운해진다. 이렇게 엽차로 때우는 습관을 몸에 붙이도록 권고하겠다. (……)

전시에 음식이 풍부하지 않은 것은 당연한 일이라, 굳이 이상해하거나 불평할 필요는 없다. 투덜대어도 소용없다. 바로 이런 점을 끈기 있게, 정신력으로 극복하여 뚫고 나가야 한다. 쌀이 부족해 죽을 먹는다고 생각하면 안 된다. 건강을 위해서 죽을 마시고, 소화가 잘되게 하기 위해서 채소를 먹는다고 생각해야 한다. 더욱더 맑고 상쾌한 기분으로 능률 있게 일하기 위해서 아침은 엽차만으로 때우는 것이라 생각하자.

이 글은 1943년 6월 『신시대』라는 잡지에 성신 가정 여학교 교장 이숙종이 일본어로 쓴 글을 일부 빼고 옮긴 것이다. 이숙종(창씨명 宮村淑鐘)은 친일 단체인 국민 정신 총동원 조선 연맹 평의원, 국민 총력 조선 연맹 연성부 연성 위원, 조선 임전 보국단 평의원과 부인대 지도 위원으로, 친일 행동에 앞장섰던 인물이다.

이 글에서 '전시'나 '전쟁'이라는 말을 빼고 언뜻 보면 '무슨 건강식이나 식이요법을 설명한 글 아닌가?' 하거나, '드러내 놓고 친일하자는 글도 아니네.' 하고 생각할지도 모른다.

하지만 이런 글을 썼던 1943년이 우리 역사에서 어떠한

신궁 참배 모습(오른쪽)과 궁성 요배 포스터(위) 일제는 조선인도 일본 천황의 신민이라는 황민화 정책을 실시했다. 그 일환으로 궁성이 있는 쪽을 바라보고 절을 하고(궁성 요배), 신궁에 절하여 예를 표하게(신궁 참배) 강요하였다.

시대였는가? 그때 조선 사람들이 하루 세 끼를 모두 고슬고슬한 쌀밥만 먹어 영양실조에라도 걸렸던가?

우리가 일본 제국주의의 지배를 받던 시대에도 쌀 생산량은 늘어났다. 쌀 수출량도 늘어났다. 식민지 농업 정책의 결과였다. 생산량이 늘어나고 수출량도 늘어났지만, 조선 사람들의 생활은 더욱 어려워졌다. 조선인 1인당 쌀 소비량은 계속 줄어들었다. 심지어 잡곡 소비량조차 줄어들었다. 아래 표가 그것을 잘 보여 준다.

절미보국 포스터 농민들은 쌀을 거의 공출로 빼앗겨서 죽을 먹거나 풀뿌리, 나무 껍질로 목숨을 이어 가야 할 지경이었다. 그런데도 일제는 쌀 소비를 줄이라는 운동을 벌였다.

1인당 주요 곡물 소비량 (단위 : 섬●)

연도＼곡물	쌀	조	보리	밀	콩	계
1917~1921년 평균	0.686	0.323	0.439	0.110	0.183	1.741
1922~1926년 평균	0.597	0.364	0.409	0.128	0.177	1.655
1927~1931년 평균	0.476	0.356	0.388	0.115	0.156	1.491
1932~1933년 평균	0.412	0.311	0.426	0.095	0.140	1.384

더구나 1930년대 이후로 일제는 조선을 쌀 수탈을 위한 식민지로서뿐만 아니라, 전쟁에 필요한 병참 기지로 만들어 나갔다. 1937년 일제가 중국 침략 전쟁을 일으킨 뒤, 1939년부터는 잡곡 혼식을 장려하고, 강제로 쌀을 공출하였다.

1943년에는 벼, 현미, 백미 말고도 싸라기, 쌀가루, 보리, 조, 피, 옥수수, 수수, 콩, 팥 등 모든 잡곡에 대한 통제를 강화하고, 공출을 강요하였다. 공출을 잘 하지 않는 집에는 물자 배급을 중지하고, 공출 서약서를 쓰게 하였다. 농민들은 쌀을 거의 공출로 빼앗기고, 죽을 먹거나

● **섬** 곡식 등의 부피를 잴 때 쓰는 단위. 1섬(석) ＝10말, 약 180리터.

풀뿌리, 나무껍질로 목숨을 이어 가야 할 지경이었다.

이러한 식민지 민중이 배고픈 현실에서 벗어나는 길은 무엇인가? 이숙종이 말하는 것처럼 배가 고프더라도 배가 고프지 않다 생각하고 식생활 습관을 고치면 해결할 수 있을까?

그렇지 않다. 식민 지배에서 벗어나 민족 해방을 이루지 않고는 해결될 수 없는 문제였다. 그러나 친일파는 '생각'이니 '건강'이니 '습관'이니 해 가며, 억압과 착취 때문에 신음하는 식민지 민중의 현실을 숨기고, 식민지 지배 정책을 선전하는 데 앞장섰다.

친일파는 일제가 중일 전쟁, 태평양 전쟁을 도발하자 더욱 기승을 부렸다. 먹을거리에서 그치는 것이 아니라, 조선 사람의 생각까지 일본 사람으로 바꾸라고 요구하였다. 1941년 9월, 소설가 이광수는 "사상, 감정, 풍습, 습관 중에 비일본적인 것을 제거하고 일본적인 것을 대입 순화"하자고 주장하였다. 이른바 '생활의 황민화'를 실천하자고

국어(일본어) 상용 운동 포스터 일제는 중일 전쟁 이후로 우리말 사용을 금지하고 일본어만 쓰게 하였다. 그러자 친일파는 조선 사람의 생각까지 일본 사람으로 바꾸라고 요구하였다.

주장한 것이다. 경성 제국 대학 출신으로 황
도주의● 사상 단체인 녹기 연맹 이사였던
현영섭도 "조선인이 일본어로 사물을 생각
할 때야말로 조선인이 가장 행복해졌을 때"
라고 말하였다.

　이렇듯 자기 민족을 말살해 황국 신민으로
만들고자 한 친일파는 조선 청년을 일제 침략 전쟁
의 수렁으로 몰아넣는 일도 주저하지 않았다. 기미 독립 선언서를 기
초했지만 친일파로 돌아섰던 최남선의 광분은 이를 잘 보여 준다. 다
음은 최남선이 '가라! 청년 학도여'라는 제목으로 매일신보 1943년
11월 20일자에 실은 글이다.

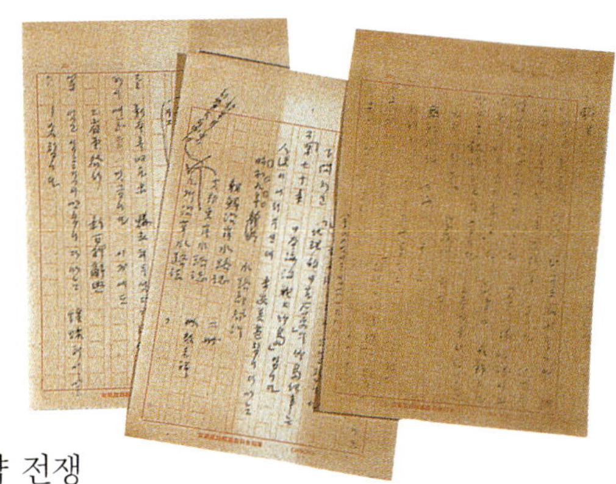

최남선의 친필 원고 독립
선언서를 썼던 최남선은 친
일파로 변절해 조선 청년들
을 전쟁터로 내모는 연설을
하고, 일본을 칭송하는 여
러 글을 썼다.

　제군! 대동아의 성전은 (……) 세계 역사의 개조다. 바라건대 일본 국민으
로서 충성과 조선 남아의 의기를 발휘하여 (……) 한 사람도 빠짐 없이 출
진하기를 바라는 바다.

　민족 지도자 행세를 하던 많은 사람들이 1930년대 들어 친일의 길
을 걸어갔다. 교육 분야의 예를 보아도 고황경, 김성수, 김활란, 배상
명, 백낙준, 유억겸, 이진호, 임영신, 장덕수 같은 자들의 친일 행각
이 눈에 띈다. 이들은 해방 뒤에도 대학 설립자나 교육의 주된 담당
자가 되어 우리 교육에 커다란 영향을 끼쳤다.●● 그러니 민족 교육,
민주 교육이 제대로 이루어질 수가 없었다. 그것은 모두 친일파 청산
이라는 과제가 해결되지 못한 결과였다.

# 공부시켜 주겠다고 끌고 가더니
일제의 전시 동원 정책

어느 때부터인지 우리는 '정신대'挺身隊와 '위안부'慰安婦란 말을 같은 의미로 사용하곤 한다. 실제로 인터넷을 검색하면 정신대를 "태평양 전쟁 때 일본 제국주의 군대의 종군 위안부로 끌려간 여성을 이르는 말"로 풀이한 경우가 많다. 한자 '정신'挺身●을 성적 수탈로 해석한 셈이다. 물론 정신대든 이른바 '위안부'든 일제의 침략주의와 식민지 침탈의 한 표출이라는 본질은 다르지 않다. 하지만 정신대란 이름으로 동원한 경우를 보면 탄광으로 끌려간 남자들도 있다. 곧 성 구별

● **정신** '몸을 바치다'라는 뜻.

이 있던 것은 아니다. 정신대란 노동력을 동원할 때 '개인을 생각하지 않고 국가를 위해 온 힘을 다한다.'는 의미에서 붙인 이름이다. 그렇다면 왜 이런 오해가 생긴 것인지, 일제의 전시 동원은 어떠했는지 살펴보자.

일제는 1937년 중일 전쟁을 일으키면서 침략 전쟁을 본격화하였다. 이어 이듬해 전쟁 승리를 위해 모든 자원을 동원할 목적으로 국가 총동원법을 발효하였다. 일본인들은 그들이 가진 모든 것을 전쟁에 쏟기로 한 것이다. 식민지 조선이라고 해서 이를 비켜 갈 수는 없었다. 일제의 수탈로 그렇잖아도 힘든 삶을 살아가던 조선인들은 그들이 가진 모든 것을 내놓아야만 하였다. 수확한 곡식은 물론이고 놋그릇, 숟가락까지 전쟁에 조금이라도 도움이 될 만한 물건은 모두 걷어 갔다.

사람도 마찬가지여서 일할 능력이 되는 사람이면 어떤 일이든 해야만 하였다. 군수 물자를 만들고 군사 시설을 늘리려면 많은 노동력이 필요하였기 때문이다. "일하지 않는 자는 황국 신민이 아니다."라는

조선 젊은이들의 징용과 징병 일본 홋카이도 나카가와 지방 탄광에 끌려온 조선인 노동자들(왼쪽). 징용되어 떠나기 직전의 청년(오른쪽).

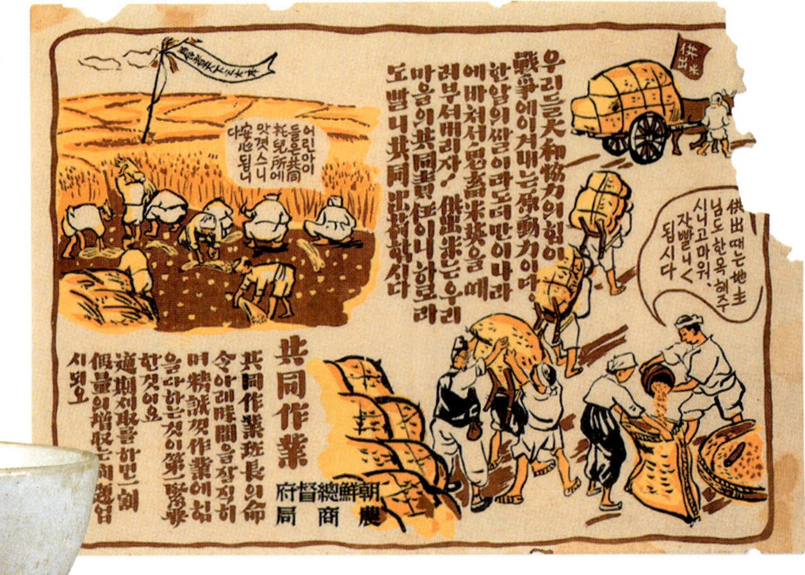

사기그릇 일제의 공출이
극심해지자 놋그릇 대신 내
어놓았다.

구호로 알 수 있듯, 조선인은 노동으로 전쟁에 기여해야 조금이나마 대접받을 수 있었다. 이를 거부하면 국가 총동원법 위반으로 처벌받았다.

조선인들은 사는 곳을 기준으로 하여 근로 보국대 같은 단위로 묶여 도로 넓히기, 비행기 활주로 공사, 방공호 파기 따위에 동원되었다. 또 조선과 일본에 있는 광산이나 공장의 부족한 일손을 메워야만 하였다. 1944년 8월부터는 청년들을 강제로 끌어다 일정 기간 노동시키는 징용이 실시되었다. 나아가 일제는 조선인을 군인으로도 동원하였다. 1938년부터 허울 좋은 '지원병'이란 이름으로 조선 청년을 군인으로 끌고 가더니 1944년에는 '묻지 마라 갑자생'이라는 말처럼 일정 연령이 된 사람들을 '징병'으로 강제 징집하였다.

이렇게 남자들이 일제에 군인으로, 노동자로 끌려가면서 조선에 새로운 문제가 나타났다. 일손 부족이었다. 일제는 어떻게 해서든지 남자들을 계속 전장으로 동원하면서도 식량과 군수 물자 또한 모자람 없이 생산해야 했다. 결국 일제는 새로운 노동력, 곧 여성을 일터로 불러내야 했다.

쉬 더러워지는 흰옷을 입으면서 매일 빨래만 하는 여성, 끼니마다 따뜻한 밥을 하느라 시간을 보내는 여성, 걷기조차 불편한 긴 치마를 입은 여성은 훌륭한 여성, 곧 황국 신민이 될 수 없었다. 이미 일본에서는 여성도 모두 집 밖으로 나가 일하고 있으니, 이를 본받아 조선 여성도 집 안에만 있어서는 안 된다는 논리를 내세웠다.

사실 여성도 당장 먹고살려면 일을 해야 했지만 일제는 더 많은 노동을 요구하였다. 전쟁을 치르기 위한 노동을 하라는 것이었다. 여자들은 마을 단위로 구성되어 단체로 보리 베기, 모내기, 벼 베기 같은 들일을 하였다. 또 길 넓히기 같은 토목 공사장에 가서 돌을 나르기도 하였다.

그러면서도 일제는 모성 보호를 부르짖었다. 아내이자 어머니인 여성은 장차 군인과 노동자가 될 아이를 낳아 기르는 임무를 가지며, 따라서 어머니인 여성은 보호받아 마땅하다는 논리였다. 이러한 논리는 당연히 여성 노동력을 일터로 동원하는 현실과 맞부딪히게 되었다. 바깥일을 하며 자식을 낳고 잘 기르는 게 쉽지 않기 때문이다. 결국 아내이자 어머니가 아닌 여성, 곧 미혼 여성이 부각되었다.

일제는 조선과 일본에서 일손이 부족한 곳에 사람들을 동원할 때 대개 군대식 체계인 대隊 단위로 조직하였다. 이렇게 여러 사람을 대 단위로 묶으면 일을 시키고 다루기가 편하기 때문이었다. 그중 하나가 '여자 근로 정신대'(여자 정신대)다. 여자 근로 정신대는 일본 여성뿐만 아니라 조선 여성으로도 조직되었다.

그런데 단순히 조선 여성을 끌어 모았다고 일이 이루어지지는 않는다. 작업의 능률을 올리려면 적어도 일본어를 알아 의사소통이 가능하고 센티미터나 밀리미터 같은 개념 정도는 알아야 했다. 식민지 조선에서 이런 기준을 갖춘 사람들은 초등 교육(국민학교)을 마쳤거나 이에 버금갈 만한 수준을 갖춘 여성이었다. 이 밖에도 사무실 급사나 공장에서 일한 경험을 가진 여성도 괜찮았다.

일제는 이런 여성을 동원하기 위해 학교, 직업 소개소, 면사무소, 여자 청년 훈련소 같은 기관을 매개체로 삼았으며, 여기에 학교 교장, 교사나 면 직원, 구장들이 나섰다. 그들은 황국 신민으로서 나라를 위해 일할 때라는 둥, 여자 근로 정신대에 가면 일하면서 공부도 계속할 수 있다는 둥 하며 소녀들을 꼬드겼다. 초등학교를 졸업한 뒤 중학교에 진학하기 어려웠던 많은 조선 소녀들에게 여자 근로 정신대는 새로운 기회처럼 보였다. 하지만 이런 꼬드김에 빠져 한번 지원하면 다시 되돌리기 어려웠다. 이미 명단에 올라가 어쩔 수 없다며 막무가내로 밀어붙이는가 하면, 여자 근로 정신대로 가지 않으면 아버지나 남자 형제를 끌고 가겠다고 공공연히 협박하였다.

조선 소녀들은 1944년 4월경부터 여자 근로 정신대로 동원되었고, 14~16세의 어린 나이에 군수품을 생산하는 공장에서 일하였

여자 근로 정신대 모집 공고
후지코시 도야마 공장으로 동원할 여자 근로 정신대를 모집하기 위해 경성부에서 낸 신문 공고. 매일신보, 1945년 1월 26일자.

다. 일본 시즈오카 현 도쿄아사이토 누마즈 공장은 비행기 날개용 천과 낙하산을 만드는 방직 공장이었다. 여기에 끌려온 경상남도 지역 소녀들은 매일 삼을 씻고, 실 잇는 일을 하였다. 아이치 현에 있는 미쓰비시 중공업 나고야 항공기 제작소로는 충청남도과 전라남도 지역에서 300여 명이 끌려왔다. 이들은 철판에

어느 여자 근로 정신대원의 기사 개성에서 동원된 여자 근로 정신대원으로 오빠가 전장에서 사망했지만, 자신은 생산전으로 복수하겠다는 신문 기사. 매일신보, 1945년 4월 23일자.

부품 도면을 그리거나 비행기 날개 페인트칠을 주로 하였는데, 1944년 12월 지진으로 공장이 무너지면서 여섯 명이 사망하기도 하였다. 도야마 현 후지코시 도야마 공장은 기계 공구와 부품을 생산하는 곳으로, 무려 1000여 명이 경기, 충청, 경상, 전라도 지역에서 끌려왔다. 이들은 베어링 같은 기계 부품을 생산하였는데, 키가 작아 나무 상자 위에 올라서서 일하였고, 크고 작은 부상에 시달렸다.

소녀들은 배고픔에 시달리면서 군대식으로 꽉 짜인 생활 규율에 맞추어 일하였다. 처음 약속과는 다르게 공부를 할 수도 없었다. 게다가 군수 공장을 대상으로 한 미군의 공습이 심해지면서, 폭격을 피해 방공호며 산으로 도망치는 일이 다반사였다. 폭격뿐만 아니라 지진이나 전염병과도 싸워 죽을 고비를 넘겨야 하였다. 임금은 집으로 돌아갈 때 한꺼번에 주마고 약속하였지만, 해방 뒤 이를 제대로 받은 사람은 몇 명 되지 않았다.

이러한 여자 근로 정신대가 사회적으로 환기된 것은 1990년 ‘위안부’ 문제가 불거지면서부터다. 정신대, 처녀 공출이란 말이 등장하면서 양자는 혼동되었고, 그 틈바구니 속에서 당사자들은 자신의 경험

〈끌려감〉 꽃이 꺾이듯이 끌려가는 소녀의 얼굴에는 두려움과 불안이 가득하다. 일본군 '위안부'로 끌려갔던 김순덕 할머니의 그림.

을 말하기 주저하는 상황이 되었다. 여기에는 일본에서의 생활을 의심하는 가부장적 시선과 자신이 이해하기 쉬운 방식으로 문제를 단순화하는 한국 사회의 잘못된 태도 탓도 있었다.

이후 여자 근로 정신대에 동원되었던 생존자 가운데 일부는 1990년대 들어와 일본 정부와 회사를 상대로 손해 배상 소송을 시작하였다. 1992년 1차 후지코시 소송을 시작으로, 1997년에는 도쿄아사이토 소송, 1999년 나고야 미쓰비시 소송, 2003년 2차 후지코시 소송(현재 진행 중)으로 이어졌다. 1차 후지코시 소송은 화해 조정이 이루어졌지만, 나머지 소송은 모두 기각되었다. 한국과 일본의 시민 단체와 일본 변호인단의 지원 속에서 계속 항소하였지만, 1965년 한일 기본 조약으로 손해 배상은 모두 끝났다는 것이 일본 재판부의 견해였다.

한편 한국 정부는 2005년 한일 청구권 협정 관련 문서 공개 과정에서 1975년에 실시된 정부 보상이 강제 동원 희생자 등에 대해 충분히 이루어지지 못하였다고 판단하고, 2008년 '태평양 전쟁 전후 국외 강제 동원 희생자 등 지원에 관한 법률'을 공포하였다. 일제가 강제 동원하였던 사람들 중 사망자, 행방 불명자, 부상자에게 위로금을, 생존자에게 의료 지원금(생존하는 동안 1년에 80만 원) 등을 지원하는 내용으로, 현재 시행되고 있다.

이렇게 협정과 법률에 따라 처리되어 오는 와중에 소외된 것은 강제 동원 피해 당사자들이다. 또한 이 문제는 국가적 책임에 대한 분명한 사죄와 사회적 반성이 없이는 해결되지 않고, 또 적당히 봉합되지 않는다.

한 세대가 식민 시대를 살아오면서 경험하였던 것을 우리는 어떻게 기억해야 할까? 나라의 힘이 없었을 때 겪었던 슬픈 일이니 나라의 힘을 기르면 해결될까? 한번 처리한 사안이니, 다시 되묻고 따지는 일은 명쾌하지 않은 태도일까? 일제 강점기 전시 강제 동원 문제는 역사를 바라보는 우리의 태도를 끊임없이 되돌아보게 한다.

일곱째 마당

현대

# 한국을 뒤흔든 언론의 왜곡 보도
해방과 '신탁 통치' 파동

1945년 8월 15일, 항복을 알리는 일본 천황의 떨리는 목소리가 라디오를 통해 한반도 곳곳으로 퍼져 나갔다. 한국을 침략하고 태평양 전쟁을 일으킨 일제가 연합국에 패망하였다. 식민 지배에서 벗어나자, 전국에 곧바로 건국 준비 위원회가 만들어졌다. 우리 손으로 새로운 나라를 건설하려는 희망찬 움직임이 시작된 것이다.

9월 8일 인천에 상륙한 미군은 다음 날 서울 중앙청에서 일본군의 공식 항복을 받아 냈다. 수십 년간 조선 총독부 게양대에 걸렸던 일장기가 내려가고, 그 대신 미국의 성조기가 높이 올라갔다. 한국인은 미군을 일제를 쫓아낸 해방군으로 여겼다. 또 한국이 자주 독립 국가를 건설하는 데 도움을 줄 것이라고 생각하였다.

하지만 국제 정치 상황은 한국인이 생각한 것처럼 희망적이지 않았다. 연합국은 1943년 11월 카이로 회담에서 '적당한 시기'에 한국을 독립시켜 준다고 약속하였다. 그런데 그 적당한 시기가 언제인지는 분명히 밝히지 않았다. 오히려 미국 대통령 루스벨트는 한국에

소련군 진주(위), 미군 진주(아래) 1945년 8월, 일본이 항복하였다. 그러나 우리 손으로 해방을 이루지 못하였기에, 미국과 소련은 각각 한반도 남북을 점령하였다. 이로 인해 한반도의 운명은 다시 외세의 손에 놓이게 되었다. 위 사진은 소련군이 함흥에 진주하는 모습이고, 아래 사진은 미군이 서울에 진주하는 모습이다.

30~40년간의 신탁 통치를 구상하고 있었다. 1945년 2월 얄타 회담에서도 루스벨트는 스탈린에게 20~30년간 한국을 신탁 통치하는 것이 좋겠다고 말하였다.

일제의 식민지였던 한국은 일본이 패망하였기 때문에 당연히 해방되어야 했다. 하지만 미국과 소련은 한반도를 38도선으로 양분하여 각각 남북을 점령하였다. 남한에 들어온 미군은 한국인이 만든 정부를 인정하지 않았고, 남한에서 유일한 정부는 미군정뿐이라고 못 박았다.

왜 한국은 해방이 되었는데도 또다시 미국과 소련이라는 외세에 점령된 채 독립된 나라를 세우지 못했을까? 일제 강점기 말 임시 정부와 해방군이 항일 운동을 펼쳤지만 일제의 패망은 우리 손으로 이루지 못하였다. 세계 대전에서 승리한 연합국은 전후 세계 질서를 어떻게 만들어 갈 것인지 고민하고 있었다. 2차 세계 대전이 끝날 때까지 제국주의 국가는 식민지를 무력으로 지배하였다. 그러나 식민지의 저항 운동이 2차 세계 대전을 승리로 이끄는 데 기여하고, 독립을 주장하는 목소리가 높아지자, 이제 제국주의는 힘으로 타국의 영토를 지배할 수 없게 되었다.

2차 세계 대전이 끝나자 미국은 식민지에서 해방된 나라들에 신탁 통치를 실시하려 하였다. 신탁 통치는 무력으로 직접 점령하지 않으면서도 미국의 정치적, 경제적 이익을 보장해 줄 수 있는 방법이었기 때문이다.

1945년 12월 중순, 소련의 모스크바에서는 미국, 영국, 소련 세 나라의 외무 장관이 모여 세계 대전이 끝난 뒤 동아시아와 동유럽 지역 등을 어떻게 처리할 것인지를 논의하였다(모스크바 3국 외상 회의). 이 회의에서 미국은 한국에 4개국 신탁 통치를 실시할 것을 주장하였다. 기간은 5년으로 하되 연장할 수 있게 하자고 제안하였다. 이에 대해 소련은 한국을 독립시키기 위한 임시 정부 수립을 주장하였다. 신탁 통치 기간도 협력과 원조의 형태로 5년을 넘기지 않게 실시해야 한다고 요구하였다. 모스크바 3국 외상 회의의 결정은 대체로 소련의 제안을 바탕으로 하여 이루어졌다.

결정안의 내용은 이랬다. 먼저 한국을 독립 국가로 만들기 위해 임시 정부를 수립한다. 이를 위해서 미국과 소련의 사령부 대표로 공동 위원회를 구성하며, 임시 정부와 협의해서 최고 5년 동안 4개국이 신탁 통치한다. 그리고 신탁 통치는 미·소 점령군이 마음대로 즉각 실시하는 것이 아니었다. 한국에 임시 정부가 수립되고, 그 임시 정부와 협의한 뒤에야 비로소 실시할 수 있었다.

그러나 이러한 모스크바 3국 외상 회의의 내용은 국내에 제대로 알

동아일보의 왜곡 보도
모스코바 3국 외상 회의
결정을 신탁 통치 실시로
보도한 기사(1945년 12월
27일).

려지지 않았다. 1945년 12월 27일, 동아일보는 이 회의에서 조선에 신탁 통치를 실시하기로 결정하였다고 보도하였다. 동아일보는 모스크바에서 결정문이 발표되기 하루 먼저, 미군정조차 결정문을 입수하지 못한 때에 벌써 그 내용을 보도하였다. 기사에는 "미국은 즉시 독립 주장, 소련은 신탁 통치 주장"이라고 실렸다. 이 보도는 한국 현대사에서 가장 큰 오보였다. 기사는 미·소 양측의 주장을 정반대로 보도하였다. 뿐만 아니라 '모스크바 3국 외상 회의 결정안'의 내용도 '신탁 통치 실시'로 왜곡하였다.

미군정은 남한의 보도 기사를 철저히 검열하였지만, 동아일보 기사에는 아무런 제재를 가하지 않았다. 미국이 신탁 통치안을 주장하였다는 사실이 알려질 경우 미국에 쏟아질 비난을 소련 탓으로 돌리려 했기 때문이다.

동아일보의 보도 때문에 사람들은 '모스크바 3국 외상 회의 결정안=신탁 통치 실시=소련의 주장'으로 이해하였다. 그래서 신탁 통치가 실시된다는 소식이 전해지자, 전국은 걷잡을 수 없는 좌절과 분노의 소용돌이에 빠졌다. 독립 능력을 갖추지 못한 나라에나 있을 법한 신탁 통치가 실시된다는 사실은 민족의 자존심을 건드렸고, 대중의 분노를 폭발시켰다.

그때 신탁 통치 반대 운동에 참여하였던 사람들은 '찬탁=친소=공산주의자=매국'이며, 반탁은 한국의 독립을 진실로 바라는 '애국'

운동이라고 주장하였다. 반탁 운동은 여러 정치 세력에 대한 대중들의 생각을 완전히 바꾸어 버렸다. 반탁은 곧 민족 세력과 애국 세력의 주장이라는 등식이 만들어졌다. 이전에는 얼굴도 제대로 들지 못했던 친일파 세력이 반탁 운동에 합류하면서 이들은 갑자기 애국자로 변모하였다.

한편 조선 공산당을 비롯한 좌익은 모스크바 3국 외상 회의 결정안의 내용을 파악한 뒤부터 결정안 지지 태도를 밝혔다. 이들은 3국 외상 회의 결정의 핵심 내용은 신탁 통치 실시가 아니라 임시 정부 수립에 있다로 보았다. 그래서 자신들은 신탁 통치를 찬성하는 것이 아니라 '모스크바 3상 협상을 지지'하는 것이라고 말하였다. 그러나 좌익 세력을 바라보는 사람들의 생각은 바뀌었다. 이전에 일제에 저항한 애국 세력으로 여겼던 좌익이었지만, 신탁 통치 파동을 거치면서 '좌익 세력＝매국노'로 인식되었다.

이는 '신탁 통치 반대 운동'과 '모스크바 3국 외상 회의 결정안 지지' 운동의 대결로 이어져 좌우익의 대립은 날로 심해져 갔다.

이러한 상황에서 한국이 독립 국가를 건설할 수 있는 방법은 무엇이었을까? 가장 중요한 것은 미국과 소련이라는 외세의 힘을 줄여 독

찬탁, 반탁 시위 신탁 통치 반대 시위(왼쪽)와 모스크바 3국 외상 회의 결정 지지 시위(오른쪽). 반탁 운동은 반소 운동, 반공 운동으로 진행되어 좌우 이념 대립이 더욱 심해졌다.

립 국가 건설을 앞당길 수 있는 조건을 만드는 일이었다. 모스크바 3국 외상 회의 결정안은 카이로 회담에서 '적절한 과정을 거쳐'라고 막연히 규정했던 독립 정부 수립 방안을 더 구체화하였다. 자주적 독립 국가 건설을 앞세운다면 38도선 분할과 미·소 점령으로 높아지던 분단의 위험을 해소할 가능성이 있었다.

모스크바 3국 외상 회의 결정안을 둘러싼 신탁 통치 파동은 해방 직후 정국을 바꾸었을 뿐만 아니라, 좌우익의 대립을 급격하게 진행시켜 한국 현대 정치사의 흐름을 크게 바꾸어 놓았다. 이때부터 싹튼 좌우의 대립은 결국 3년 뒤 남북에 각각 분단 정부가 수립되는 것으로 귀결되었다. 나아가 분단 정권 수립은 미·소 냉전 체제와 맞물리면서 한국 전쟁 발발로 이어졌다.

학살, 죽이는 이야기
제주도 4·3 사건

바르샤바에 있는 무명 용사의 묘를 참배하던 브란트 서독 총리가 바닥에 무릎을 꿇으며 과거의 독일 역사에 대해 반성하는 눈물을 흘렸다.

'브란트의 무릎 꿇기'라고 불리는 이 역사적 사건은 서독 총리 빌리 브란트가 1970년 12월 폴란드를 공식 방문했을 때 있었던 일이다. 독일의 통일과 동서 화해의 초석을 깔았다고 일컬어지는 빌리 브란트는 그해에 적대 관계에 있던 폴란드를 방문하였다. 바르샤바에 있는 무명 용사의 묘를 참배하던 브란트는 갑자기 축축하게 비에 젖은 콘크리트 바닥에 무릎을 꿇은 채 고개를 숙이고 한참 동안 눈물을 흘렸다. 누구도 예상치 못한 일이었다. 강대국의 통수권자가 약소국을 찾아와 무릎 꿇는 일은 공식 외교사에서 찾아보기 힘든 사건이었다.

신 앞에서만 무릎을 꿇는다는 유럽인들은 이 일을 충격으로 받아들였고, 어떤 독일인들은 독일의 굴욕이라고

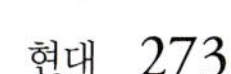

무릎 꿇은 빌리 브란트
독일(당시 서독) 총리 빌리 브란트는 바르샤바 게토 희생자 추모비 앞에서 무릎을 꿇고 사죄했다. 이 일은 전 세계에 감동과 교훈을 주었으며, 역사의 상처를 치유하기 위해 가해자가 어떻게 행동해야 하는지 보여 주는 좋은 사례가 되었다.

바르샤바 게토 희생자 추모비 2차 세계 대전 당시 나치 독일에 의해 희생된 수많은 유대인을 추모하기 위해 세웠다. 추모비의 일부 모습이다.

브란트를 비난하였다. 그러나 많은 독일인들은 브란트의 이 행동을 부끄럽게 여기지 않았고, 폴란드인들 가운데는 뉴스를 접하며 함께 눈물을 흘린 이도 많았다고 한다. 브란트의 행동은 부끄러운, 그래서 꼭꼭 숨긴 채 외면하고 싶은 역사에 대한 반성과 참회를 담고 있었기 때문이다.

브란트가 방문한 무명 용사의 묘는 제2차 세계 대전 때 폴란드를 침공한 나치의 수용소가 있던 곳이다. 폴란드인들은 이곳에 나치에게 학살된 이들과 그 역사를 잊지 말고 되풀이하지 말자는 뜻을 담아 바르샤바 게토● 희생자 추모비를 세웠다. 브란트는 바로 이곳에서 무릎을 꿇고 눈물을 흘린 것이다.

나치의 유대인 학살, 일본군이 19세기 후반부터 자행한 조선인 학살과 난징 대학살, 세르비아인들이 보스니아와 코소보에서 벌인 인종 청소. 이처럼 역사에는 민간인을 죽인 일들이 비일비재하였다. 그럼에도 대부분 비극을 잊지 않고 기억하려는 피해자는 있어도 과거를 반성하려는 가해자는 드물다. 그렇다면 우리 역사에는 그런 일이 없었을까? 그렇지 않다. 불과 60여 년 전 이 땅에도 아무 잘못 없는 이들을 죽이고, 그 사실을 꼭꼭 숨겨 둔 채 드러내지 않으려 애써 온 부끄러운 학살의 역사가 존재한다.

아름다운 자연 환경을 가진 관광의 섬 제주도의 또 다른 이름은 '평화의 섬'이다. 이 이름은 제주도가 다른 곳보다 평화롭거나 제주도 사람들이 도드라지게 평화를 사랑한다 해서 붙여진 것이 아니다. 오히려 이 이름은 수많은 죽음 위에서, 그 죽음을 잊지 말고 인류 평화를 이루자는 뜻을 담고 있다. 곧 제주도의 역사가 평화롭지 않았음을 말한다.

● **게토(ghetto)** 유럽에서 유대인을 강제 격리하기 위해 설정한 거주 지역. 바르샤바 게토에는 약 40만 명의 유대인이 강제 수용되었다.

제주도에서 벌어진 학살의 역사는 1945년 8·15 해방 뒤 벌어진 좌우 대립에서 출발한다. 다른 지역과 마찬가지로 제주도에도 좌익과 우익의 대립이 있었다. 그러나 1947년 2월까지 육지와 달리 제주도에는 피를 부르는 큰 갈등은 드물었다. 이 살얼음판 같은 평화가 1947년 삼일절 기념행사에서 깨지게 된다. 이날 행사가 열린 제주 북초등학교 주변에는 3만 명가량의 인파가 모였는데, 이들을 향하여 경찰이 총을 쏘아 여섯 명이 죽고 여덟 명이 중상을 입었다.

이날을 기점으로 제주도의 분위기는 크게 바뀌었다. 경찰의 발포에 항의하는 총파업이 일어나는 한편 군인과 경찰의 병력이 증강되었고, 진압을 위해 서북 청년회●도 들어왔다. 섬 여기저기에서 경찰과 청년회에 의한 폭력 행위가 발생했고, 좌익 인사들의 검거, 고문, 학살이 이어졌다. 이에 더해 남한만의 정부를 수립하기 위한 단독 선거 소식이 전해졌다. 결국 1948년 4월 3일 새벽 1시를 전후로 한라산 오름마다 봉홧불이 오르면서 무장 투쟁이 시작되었다.

이에 5월 10일 선거로 구성된 정부는 제주도에 군과 경찰, 청년회로 구성된 토벌대를 투입하여 진압에 나섰다. 이 과정에서 토벌대는 살인, 방화, 강간, 폭행, 고문 등을 저질렀고, 무장대는 경찰, 군인, 우익 단체 간부들을 살해하였다.

1948년 10월에 접어들자 토벌대는 해안에서 5킬로미터 넘게 떨어진 중산간 지대 전체를 '적이 있는 지역'이란 의미로 '적성 지대'라고 포고하였다. 그리고 이 지역에 사는 모든 사람들을 다른 곳으로 떠나게 하고 마을을 불태워 무장대를 고립시켰다. 이 같은 형태의 작전은 국제법에서도 엄격히 금지되어 있다.

이 과정에서 토벌대는 정든 집을 떠나기를 주저하는 주민들을 대거 학살하였다. 심지어 무장대로 입산한 이들의 가족이나 친지, 무장대를 도왔다고 의심되는 마을 주민들을 굴비 엮듯 끌어다 제주 앞바다에 산 채로 빠뜨려 죽였다는 증언까지 있다.

이런 일들은 내 편이 아니면 모두 적으로 보는 극단적인 증오심 때문에 발생하였다. 곧 적과 알고 지내왔거나 그냥 놔두면 적의 편이 될 것이라고 여겨지는 이들을 모두 적으로 여겼던 것이다.

제주도 4·3 사건 진상 조사 위원회의 보고서에 따르면, 이렇게 죽임을 당한 이가 '2만 5천여 명에서 3만여 명'이었다. 이는 당시 제주도 인구의 약 10퍼센트에 해당한다. 더욱이 이들 가운데 많은 수는 민간인이었다. 곧 죽임을 당한 이들 가운데 많은 이들이 죄 없는 여성과 어린이, 노인이었다. 보고서는 당시 토벌에 나선 군과 경찰, 서북 청년회가 학살의 주요 가해자였다고 밝혔다.

참혹한 학살은 제주도를 넘어 육지까지 번졌다. 정부는 여수에 주둔하던 국방 경비대 14연대 병사들을 무장대 진압을 위해 제주도로 출동시키려 하였다. 그러자 14연대는 동족에게 총을 겨눌 수 없다며 거부하고 여수, 순천, 보성 등지를 점령하였다(여수·순천 10·19 사건). 이 과정에서 우익 인사와 경찰이 사살 혹은 처형되었다. 그런데 이를 진압하기 위해 정부에서 파견한 진압군은 봉기한 병사들과 좌익 인사뿐만 아니라, 조금이라도 마음에 들지 않는 사람들을 모두 학살하였다. 지리산 일대로 쫓긴 봉기군을 토벌하는 과정에서는 화순, 임실, 남원, 거창, 함양, 산청 등지에서 수천 명의 주민들을 죽음으로 내몰았다. 이들 가운데는 면장 같은 우익 인사까지 여러 명 포함되어 있었다.

또 1949년 12월 경상북도 문경에서는 "국군이 왔는데도 반겨 주는 이가 없는 것을 보니, 이 동네는 빨갱이 동네가 틀림없다."라며 주민들

을 집단 학살하고 동네를 불태웠다. 이때 학살된 86명 가운데 5세 미만의 아기 열한 명을 포함해 15세 미만 어린이가 서른두 명이었고, 65세 이상 노인이 열 명이나 되었다.

집단 학살은 한국 전쟁 때 더욱 기승을 부렸다. 이 가운데 국민 보도 연맹 사건이 가장 널리 알려져 있다. 국민 보도 연맹은 원래 좌익이었다가 전향한 사람들을 충성스러운 대한민국 국민으로 만들기 위해 조직된 단체였다. 그러나 영화 〈태극기 휘날리며〉의 여주인공 영신이 "보리쌀 준다기에 이름만 썼지, 난 보도 연맹이 뭔지 몰라요."라고 말하듯 지방에서는 좌익과 전혀 무관한 사람들이 할당된 수를 채우기 위해 가입한 경우도 많았다. 전국에 걸친 30만의 보도 연맹원 가운데 상당수는 이런 사람들이었다. 이런 이들을 혹시 내버려 두면 적과 내통할지 모른다며 군과 경찰이 학살한 것이다.

이 밖에도 예비 검속자 학살, 형무소 재소자 학살, 부역자 학살, '공비' 토벌 작전 중에 발생한 민간인 학살, '노근리 사건'과 같은 미군에

남편을 찾는 여인 여수·순천 10·19 사건 때 무참하게 살해된 남편의 시신을 찾고 있는 여인. 아기를 업은 한 여인의 모습이 민족의 비극을 생생히 전해 준다.

의한 피난민 집단 학살, 인민군·좌익에 의한 학살 등 100만 이상의 민간인이 한국 전쟁 때 이유조차 알지 못한 채 죽임을 당하였다. 오죽하면 한국 전쟁을 '민간인을 대상으로 한 더러운 전쟁'이라고 말하는 사람까지 있을까.

이러한 학살에 대해 대부분의 가해자들은 아예 그런 일이 없었다며 침묵한다. 그렇지 않으면 "어쩔 수 없는 상황이었다."거나 그렇게 해서 "빨갱이들을 막아 낼 수 있었다."고 말한다. 집단 학살에 대한 참회와 반성은 없고 변명과 외면만이 남아 있는 셈이다.

2006년 4월 3일 노무현 대통령은 대한민국 대통령으로는 처음으로 제주도 4·3 사건 추모식에 참석해 국가에 의해 학살된 이들에게 사과하였다.

자랑스러운 역사든 부끄러운 역사든 역사는 있는 그대로 밝히고 정리해야 합니다. 무력 충돌과 진압 과정에서 국가 권력이 불법하게 행사된 잘못에 대해 제주도민 여러분께 다시 한 번 사과드립니다. 사실은 사실 그대로 분명하게 밝히고 억울한 누명과 맺힌 한을 풀어 주고 다시는 이런 일이 일어나지 않도록 함께 가자는 것입니다.

노무현 대통령의 사죄는 매우 의미 있는 행위였다. 그러나 가해자들의 반성과 참회가 따르지 않는 사과를 들으면서 '브란트의 무릎 꿇기' 현장을 목격한 한 기자의 평가를 되새기게 된다. "(나치에 대한 저항 운동에 가담해서) 무릎 꿇을 필요 없는 그가, 무릎 꿇어야 하지만 그러지 않았던 사람들을 대신해서 무릎 꿇었다."

150만 서울 시민은 어디로?

한강 다리 폭파와 한국 전쟁

전쟁과 다리에 얽힌 뒷이야기는 수없이 많겠지만, 사람들이 잘 아는 이야기로는 조자룡이 헌 창을 들고 영웅이 된 장판교長坂橋와 〈콰이 강의 다리〉라는 영화의 소재가 된 콰에노이 강의 다리 정도일 것이다. 이 가운데 콰에노이 강의 다리가 전쟁 오락물로 재미있다면, 장판교는 좀 더 감동적이다. 조조를 두려워한 10만 형주 백성은 유비의 덕망을 높이 사 유비를 따라나섰다. 그 때문에 유비의 피난길이 늦어져 하루에 10리, 약 4킬로미터밖에 도망칠 수 없었다. 그러다 보니 이건 피난길이 아니라 유람을 떠나는 것처럼 늑장을 부리게 되어 마침내 당양에서 조조 군의 공격을 받았다. 그러나 장판교를 사이에 두고 조자룡과 장비가 다리를 끊어 버리는 전술을 쓴 덕분에 간신히 목숨만 건져 조조 군의 추격을 벗어날 수 있었다. 적을 피해 충분히 나아갈 수 있었는데도 유비는 자신을 따르는 백성을 보호하려다 끝내 적의 공격을 받았던 것이다. 그러나 유비의 덕은 50 대 1이라는 군사력의 차이를 뛰어넘어 조조와 어깨를 견줄 수 있는 밑거름이 되었다.

가까운 우리 역사에서 전쟁과 다리로 알려진 이야기는 한강 다리 폭파 사건이다. 한국 역사에서 가장 큰 비극인 한국 전쟁은 6월 25일에 일어났고, 한강 다리는 6월 28일 새벽 2시 30분에 폭파되었다. 이는 대통령 이승만이 특별 열차로 서울을 떠난 지 꼭 22시간 만이었다. 대통령이 몰래 국민을 버리고 서울을 떠나면서 한강 다리를 폭파해야 했던 6월 27일과 28일 양일간의 긴박한 상황을 보자.

6월 25일 저녁　　이승만, 주미 대사 무초에게 대전으로 정부를 이전하겠다고 통보.

6월 26일　　　　인민군의 의정부 점령. 채병덕 육군 참모 총장, 공병감 최창식 대령에게 한강 다리 폭파 준비 하달. 최창식 공병감, 공병 학교장 엄홍섭 중령에게 한강 다리 폭파 준비 지시.

6월 27일 04:00　이승만 대통령, 특별 열차로 은밀히 서울 탈출. 신성모 국무총리 대리 주재로 비상 국무 회의 개최, 정부 수원 이전 결정.

08:00　비상 국회 개회에 채병덕 참석, "근일 중에 백두산에 태극기를 꽂는다."라는 허황된 전황 보고. 이에 고무된 국회, "국회 의원은 100만 서울 시민과 함께 수도를 사수한다."라는 수도 사수 결의안 만장일치로 가결. 국회 의장과 부의장이 결의안을 가지고 경무대에 갔으나 이미 대통령은 서울을 탈출했음을 확인.

20:00　이승만, 전쟁 발발 후 처음으로 대전에서 전화 녹음한 국민 격려 방송.

23:00　이승만, 국민 격려 방송 중단. 채병덕 참모 총장, 최창식

공병감에게 한강 다리 폭파 지시.

6월 28일 02:00　채병덕 등 국군 지휘부와 이시영 부통령 등 정부 주요 인사 한강 통과.

02:26　최창식 공병감, 도화선 점화 명령.

02:28　한강 다리 폭파.

아무런 예고도 없이 "쾅!쾅!쾅!" 요란한 소리와 함께 육중한 한강 다리가 무너지는 순간, 한강 다리 위에 있던 수백 명의 피난민과 군인들이 폭파되는 한강 다리 잔해와 함께 떨어져 한강 물에 휩쓸려 갔다. 이 시각 국군이 인민군을 물리치고 북상하고 있다는 거짓 방송을 믿었던 서울 시민 수십만 명이 버려졌고, 미아리 고개 등지에서 최후의 방어를 위해 고군분투하던 수많은 국군이 내버려졌다. 군인 9만 8천명 가운데 한강을 건넌 이는 대략 2만 4천 명에 지나지 않았다고 한다.

폭파 명령을 내린 최창식 공병감은 물론, 명령을 최종 수행한 엄홍섭 중령은 이 광경을 보고 통곡하였다. 아비규환 같은 한강 다리 위의 상황과 강북에 버려진 국민과 국군을 생각할 때 비록 명령을 수행하였지만 잘못이라 생각했던 것이다. 그때 이 장면을 목격한 국군 소위 이창록은 "나는 이러한 끔찍한 광경을 보고 분노가 치밀어 올랐다. 이럴 수가 있나. 국민에 대한 이러한 폭거가 있나. 이렇게 만든 자는 마땅히 엄벌을 받아야 한다고 생각했다."고 증언하였다.

대통령이 자신만 살자고 국무 위원도, 국회 의원도 모른 채 6월 27일 새벽 서울을 빠져 나간 지 22시간 만에, 그리고 서울 시민들에게 정부가 수도를 지킬 테니 걱정하지 말라고 전화 녹음 방송을 한 지 딱 세 시간 반 만에 한강 이북에 있던 국민과 국군을 버렸던 것이다.

한강 다리 폭파 목격자 이창록 소위의 말대로 이렇게 만든 자는 마
땅히 엄벌을 받아야 했다. 전쟁 중이었지만 무책임한 한강 다리 폭파
에 대한 국민의 원성은 높았다. 뒤늦게 대전에 합류한 국회 의원들은
그 책임을 물어 이승만에게 사과할 것을 요구하였다. 그러나 이승만
은 오히려 "내가 당나라 덕종이냐? 내가 국민 앞에 사과하게." 하며
반발하였다. 즉 전란이 일어나 삶이 고달프게 된 백성에게 자신의 덕
이 부족한 탓이라고 사과하였던 덕종과 자신은 다르다는 것이다. 한
마디로 한강 다리 폭파와 관련하여 국민에게 사과할 잘못이 없다는
태도였다. 국민에 대한 이승만의 무책임성이 적나라하게 드러난 순간
이었다.

대신에 이승만은 여론을 잠재울 목적으로 애꿎은 군인을 희생의 제
물로 삼았다. 한강 다리 폭파의 책임을 국군 통수권자인 대통령이나
국방부 장관이 아니라 상관의 명령을 받아 집행했을 뿐인 말단 집행
자에게 떠넘긴 것이다. 그리하여 1950년 9월 하순 한강 다리 폭파 책

임의 희생양으로 최창식 공병감이 형장의 이슬로 사라졌다.

6월 25일 전쟁이 일어나 28일 새벽에 한강 다리가 폭파되기까지 긴박한 순간에 보여 준 이승만의 모습은 국가 원수이자 국군 통수권자로서 '국민과 국군을 버린' 무책임의 극치를 보여 준다. 또 한국 전쟁 초기 국군이 승전하고 있다던 거짓 방송이나, 6월 27일 전쟁 발발 뒤 국민을 대상으로 한 첫 전화 녹음 방송은 결과적으로 상당수 서울 시민을 서울에 남아 있도록 유도함으로써 국민을 기만한 범죄 행위나 마찬가지였다.

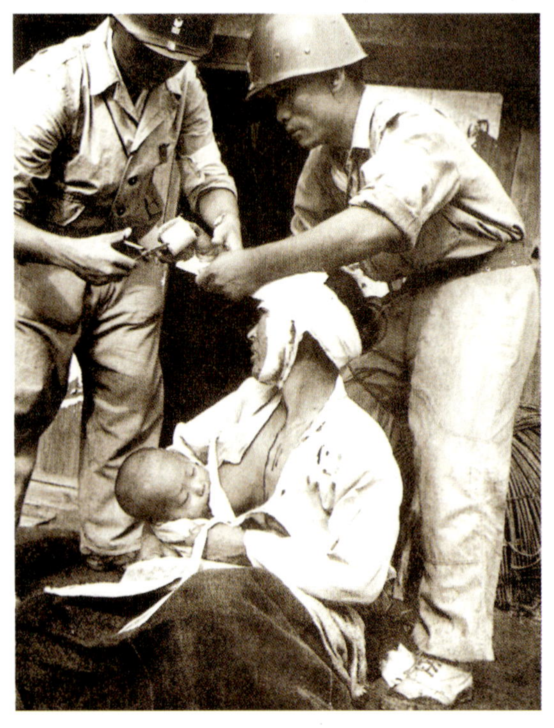

네이팜탄에 부상을 당한 어머니 1951년 2월 수원에서 미군의 네이팜탄 공격으로 부상을 입은 채 아이에게 젖을 물리고 있는 어머니. 한국군 병사들이 붕대를 감아 주고 있다.

이승만이 민중의 처지를 생각하지 않고 저지른 일은 이것만이 아니다. 이승만은 중국이 한국 전쟁에 참여하는 바람에 북쪽을 차지하지 못하게 되자, 미국에게 원자 폭탄을 쓰자고 요구하였다. 미국과 이승만은 세계 여론이 좋지 않자, 원자 폭탄을 터뜨리지는 않았다. 그러나 미국은 우리가 흔히 월남전 영화에서 보았던 불을 뿜는 네이팜탄을 이 나라에 수없이 터뜨렸다. 그 때문에 건물과 공장 가운데 제대로 남아 있는 것이 없었으며, 금수강산으로 알려진 우리 국토는 폐허가 되었다.

우리는 전쟁이라는 어려운 상황에서 지도자가 보인 행동을 깊이 생각해 볼 필요가 있다. 즉 이승만과 유비 둘 다 힘이 더 센 적을 맞이하여 도망을 칠 수밖에 없었다. 그러나 두 사람이 도망치면서 보인 행동은 매우 달랐다. 유비는 백성과 함께하여 적의 추격을 받았지만, 이승만은 시민들을 속이고 혼자 도망쳤다. 10년 남짓 세월이 흘렀을 때, 2만 군사를 거느렸던 유비는 한 나라의 임금이 되어 조조와 엇비슷한 위치에 올라섰다. 그러나 이승만은 자신의 권력을 지키려고 독재를 일삼다가 4·19 혁명으로 쫓겨나 역사에 부끄러운 이름을 남기게 되었다.

민주주의 발전의 밑거름

4·19 혁명

어머니, 데모에 나간 저를 책하지 마시옵소서. 우리들이 아니면 누가 데모를 하겠습니까? 저는 아직 철없는 줄 압니다. 그러나 국가와 민족을 위하는 길이 어떠하다는 것은 알고 있습니다. (……) 저는 생명을 바쳐 싸우려고 합니다. 저와 모든 학우들은 죽음을 각오하고 나갑니다. 데모하다가 죽어도 한이 없습니다. 어머니, 저를 사랑하시는 마음으로 무척 비통하게 생각하시겠지만, 온 겨레의 앞날과 민족의 해방을 위하여 기뻐해 주세요. 이미 저의 마음은 거리로 나가 있습니다. 너무도 조급하여 손이 잘 놀려지지 않는군요. 거듭 말씀드리지만, 저의 목숨은 이미 바치려고 결심했습니다.

14세의 어린 나이에 4·19 혁명에 참가했던 한성여자중학교 2학년 진영숙이 시위에 나가기 전에 어머니에게 남긴 글이다. 4·19 혁명에서 진영숙은 경찰의 총에 맞아 숨졌고, 이 글은 그의 생애에 마지막 글이 되고 말았다. 하나밖에 없는 생명을 버리면서까지 순진한 어린 학생이 이승만 독재 정권에 맞서 일어선 까닭은 무엇일까?

혁명의 불씨는 이미 오래전부터 타오르고 있었다. 장기 집권의 길에 들어선 이승만 정권은 정치와 경제 분야에서 위기에 몰리고 있었다. 1950년대 말부터 미국이 공짜로 주던 원조가 크게 줄어들면서 공장이 돌아가지 않자, 노동자들은 하루아침에 일자리를 잃었다. 1950년대 말, 실업자 수는 약 420만 명(일할 수 있는 인구의 38퍼센트)이나 되었다. 1948년 단독 정부 수립 때부터 친일파와 극우 보수 세력을 기반으로 하여 정권을 유지해 온 이승만은 오랜 독재에 싫증을 내는 국민을 폭력과 불법, 그리고 반공을 무기로 잠재워 왔다. 하지만 나라 안팎에서 불만은 깊어 갔고, 이승만 정권을 갈아 보자는 얘기가 곳곳에서 터져 나왔다.

이승만 선거 벽보 1960년, 이승만 정권에 대한 시민의 불만이 높았다. 그러나 선거 벽보는 태연하게 "트집 마라."고 말한다.

위기에 몰린 이승만 정권이 1960년 4대 정·부통령● 선거에서 이기려면 부정 선거밖에 길이 없었다. 이승만 정권은 처음부터 부정 선거를 준비하는 데 아무 거리낌이 없었다. 선거를 관리했던 내무부는 '4할 사전 투표', '3인조, 9인조 공개 투표', '자유당 후보 투표율 85퍼센트 이상 확보' 등 부정 선거 기본 방침을 마련하고 시행하였다.

더구나 내무부 장관 최인규는 각 시·도 경찰국장, 서장, 시장, 군수 등을 날마다 불러 "어떤 비상수단을 사용해서라도 이승만 박사와 이기붕 선생을 꼭 당선시키도록 하라. 세계 역사상 대통령 선거에 소송이 제기된 일이 있느냐? 법은 나중이니 우선 당선시켜 놓고 보아야 한다. 콩밥을 먹어도 내가 먹고, 징역을 가도 내가 간다."고 큰소리를 쳤다. 나중에 최인규는 콩밥과 징역에 그치지 않고 3·15 부정 선거의 주범으로 처형되었다.

● **부통령 제도** 대한민국이 수립되었을 당시에는 미국의 헌법을 그대로 따와 부통령 제도가 있었다. 부통령은 대통령이 사망하거나 사임하여 직책을 수행할 수 없는 때에 대통령직을 승계해 직무를 대행한다. 부통령 제도가 없어진 것은 4·19 혁명 뒤의 일이다.

3월 15일 투표하는 날, 야당의 선거 감시원들은 폭력으로 쫓겨났다. 투표는 이승만 정권의 폭력 테러단이 지켜보는 가운데 공개적으로 치러졌고, 야당 부통령 후보를 찍은 표는 그 자리에서 찢기고 말았다. 야당 후보를 끝까지 지지하고자 했던 투표자들은 매만 실컷 얻어맞았다.

부정 선거에 대한 규탄과 항의는 먼저 마산에서 시작되었다. 학생과 시민들이 중심이 된 시위대는 "부정 선거 다시 하라!" 하는 구호를 외치며 평화롭게 행진하였다. 그러나 경찰은 시위대를 향해 마구 총을 쏘아 몇십 명의 사상자가 생겼고, 많은 시민과 학생들이 체포되었다. 경찰의 시위 진압에 잠시 사태가 진정되는가 싶었는데, 4월 11일 부정 선거 규탄 시위에 참여하였다가 최루탄에 맞아 숨진 고등학생 김주열의 주검이 발견되면서 시민들의 분노는 하늘까지 치솟았다. 마산 앞바다에서 한 낚시꾼이 건져 올린 김주열의 오른쪽 눈에는 미제 최루탄이 박혀 있었다. 어린 학생의 처참한 모습에 사람들은 치를 떨었고, 이승만 독재 정치에 억눌렸던 국민들의 분노는 폭발하였다.

이승만 정권은 김주열 사건의 진실은 밝히지 않고 '공산당의 수법'이니 '적색 마수의 개입'이니 하며 시위 열기를 가라앉히려 하였다. 그러나 이승만 정권의 상투적인 수법은 별로 효과를 보지 못하였다.

이제 분노한 국민들은 이승만 독재 정권

4·19 혁명 때 시위 모습
부정 선거 등 이승만의 독재와 횡포에 분노한 시위대가 종로 거리를 가득 메우고 있다.

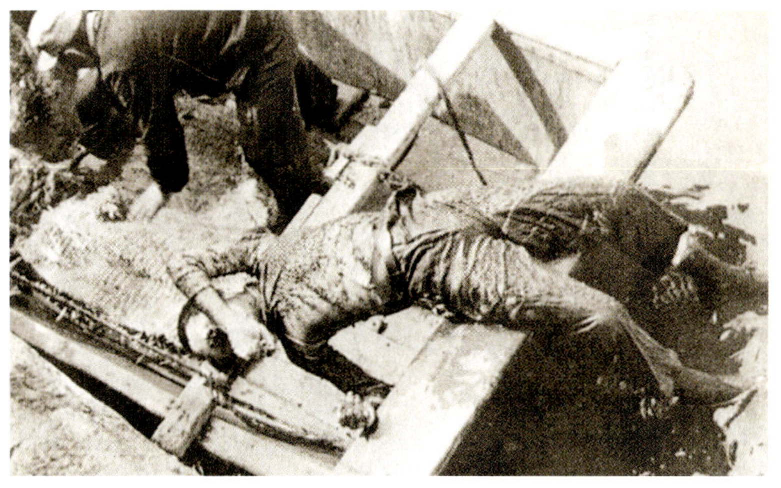

김주열의 시신 1960년 최루탄이 눈에 박힌 채 마산 앞바다에 떠오른 고등학생인 김주열의 시신은 4·19 혁명의 불씨가 되었다.

이 물러날 것을 요구하였고, 혁명의 불길은 온 나라로 번져 나갔다. 혁명은 4월 19일에 이르러 절정에 이르렀다. 시위대는 독재 정권의 심장부인 경무대로 돌진하거나, 악명 높은 자유당 본부, 대한 반공 청년단 본부, 어용● 신문인 서울신문사 등을 때려 부수거나 불태웠다.

당황한 이승만 정권은 경찰을 동원하여 시위대에게 마구 총을 쏘는 한편, 계엄령●●을 선포하였다. 이에 따라 4월 19일은 '피의 화요일'이 되었다. 이날 하루 동안 전국에서 183명의 학생과 시민이 독재자의 총탄에 쓰러졌고, 6200여 명이 중경상을 입었다. 이렇게 이승만 정권이 폭력으로 탄압했지만 독재 정권의 퇴진을 요구하는 민중의 투쟁은 온 나라에서 계속되었다.

상황이 점점 걷잡을 수 없게 되자, 지금까지 이승만을 감싸 왔던 미국도 생각을 바꾸었다. 미국은 혁명의 불길이 독재 정권의 타도를 넘어 자신들에게까지 번지는 것을 막으려고 이승만에게 물러나도록 권하였다. 이승만은 엎친 데 덮친 격으로 민심도 떠나고 마지막까지 믿었던 미국도 등을 돌리자, 결국 4월 26일에 하야 성명을 발표하고 망

● **어용** 자신의 이익을 위하여 권력자나 권력 기관에 영합하여 줏대 없이 행동하는 것을 낮잡아 '어용'이라 한다.

●● **계엄령** 전쟁, 내란, 재난 따위로 국가의 일상적 치안과 사법권 유지가 불가능하다고 판단될 때 대통령의 명령으로 내릴 수 있는 국가 긴급권의 하나다. 계엄령이 내려지면 군대가 직접 치안과 사법권을 대신한다. 우리나라에서는 계엄령을 국가 위기 때문이라기보다는 국민의 저항을 제압하기 위한 비상수단으로 내리는 경우가 많았다.

명하였다.

4·19 혁명은 쓰러져 가는 민주주의를 다시 일으켜 세운 민주주의 혁명이었다. 그러나 미완의 혁명이었다. 독재자 이승만을 권좌에서는 끌어내렸지만, 혁명의 열매는 거두지 못하였다. 1960년 7월 29일, 총선거로 민주당 정권이 들어섰지만 이승만 정권과 큰 차이가 없었다. 이승만 정권을 무너뜨리고 새로운 정부를 기대했던 민중은 다시 좌절을 겪었다.

민주당 정권은 혁명 과정에서 나타난 민중의 요구에는 아랑곳하지 않고 갑자기 잡게 된 정권을 더 많이 차지하려고 구파와 신파로 나뉘어 싸우는 데 정신이 없었다. 오히려 개혁과 학살 책임자 처벌을 요구하는 민중을 탄압하기 위해 반공법, 데모 방지법과 같은 악법을 만들었다. 시위 군중에게 총을 쏘게 한 책임자나 부정 선거의 원흉들은 처벌도 받지 않고 다시 거리를 활개 치고 다녔다.

민중은 민주당 정권이 하는 양을 앉아서 바라보고만 있을 수 없었다. 민중은 다시 일어나 철저한 개혁과 민주화를 요구하며 거리로 나

왔다. 4·19 혁명을 기회로 삼아 노동자들도 어용 노조를 바꾸어 노동
자의 이익을 대변하는 민주 노조를 결성하기 시작하였다. 이승만 정
권 아래서 어용 교육을 해야만 했던 교사들도 나섰다. 그들은 학원 민
주화와 참된 교육을 위해 교원 노동조합으로 모였다. 이와 함께 진보
세력들도 평화 통일 운동과 함께 반민주 악법 철폐 투쟁, 한·미 행정
협정 반대 투쟁 등을 벌여 나갔다. 학교로 돌아갔던 학생들도 다시 사
회 운동에 동참하기 시작하였다.

　이러한 여러 요구들은 4·19 혁명 1주년 기념 대회를 계기로 하여
민족 통일 운동으로 모아졌다. 통일 운동은 빠르게 퍼져 1961년 5월
5일에는 학생들이 판문점에서 남북 학생 회담을 열자고 제안하였고,
이어 5월 13일에는 “가자 북으로! 오라 남으로! 만나자 판문점에서!”
를 외치며 ‘남북 학생 회담 환영 및 민족 통일 촉진 궐기 대회’가 성황

4·19 기념탑 서울시 강북구 수유동에 있는 국립 4·19 묘지. 4·19 혁명은 민중이 힘을 합치면 독재 정권을 이길 수 있다는 것을 보여 준 좋은 본보기였다.

을 이루었다. 마침내 1961년 5월 20일, 남북한 20만 학생이 판문점에서 학생 회담을 열기로 하였다. 그러나 이러한 노력은 5·16 군사 정변으로 무참히 짓밟히고 말았다.

4·19 혁명은 이승만 독재 정권에 맞선 민중의 투쟁이었다. 이 혁명으로 이승만 정권이 무너지고, 민주당 정권이 들어섰다. 그러나 혁명은 여기에서 더 나아가지 못하고, 5·16 군사 정변으로 끝이 났다. 그럼에도 4·19 혁명은 민중이 힘을 합쳐 싸운다면 독재 정권을 이길 수 있다는 좋은 본보기였으며, 이 나라 민주주의 발전에 커다란 밑거름이 되었다.

공순이, 노동자로 거듭나다

1970년대 여성 노동자

1970년대는 한국 경제가 빠르게 성장하던 때였다. 빠른 성장의 바탕에는 수출이 있었고, 노동자들은 수출품을 생산하기 위해 밤낮 없이 일하였다. 정치인, 기업인, 학자, 문인들도 그들을 '산업 역군', '수출 역군'으로 추켜세웠다. 그런데 수출 역군들의 실제 삶도 자랑스럽고 뿌듯했을까?

기술 수준이 낮던 1970년대에 경제 발전은 방직, 방적, 봉제, 전자 업종 같은 경공업 중심으로 추진되었다. 그곳에서 일하는 노동자는 90퍼센트 이상이 여성이었다. 사람들은 이들을 얕잡아 '공순이'라고 불렀다. 대부분 가난한 농부의 딸인 여성 노동자들은 초등학교 또는 중학교를 마치면 어려운 집안 살림을 돕거나 남자 형제들의 학비를 벌기 위해, 공장에 취직한 이들이었다. 심지어 '밥그릇 하나 덜기 위해' 도시로 올라가 일했다. 이렇게 객지 생활을 시작한 여성 노동자들은 아침은 수제비로 때우고, 점심은 거르거나 풀빵으로 채우기 일쑤였다.

먹는 것은 부실했고 일은 고되었다. 계속되는 힘든 작업에 몸이 버텨내기가 힘들었다. 그러다 보니 잔업이나 밤샘 작업 때는 쏟아지는 졸음을 쫓으려 '잠 안 오는 약'을 먹기도 하였다. 그래도 버티지 못하고 졸기라도 하면 영락없이 작업 반장이 휘두르는 막대기가 머리나 등을 때렸다. 열악한 작업 환경에서 제대로 먹지도 못하고 오랜 시간 일하느라 폐결핵이나 위장병을 앓는 경우도 많았다. 당시 일하던 한 여성 노동자의 말을 들어 보자.

저녁 4시에서 다음 날 8시 30분까지 밴드 선별을 위하여 야근을 하면 눈이 쓰라리고 눈물이 줄줄 흘렀다. (……) 그러다가 새벽 3시나 4시쯤 되면 속이 쓰리기 시작하고 위가 깎여 나가는 것만 같은 고통이 왔다. (……) 너무나 힘들고 괴로워서 야근을 하지 말까 생각하다가도 시골의 어머니와 동생들을 생각하면 내가 고생이 되더라도 참는 수밖에 없었다.

그렇게 밤잠을 설치고 몸을 망쳐 가며 일했건만 여성 노동자들에게

1977년 광화문 앞에 세워진 100억 불 수출 달성 기념 아치 한국의 '산업 역군', '수출 역군'들은 세계에서 가장 긴 노동 시간과 열악한 노동 환경을 견디며 밤낮 없이 일하여 재벌들을 살찌웠다.

김우선의 판화 〈순이〉 야윈 얼굴, 지친 표정으로 미싱 앞에 앉은 순이. 그녀는 하루 종일 일만 해야 하는 자신의 처지가 서글프다. 그러나 힘겨운 가운데서도 즐거운 소망을 품는다. 순이 주위에 현실과 소망이 음각으로 새겨져 있다. 1970년대 인간 이하의 취급을 받으며 고된 노동을 감내해야 했던 여성 노동자들의 현실과 소망을 볼 수 있다.

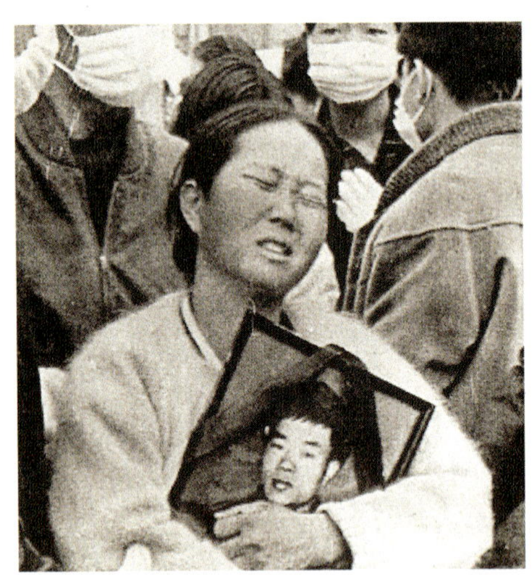

전태일의 장례식 근로 기준법 책을 껴안고서 자신의 몸을 불사른 전태일의 장례식에서 그의 어머니가 아들의 영정을 끌어안고 통곡하고 있다.

돌아오는 것은 적은 월급과 멸시였다. 관리자들의 폭언과 폭행도 많았다. 관리자들은 여성 노동자들에게 토끼뜀을 시키거나 불러다가 책상 옆에서 손들고 벌을 서게 하기도 하였다. 한마디로 인간 이하의 취급을 하였다.

이런 여성 노동자들의 처지를 보면서 노동 현실을 바꾸려 마음먹는 이들이 나타났다. 그 가운데 가장 널리 알려진 이가 평화 시장 재단사 전태일이다. 피복 공장에서 함께 일하며 여성 노동자들의 현실을 누구보다 잘 알던 전태일은 헌책방을 뒤져 노동법 책을 구해 친구들과 함께 공부하였다. 이를 바탕으로 전태일과 친구들은 법에 어긋난 공장의 노동 조건을 바꿔 달라고 공장주, 방송사, 노동청, 대통령에게 탄원서를 보냈다. 그러나 누구도 그들의 요구에 귀를 기울이지 않았다. 제대로 할 수 있는 일이 아무것도 없음을 알게 된 전태일은 마지막 수단을 썼다. 1970년 11월 13일, 전태일은 청계 시장 한복판에서 "근로 기준법을 지켜라!", "우리는 기계가 아니다!" 하고 외치며, 근로 기준법 책을 껴안고서 자신의 몸을 불살랐다.

전태일의 분신 자살에 많은 이들이 충격을 받았다. 무엇보다 지식인, 대학생을 비롯하여 전에는 전태일의 호소를 거들떠보지 않던 언론까지도 열악한 노동 현실에 주목하기 시작하였다. 그러나 전태일의 분신에 가장 큰 충격을 받은 이들은 함께 일하던 여성 노동자들이었다. 여성 노동자들은 자신들이 처한 억울한 현실에 눈을 뜨면서 '인간답게 살고 싶다.'는 희망을 갖게 되었다. 한 여성 노동자는 당시를 이렇게 회상한다.

1970년대 노동자의 삶이라는 게 근로 조건이 열악하고 사회적 무시가 상당했기 때문에 (……) 그 속에서 헤어나고 싶었습니다. 인간답게 살고 싶은 욕구, 이런 게 굉장히 강했어요.

깨어나는 여성 노동자
'공순이'로 무시당하던 여성 노동자들이 야학과 모임 등을 통해 공부를 하면서 깨어나기 시작했다. 이들은 기계처럼 일만 하는 것이 아니라 마땅히 인격을 지닌 인간으로 대우받기를 원했다.

이제 여성 노동자들은 공장 안팎에서 작은 모임을 만들어 서로 공장 생활의 어려움을 이야기하고 노동법을 공부하였다. 지식인과 대학생, 교회의 목사와 성당의 신부들 가운데 여성 노동자들을 돕는 이들도 생겨났다. 여성 노동자들은 이런 모임을 통해 서로를 동등한 인격체로 존중하고 노동자도 인간이라는 사실을 깨우쳐 갔다.

작은 힘이 모이면서 여성 노동자들은 노동조합을 만들기 시작하였다. 그것은 법으로 보장된 노동자들의 단체였다. 청계 피복, 동일 방직, 원풍 모방, YH 무역, 반도 상사, 콘트롤 데이타 등에서 노동조합이 생겨났다. 노동조합으로 모인 여성 노동자들은 적은 임금, 긴 노동 시간, 나쁜 작업장 환경 등을 바꾸는 데 힘을 쏟았다. 이제 그들은 더 이상 천대받고 멸시받는 '공순이'가 아니었다.

그러나 자본가들은 가부장제 이데올로기에 젖어 이런 움직임을 아버지 같은 사장님에게 대드는 못된 짓거리쯤으로 여겼다. 정부도 "노조는 생산에 방해가 된다.", "노조는 사회 질서를 어지럽히는 사회적 질병이다."라며 탄압하였다. 심지어 노조는 빨갱이들이 사주하는 것이라고 거짓 선전을 하며 노동조합 활동을 억누르고 짓밟았다. 심지어 1978년 동일 방직에서는 돈으로 매수한 폭력배들을 앞세워 여성

경찰에 끌려가는 여성 노동자들 1979년 8월 11일 회사의 부당한 폐업 방침 철회를 요구하며 신민당사에서 농성을 벌이던 YH 무역 노조원들이 경찰에 연행되고 있다.

노동자들에게 똥물을 뒤집어씌우고 옷 속에 똥을 집어넣으면서까지 활동을 방해하였다.

그렇게 모진 폭력과 악선전에도 여성 노동자들은 자신들의 권리를 대변할 노동조합을 지키면서 점차 성장하였다. 깨지고 부서지는 아픔을 겪으면서 현실을 조금씩 바꾸어 나갔다. 차츰 임금이 오르고 노동 시간도 줄어들었다. 먼지 많은 작업장에 환풍기가 설치되었고, 제법 먹을 만한 점심 식사를 제공받기도 하였다. 좀 더 인간적인 환경을 갖추게 된 것이다.

이렇게 1970년대 여성 노동자들이 싹 틔운 노동자도 인간이라는 권리 의식은 이후 우리 사회를 더 인간적이고 바람직하게 만드는 밑바탕이 되었다. 불과 20~30년 전까지만 해도 노동자들은 직장에서 일하다 손목이 잘려도 제대로 된 보상을 받을 수 없는 '살아 있는 기계'에 불과했는데, 이런 것에 비하면 많은 것이 변한 것이다. 이 같은 변화, 즉 더 좋은 환경에서 일할 수 있게 된 것은 머리채 붙잡혀 매 맞고, 똥물을 뒤집어쓰면서도 인간의 권리를 외치며 싸운 1970년대 여성 노동자들이 있었기 때문이다.

민주화를 위한 한판 굿
5·18 민주화 운동과 6월 민주 항쟁

오늘날 우리는 대통령을 직접 뽑고, 국회에서 중요한 안건을 심사하기 위해 증인이나 참고인을 불러서 들으며, 전직 대통령이 잘못하면 재판정에 세우기까지 한다. 이들은 민주화 과정에서 이루어 낸 소중한 성과물이다. 그런데 이러한 성과물은 그저 주어진 것이 아니라, 많은 이들이 피 흘린 대가로 일군 것이다. 우리 사회에서 민주주의를 위해 피 흘린 사건으로 가장 큰 것은 5·18 민주화 운동이다.

1979년 10월 26일 박정희 대통령이 중앙정보부장 김재규에게 피살되면서 유신 체제는 막을 내렸다. 그러나 그해 12월 12일 계엄 사령부 합동 수사 본부장 전두환(국군 보안 사령관)이 계엄 사령관 정승화(육군 참모 총장)를 체포해 반란을 일으

중무장한 광주의 계엄군 고등학생에게 총부리를 겨누며 위협하는 계엄군들. 시간이 갈수록 계엄군은 평범한 시민들까지 죽음으로 몰아갔다.

켰다. 시민들이 이 부당한 행위를 가만히 보고만 있지는 않았다. 특히 학생들이 신군부의 쿠데타 시도를 강하게 비판하며 거리에서 시위를 주도하였다. 그럼에도 야금야금 권력을 차지해 가던 전두환 일당은 마침내 1980년 5월 18일, 시민들의 저항을 막기 위해 계엄령을 내렸다. 총을 든 군대를 투입하여 시위를 진압하려는 것이었다.

광주에서 중무장한 계엄군이 시민들을 무차별로 연행하고 폭행하였다. 처음에는 시위 학생들만을 폭행, 연행하였지만, 이성을 잃은 계엄군은 시간이 갈수록 평범한 시민들마저도 칼로 찌르고 총으로 쏘며 죽음으로 몰아갔다. 계엄군의 잔인한 진압에 억울하게 다치는 사람은 물론이고, 갈수록 죽는 사람들이 늘어났다.

그러자 시민들은 계속 억울하게 죽을 수만은 없어 계엄군에 대항하여 총을 들었다. 인간의 존엄성을 지키기 위해서라도 총을 들 수밖에 없었다. 사람들은 이들을 '시민군'이라 불렀다. 시민군은 금남로에서 계엄군과 대치했고, 도청을 장악하였다. 택시와 버스 기사들이 함께하였고, 동네마다 주먹밥 같은 음식을 만들어 시민군에게 날라다 주었다. 광주 시민들은 질서 정연했고, 부상자를 위해 피를 나누고 음식을 나누어 먹었다.

그러나 시민들의 저항은 오래가지 못하였다. 마침내 계엄군은 5월 27일 시외 전화를 끊은 상태에서 특공대, 공수 부대를 도청으로 투입하여 시내 전역은 물론 시민군의 마지막 기지였던 도청을 점령하였다. 이렇게 광주는 5월 18일에서 27일까지 열흘 동안 죽음을 두려

붉은 사인펜으로 검열된 신문 전남매일의 1980년 6월 2일자 1면. 신군부의 검열관이 붉은 사인펜으로 대부분의 내용을 삭제하라고 지시해 놓았다. 광주의 진실은 20년 가까이 묻혀 있어야 했다.

〈대동 세상1〉 광주의 시민들은 계엄군에 맞서 총을 들고 싸워, 광주를 피로 물들이던 계엄군을 몰아내고 함께 기뻐하였다. 시민들은 부상자를 위해 피를 나누고 음식을 나누며 서로 도와 대동 세상을 만들었다. 홍성담의 작품이다.

위하지 않고 신군부에 대항하다가 막을 내렸다.

당시 언론에서는 광주를 "폭도들의 선동에 따라 폭력, 방화, 강도, 절도가 난무하는 무법천지"라고 보도하였다. 사실을 보도하지 못하고 총을 든 신군부가 시키는 대로 받아 적던 언론이었다. 이들에 의해 광주 시민은 불순분자, 간첩, 깡패에 의해 조종되는 난동자로 둔갑되었다. 그래서 사람들은 한동안 광주의 진실을 알 수 없었다.

그러나 결코 역사의 진실을 영원히 묻어 둘 수는 없다. 공수 부대가 시민들을 잔인하게 학살하는 모습이나 처참하게 죽은 광주 시민의 주검을 보면서, 그리고 광주에 살던 사람들의 증언이 전해지면서 신군부의 모든 주장이 '새빨간 거짓'임이 드러났다. 1988년 국회에서 광주 청문회가 열리자 신군부의 한 주체였던 노태우 정권도 '불순분자의 난동'을 '민주화 운동'으로 수정할 수밖에 없었다.

그렇다면 5·18 민주화 운동은 왜 일어났고, 무엇을 지키려고 시민

1987년의 6월 민주 항쟁 5·18 민주화 운동 정신을 이어받은 6월 민주 항쟁은 마침내 6월 29일 여당의 대통령 후보인 노태우에게 직선제 개헌 수용과 구속자 석방 등을 내용으로 하는 '6·29 민주화 선언'을 끌어냈다. 사진은 시위 도중 최루탄에 맞아 사망한 연세대학교 학생 이한열의 장례 행렬이다.

들은 그렇게 큰 희생을 치렀는가?

그때는 유신 체제가 막을 내리고 민중의 민주 항쟁이 광주만이 아니라, 전국 어디에서도 일어날 수 있는 상황이었다. 이때를 '민주화의 봄'이라고 불렀는데, 어느 때보다도 국민의 민주화 열망이 높았다. 학생들은 강제적인 군사 훈련을 받고 싶지 않았고, 신문사와 방송사는 사실을 보도하고 싶었으며, 노동자와 농민들은 노동의 정당한 대가를 받고 싶었다. 시민들은 대통령을 직접 뽑아, 분단의 상처를 씻고 통일로 나아가는 사회를 꿈꿨다.

그런데 이러한 국민의 열망을 짓밟고 민주화의 봄을 다시 얼어붙게 한 사건이 바로 12·12 사태였다. 이는 신군부 세력이 권력을 차지하려고 일으킨 '반란'이었다. 그래서 이들은 국민을 보호해야 하는 공수 부대를 광주로 보내 국민에게 총칼을 들이대게 하였다.

5·18 민주화 운동은 불법으로 반란을 일으킨 신군부에 대한 저항이자 민주화를 바라는 시민들이 떨쳐 일어난 항쟁이었다. 또한 5·18 민주화 운동은 1980년대에 벌어진 민주화 운동의 마르지 않는 저수지가 되어, 1987년에 민주화 운동의 힘찬 기운으로 다시 터져 나왔다.

1987년 1월 14일 서울대학교 학생인 박종철이 치안 본부 남영동 대공분실에서 고문으로 사망했는데, 정부가 이를 계획적으로 숨기려 하였다는 사실이 폭로되었다. 전두환 군사 정권의 폭력성과 부도덕성에 시민들은 분노하였다. 그해 6월 시민들은 "80년 광주를 잊지 말자."고 외치며 거리로 나와 전두환 군사 정권의 퇴진과 국민이 직접 대통령을 뽑자는 직선제를 요구하였다.

6월 민주 항쟁은 6월 10일, 22개 도시에서 24만 명이 참여하면서 절정을 이루었다. 이후부터는 매일 어느 도시나 전두환 정권 퇴진과

직선제를 요구하는 시위가 이어졌다. 시위대는 서울 시청 앞 광장, 명동, 부산 남포동, 광주 금남로 어디에나 있었으며, 시민들은 폭력적인 진압에도 물러서지 않았다. 마침내 1987년 6월 29일 여당의 대통령 후보인 노태우는 전두환을 대신하여 직선제 개헌 수용과 구속자 석방 등을 내용으로 하는 '6·29 민주화 선언'을 발표하였다.

이런 과정이 바탕이 되어 '문민 정부'의 김영삼 전 대통령은 전두환, 노태우 두 군사 독재 정권에 대한 역사적 심판을 요구하는 국민들의 요구를 외면할 수 없게 되었다. 1996년 3월 11일 전두환, 노태우 두 전직 대통령이 12·12 사태와 5·18 내란 사건으로 나란히 법정에 섰다. 전두환은 내란 목적 살인 및 상관 살해 미수 따위의 죄목이고, 노태우는 내란 중요 임무 종사와 상관 살해 미수 따위의 죄목이었다. 비록 8개월 만에 특별 사면 조치로 석방되었지만, 전직 대통령을 법정에 세운 재판은 군사 독재의 뿌리를 뽑아야 한다는 성숙한 국민들의 역사의식을 잘 보여 주었다.

뼈아픈 잘못을 타산지석으로 삼지 않는다면?

1997년 국제 통화 기금(IMF) 체제

'이태백', '사오정', '88만 원 세대'라는 말이 유행하고 있다. 당나라의 낭만파 시인이나 만화의 주인공, 신세대를 일컫는 말이 아니다. 이태백은 '20대 태반이 백수'라는 뜻이고, 사오정은 '45세면 정년퇴직'하는 현실을 담은 말이다. 그리고 88만 원 세대란 국제 통화 기금[●] 체제가 한국의 경제 구조를 바꾼 이후 취업 전선에 나서야 하는 오늘날 20대를 가리키는 말로, 이들 가운데 90퍼센트 이상이 비정규직이나 실업자로 살아야 하고, 이들이 받게 될 월급이 88만 원 정도라는 것이다.

이 말들은 한국 경제와 고용 시장의 우울한 현실과 미래를 상징하는 유행어인 셈이다. 한때 '1인당 국민 소득 2만 달러', '평생 직장' 같은 장밋빛 유행어로 가득 찼던 우리 경제가 왜 이렇게 되었는가? 그 까닭을 알아보기 위해 10여 년 전으로 되돌아가 보자.

정부가 선진국 진입이 코앞에 있다고 홍보하던 1997년은 한보 그룹의 부도 소식과 함께 시작되었다. 뒤이어 삼미 그룹, 진로 그룹, 뉴

● 국제 통화 기금(Inter-national Monetary Fund) 여러 나라의 출자로 공동 기금을 만들어, 세계 각국이 이용하도록 한 국제 금융 기관. 외화 자금 조달을 원활히 하여, 세계 각국의 경제적 번영을 도모하기 위하여 설립하였다. 쉽게 말해, 세계 여러 나라에 돈을 빌려 주는 국제 금융 기관이다. 그러나 돈을 빌려 주는 대가로 국제 자본에 유리하게끔 경제 구조의 변화를 요구해 원성을 사기도 한다. 약칭은 아이엠에프(IMF)다.

코아 그룹, 기아 자동차 같은 내로라하던 재벌들이 힘없이 무너졌다. 그러자 우리나라 기업이나 은행에 돈을 빌려 주거나 투자했던 외국 금융 기관들은 돈을 돌려받지 못할 거라는 불안감에 투자한 돈을 회수하기 시작하였다. 이윽고 환율이 치솟고 주가가 폭락하였다.

마침내 1997년 11월 21일 밤, 당시 김영삼 대통령은 국제 통화 기금에서 돈을 빌리기로 했다고 공식 발표하였다. 이로써 발등의 불은 껐지만, 그 대신에 국제 통화 기금의 요구에 따라 경제 정책을 펼치겠다는 각서를 제출해야 하였다.

돈을 빌리고 각서를 쓰는 것이 무슨 큰일인가 싶겠지만 상황은 그리 호락호락하지 않았다. 무엇보다 우리가 '국가 부도'를 스스로 인정하였으니 다른 나라에 돈을 빌리거나 거래 관계를 맺기 어려워졌다. 개인이 한번 신용 불량자가 되면 은행에서 돈을 빌려 사업하기 어려운 현실이 나라 차원에서 벌어진 꼴이었다. 또 정부의 경제 정책은 국민의 이익이 아니라 국제 통화 기금이나 국제 자본의 입맛에 맞게 바꾸어야 했다. 즉 정리 해고 제도가 도입되고, 비정규직 노동자가 늘면

뉴코아 백화점 부도 처분
정부가 선진국 진입을 코앞에 뒀다고 홍보하던 1997년은 한보 그룹의 부도 소식과 함께 시작되었다. 뒤이어 삼미 그룹, 진로 그룹, 뉴코아 그룹, 기아 자동차 같은 재벌들이 힘없이 무너졌다.

서 기업은 언제든지 노동자를 해고할 수 있었다. 이는 우리나라에 들어와 있던 외국 기업들이 인건비를 낮추기 위해 그전부터 요구해 온 정책이었다. 1997년 기업들의 부도와 함께 시작되어 몇 년간 계속된 경제 위기를 국제 통화 기금이 우리 경제를 마음대로 하였다는 뜻에서 '국제 통화 기금 체제'(IMF 체제)라 부른다.

폭락하는 주가 한 투자자가 폭락하는 주가 지수를 쳐다보며 의자에 기대어 쪼그려 앉아 있다.

경제 위기의 결과는 가혹하였다. 이전에는 1000포인트를 오르내리던 주가가 350포인트 밑으로 폭락하였다. 1000만 원어치 주식을 가지고 있던 사람의 재산이 350만 원으로 줄어든 것이다. 반대로 1달러에 800원 하던 환율은 2000원까지 치솟았다. 그 결과 외국 금융 기관에서 돈을 빌려 해마다 80억 원(1000만 달러)의 이자를 지불하던 기업이 있었다면 이제는 200억 원(1000만 달러)을 갚아야 했다. 또 생활에 꼭 필요한 원유, 밀, 철광석 따위의 수입 가격이 두 배 넘게 껑충 뛰어 생필품 가격이 덩달아 치솟았다. 건전하게 운영되던 기업까지 부도 위기로 내몰렸고, 사람들은 소비를 줄였다.

1998년 1년 동안 재벌 기업과 다섯 개 은행을 비롯해 무려 6만 8천여 개의 회사가 문을 닫았고, 살아남은 기업들은 불어나는 이자를 감당하기 위해 회사를 쪼개 외국 기업에 팔아 빚을 갚았다. 정부는 국제 통화 기금이 요구한 기업 구조 조정 정책대로 수많은 노동자들을 내쫓았고, 이들은 하루아침에 실업자가 되었다. 다른 일자리를 구하기는 하늘의 별 따기였다. 겨우 취직해도 언제 쫓겨날지 모르는 비정규직으로 몰리면서 사람들은 점점 가난해졌다. 사람들의 씀씀이가 줄어들어 장사를 하는 이들도 어려움에 처하였다. 이래저래 살기 어려워진 사람들이 늘면서 1997년 말 200만 명 정도였던 신용 불량자가 2003년 말에는 370만 명을 넘어섰다.

경제 위기는 단순히 경제 문제로 그치지 않았다. 먹고살기 힘들어지고 사람들의 삶을 안전하게 지켜 주던 많은 제도들이 무너지면서 사람들은 당연하게 누리고 살았던 소중한 것들을 한순간에 잃었다. 그 결과 자살률이 증가하였다. 15년 전만 해도 인구 10만 명에 6명 꼴이었던 자살자가 국제 통화 기금 체제 1년 만인 1998년에는 무려 18명으로 늘어났다.

그뿐만 아니라 결혼해도 아이를 아예 낳지 않거나 하나만 낳는 가정이 늘었는데, 그 까닭은 대부분 살기 팍팍하고 아이를 기르는 데 너무 많은 돈이 들기 때문이다. 1997년 1.54명이던 우리나라의 출산율은 크게 낮아져 2008년에는 1.19명으로 세계에서도 가장 낮은 수준이 되었다. 또 경제적 이유에 따른 이혼이 크게 늘어 1995년 6만 8천여

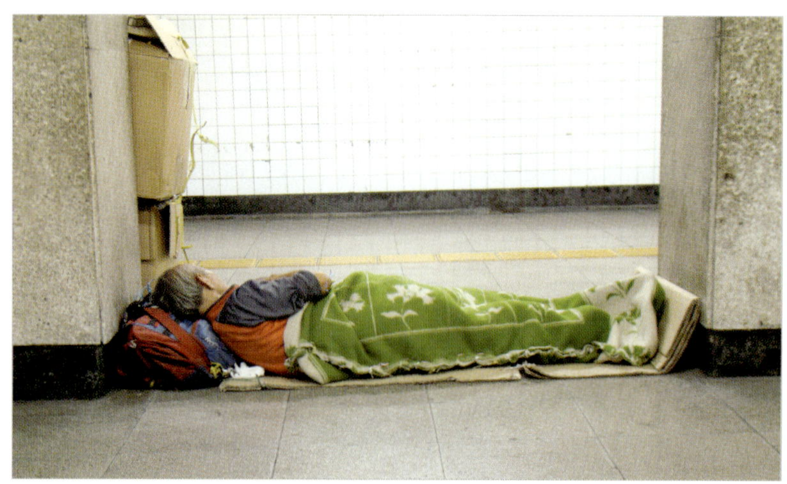

서울역의 노숙자 사회 안전망이 미흡한 한국에서 경제 위기는 곧바로 삶을 나락으로 떨어뜨렸다.

건이던 이혼 건수가 2007년에는 12만 건을 넘어섰다.

이렇게 사람들의 삶을 팍팍하게 만든 경제 위기는 어디서, 어떻게, 왜 시작되었을까? 그저 재수가 없어서, 아니면 돈벌이에 급급한 외국인들의 농간 때문이었을까? 전혀 그렇지 않다. 국제 통화 기금 체제는 우리 사회가 1980년대 이후 세계적인 경제 흐름인 '신자유주의'에 철저히 대비하지 못한 채 휩쓸려 들어간 결과였다.

1970년대 두 차례의 오일 쇼크가 전 세계를 흔들어 놓고 지나간 뒤 세계 경제에 자유 무역과 시장 개방이라는 새로운 흐름이 나타났다. 미국을 비롯한 강대국들은 다른 나라들을 상대로 무역품에 대한 관세를 없애고 금융과 서비스 시장을 열라며 압력을 가하였다. 1986년 우루과이 라운드(UR)를 시작으로 여러 나라가 참여하는 시장 개방 협상이 시작되었고, 1995년에는 세계 무역 기구(WTO)●가 만들어졌다. 개별 국가 간에는 자유 무역 협정(FTA)●●을 체결하였다.

이 같은 자유 무역, 시장 중심 경제 질서를 '신자유주의 체제'라 부른다. 우리나라도 이 흐름에서 예외가 될 수 없어 우루과이 라운드 협정에 참여하고, 세계 무역 기구에 가입하여 상품 시장을 열었으며, 1996년에는 경제 개발 협력 기구(OECD)에 가입해 은행, 증권, 보험 같은 금융 시장을 개방하였다.

이 같은 신자유주의 체제는 세계 경제의 당연한 흐름인 듯 보였지만, 좋은 것만은 아니었다. 아무런 준비나 대책도 없이 무작정 시장을 내주면 경쟁력을 갖춘 외국 기업에게 시장을 잠식당할 것은 뻔한 노릇이다. 우리나라의 금융이나 농업 같은 분야는 아예 경쟁 상대가 되지 못하는 판이었다. 그래서 생명 줄인 식량 자주권을 지키려면 농업 부문을 개방해서는 절대 안 된다고 말하는 이도 있었고, 금융 시장은

긴 시간에 걸쳐 개방해야만 경제 위기를 막을 수 있다는 주장도 나왔다. 또 수십 개의 기업이 사람과 돈으로 얽힌 재벌 구조를 해체하고 지나치게 많은 기업의 빚을 줄이자는 경제 개혁론이 계속해서 나왔다. 그래야만 하나의 기업이 망해도 그 여파가 다른 기업으로 번지는 현상을 막을 수 있기 때문이다.

그러나 정부는 이런 목소리에는 귀를 닫은 채 수출이 늘면 경제가 좋아지리라는 말만 되풀이하였다. 또 '세계화'라는 말을 만들어 영어를 열심히 배우고 해외 여행을 자주 하여 서구인과 같은 사고방식, 생활 양식을 갖는 것이 세계의 추세인 양 떠들어 댔다. 그러는 사이 돈벌이에 급급한 기업은 은행과 외국에서 돈을 빌려 부동산에 투자하고 이 사업, 저 사업에 뛰어들어 덩치를 키웠다.

그렇게 아무 준비 없이 시장이 개방되자 잠깐 동안 머물며 부동산 따위에 투자하거나 기업을 사고팔아 이윤만 챙기고 도망가는 이른바 '먹고 튀는' 해외 투기 자본들이 활개를 쳤다. 국제 통화 기금 체제는 대책 없는 정부와 문어발 재벌 그리고 투기 자본이 만들어 낸 합작품인 셈이었다. 그리고 그 피해는 고스란히 힘없고 돈 없는 서민들의 몫이었다.

국제 통화 기금 체제로부터 10여 년이 지난 오늘날 우리 사회는 크게 변하였다. 그 변화는 긍정적인 모습보다는 오히려 그 반대인 경우가 많다. 현재 약 800만 명이 넘는 사람들이 비정규직이라는 불안한 상태로 일하고 있고, 실업자와 구직을 아예 포기한 사람들도 많다. 주식 시장은 외국 투기 자본의 손에 널을 뛰고, 그들이 투자한 돈을 조금이라도 빼낼라 치면 환율이 폭등한다. 여전히 기업은 몸집을 불리고 회사 돈을 빼내 부동산과 주식에 투기하기에 바쁘고, 정부는 '친기업', '시장 친화'라는 명분으로 이를 뒷받침하는 데 열을 올리고 있다. 이는 국제 통화 기금 체제 뒤에도 위기를 불러온 정부의 경제 정책 담당자나 재벌, 해외 자본에 책임을 묻고 과거의 잘못을 타산지석 삼아 새로운 경제 질서를 만들지 못한 결과다.

과거의 잘못을 반성하고 새로움을 배우지 못한다면 우리는 앞으로도 '이태백'이니 '88만 원 세대'니 하는 우울한 이야기를 들으며 살아야 하지 않을까.

 상식이 통하는 사회를 위해 남겨진 과제

친일파 청산

2004년에 제정되었다가 이듬해에 개정된 '일제 강점하 반민족 행위 진상 규명에 관한 특별법' 제1조는 이 법이 제정된 취지를 다음과 같이 설명한다.

이 법은 일본 제국주의의 국권 침탈이 시작된 러일 전쟁 개전 시부터 1945년 8월 15일까지 일본 제국주의를 위하여 행한 친일 반민족 행위의 진상을 규명하여 역사의 진실과 민족의 정통성을 확인하고 사회 정의 구현에 이바지함을 목적으로 한다.

상식으로 따진다면 외부의 침략이나 지배를 겪은 민족이나 국가가 그런 역사를 되풀이하지 않으려면 식민 지배에 빌붙어 자신의 영달을 꾀한 자들을 바로 처벌했어야 하였다. 그래야 민족 반역자들이 새로운 국가 건설의 주체가 되지 않을 뿐 아니라, 죄과는 반드시 처벌을 받는다는 상식이 통하는 사회가 되기 때문이다. 그런데 일본 제국주의

● **남조선 과도 입법 의원** 미군정이 정권을 인도하기 위해 만든 과도적 성격의 입법 기관.

에서 해방되고 60여 년이 지나서야 국가가 친일의 진상을 규명하려 나선 까닭은 무엇일까?

8·15 해방 뒤 친일 민족 반역자를 어떻게 처리할 것인가는 중요한 관심사였다. 이는 범죄자를 처벌하는 문제일 뿐만 아니라, 새로운 국가 건설의 방향과도 관련이 있었다.

1947년 남조선 과도 입법 의원●은 부일 협력자가 10만~20만 명, 민족 반역자가 1000여 명, 전범이 200~300명이라고 집계하였다. 일제 강점기에 적극적인 독립운동을 벌였던 이들은 친일파●●를 처벌하여 이들을 배제하고 국가를 건설하자고 주장하였다. 또 친일파의 재산을 몰수해 형사 책임을 묻고 국민의 권리를 박탈해 정치적 책임을 추궁하고자 하였다.

그러나 상황은 호락호락하지 않았다. 일본의 2차 세계 대전 패전으로 한반도의 남쪽을 점령하게 된 미국은 한반도에다 미국에 우호적인 정권을 수립하려고 하였다. 그런 미군정의 눈에 들어온 세력이 바로 친일파였다. 미군정은 친일파가 일본을 위해 열심히 일했던 것처럼 자신들에게도 충성을 바치리라 판단하였다. 기회주의 속성을 지닌 친일파는 미군정 아래서 다시 관리가 되어 행정부, 사법부, 군, 경찰 등 주요 권력 기관을 장악해 갔다.

미군정과 우호 관계를 맺고자 했던 이승만은 먼저 국가를 건설한 뒤 친일파를 처리하자고 하였다. 심지어 이승만은 따지고 보면 모든 조선인이 친일파였다며 친일파 처벌을 반대하였다. '전 국민 친일론'

악수하는 이승만과 김구
웃으며 손잡은 김구와 이승만. 그러나 이들은 서로 다른 길을 갔다. 이승만은 좌익은 물론이고 김구 세력마저 배제하였다. 대신 친일파와 손잡고 대한민국 정부를 수립하였다.

●● **친일파** 친일파에는 일본 제국주의의 국권 피탈과 식민 지배 및 침략 전쟁에 의식적으로 협력한 민족 반역자는 물론이고, 부일 협력자도 포함된다. 부일 협력자란 의식적이든 무의식적이든, 자발적이든 피동적이든 우리 민족 또는 민족 성원에게 신체적, 물질적, 정신적으로 직간접적 피해를 끼친 자들이다.

은 오늘날까지도 친일 진상 규명을 반대하는 논리 가운데 하나로 이
용된다.

우여곡절 끝에 이승만 세력은 좌익은 물론이고 분단에 반대했던 중
간파와 김구 세력마저 배제한 채 대한민국 정부를 수립하였다. 그래
도 그때까지 친일파 청산이라는 민족적 당위성은 살아 있었다. 또한
비록 많지는 않았지만 일부 민족주의자들이 국회에 진출하였다. 이들
의 노력으로 1948년 9월 반민족 행위 처벌법이 제정되고, 반민족 행
위 특별 조사 위원회(반민 특위)를 구성하게 되었다. 친일 진상 규명과
친일파 청산의 길이 열린 것이다.

그러나 이에 대한 저항 또한 거세게 일어났다. 친일파를 자신의 권
력 기반으로 삼았던 이승만 대통령은 여러 차례 반민 특위의 활동을
무력화하려 하였다. 친일 혐의를 받는 사회 지도층 인사들도 법정에
증인으로 나와 친일파를 변호하였다. 심지어 경찰은 반민 특위 관계자
들을 뒷조사하고 친일 행위 진상 규명 활동을 반대하는 데모를 선동하

**반민 특위에 체포되어 끌려
가는 친일파들** 가운데는
경성 방직 사장 김연수, 그
오른쪽은 민족 대표 33인
으로 나중에 변절한 최린이
다. 이들은 곧 풀려났고, 친
일파에 대한 과거사 청산은
여전히 해결되지 않은 과제
로 남아 있다.

였다. 1949년 6월 4일에는 서울시경 사찰과장 최운하가 데모를 배후 조종한 혐의로 구속되었다. 최운하는 일제 강점기에 종로 경찰서 고등계 주임을 지냈고, 독립 운동가 검거에 앞장섰던 자다. 일제 경찰 출신들이 경찰 간부직을 독차지하고 있었기에 이들에게는 반민 특위가 눈엣가시 같은 존재였다.

친일파가 반민 특위를 공격하면서 내세운 명분은 반공反共이었다. 반민 특위 앞에서 벌어진 데모 때마다 "반민 특위는 빨갱이의 앞잡이다." "공산당과 싸운 애국지사를 잡아간 조사 위원들은 공산당이다." 하는 구호가 나왔다. 반공만 외치면 무슨 짓을 하든 모두 용서된다는 상식 밖의 논리였다.

반민 특위 방해 활동의 절정은 반민 특위 관계자들을 암살하려는 음모였다. 수도 경찰청 총감 노덕술은 일제 강점기 평안남도 보안과장을 하며 27년간 독립 운동가를 체포한 악명 높은 고등계 형사였다. 반민 특위가 노덕술을 검거하려고 하자, 노덕술은 반민 특위 관계자들을 암살하려는 음모를 꾸몄다. 하지만 노덕술이 반민 특위에 검거되면서 음모는 발각되었고, 사건은 막을 내렸다.

반민 특위의 칼날이 이승만 정권의 토대를 이루는 친일파와 경찰 간부들로 향하자, 이승만 정권은 이를 와해하려 실력 행사에 나섰다. 1949년 6월 6일 반민 특위 중앙 본부를 습격한 경찰은 특위 관계자들을 폭행하고 사무실을 쑥대밭으로 만들어 버렸다(6·6 사건). 마침내 1949년 7월 6일 반민족 행위자(친일파)의 공소 시효를 그해 8월 31일로 한다는 '반민족 행위 처벌법 개정안'이 국회를 통과하면서 반민 특위의 활동이 끝나 버렸다. 역사의 상식이 이승만 대통령과 친일파에게 패배하는 순간이었다.

불온 삐라 신고 포스터(왼쪽)와 간첩 신고 포스터(오른쪽) 친일파가 반민 특위를 공격하면서 내세운 명분은 '반공'이었다. 반민 특위 앞에서 벌어진 데모 때마다 "반민 특위는 빨갱이의 앞잡이다."라는 구호가 나왔다.

반민 특위가 와해되자 친일파는 다시 활개를 쳤다. 1960년 경찰 총경(경찰서장급)의 70퍼센트가 일제 경찰 출신이었다. 군도 다르지 않아 육군 참모 총장을 비롯한 주요 간부는 대부분 일본군이나 만주군 출신이 차지하였다.

심지어 5·16 군사 정변 뒤에는 대통령을 비롯해 국회 의장, 대법원장, 국무총리 등 중요한 자리를 친일파가 독차지하다시피 하였다. 따라서 박정희 정권에게는 식민지 지배국과 피지배국 사이의 과거사를 피해자의 처지에서 어떻게 올바로 청산할 것인가 하는 역사 인식이 있을 리 없었다. 나아가 식민 지배로 발생한 재산 관계의 청산만을 목적으로 한 청구권 개념으로 역사를 청산하고 한일 기본 조약을 체결하였다. 이는 사실상 일제의 조선 강점을 합법화하는 결과마저 낳았다.

이처럼 우리 현대사에서 친일파로 형성된 지배 권력층은 반공을 휘두르며 성장의 열매를 독점해 왔다. 그런데도 반세기가 훨씬 지난 과거사를 들추어내어 편 가르기를 한다며 친일 진상 규명에 반대하는 사람들이 있다. 이들은 친일이 일제의 강압에 따른 어쩔 수 없는 것이었으며, 친일파도 우리 사회의 발전에 기여하였다고 변호한다. 친일 진상 규명과 친일파 청산이 왜 지금까지 이루어지지 않았는지 짐작할 수 있는 대목이다.

우리 사회를 상식이 통하는 사회로 만들기 위해서는 이제라도 친일파를 청산해야 한다. 늦었지만 친일 진상 규명과 친일파 청산은 반드시 거쳐야 할 역사의 과정인 것이다.

도판 출처

● 첫째 마당 **고대**

19 『삼국유사』_손승현 / **20** 각저총 벽화의 곰과 호랑이 _『조선유적유물도감』 / **27** 별도끼와 달도끼_ 『조선유적유물도감』 / **28** 무용총 벽화의 여종들 _『조선유적유물도감』 / **29** 각저총 벽화의 무덤 주인과 두 아내 _『조선유적유물도감』 / **31** 오녀산성 _서길수 / **32** 광개토왕릉비 탁본 _국립문화재연구소. 광개토대왕릉비 _서길수 / **35** 장천 1호분 벽화의 사냥하는 고구려인 _『조선유적유물도감』 / **37** 백률사 석당 _손승현 / **38** 경주 남산 삼릉 계곡 마애관음보살상, 경주 남산 탑골 부처 바위의 삼존상 _손승현 / **39** 경주 남산 삼릉 계곡의 마애여래좌상 _손승현 / **43** 가야 고분 _경북대박물관 / **45** 금관_함순섭. 목걸이, 청동 방울, 철제 갑옷과 투구 _국립김해박물관. 기마 무사 _국립경주박물관 / **47** 무령왕릉을 지키는 돌짐승 _국립공주박물관 / **48** 충남 공주시 금성동(송산리) 고분군 _국립공주박물관 / **49** 오수전 _국립공주박물관 / **51** 무령왕릉 내부 _백제문화개발연구원 / **53** 왕과 왕비의 금제 관식, 금제 뒤꽂이, 연꽃무늬 벽돌, 금 귀걸이, 금동 신, 용봉문환두대도 _국립공주박물관

● 둘째 마당 **남북국**

57 평양성 _권태균 / **59** 『삼국사기』_권태균 / **61** 발해의 돌사자상 _송기호 / **62** 발해의 요람 동모산_ 송기호 / **66** 정효공주 무덤 벽화 _『중국변강민족지구문물집체』 / **68** 서당화상비 _동국대학교 박물관 / **69** 분황사 석탑 _북앤포토 / **72** 청운교와 백운교 _최옥미 / **73** 불국사 _경주시청 / **74** 석가탑, 다보탑 _박여선 / **75** 석불사 본존불과 보살상, 인물상 _손승현 / **76~77** 석불사 입구 _손승현 / **79** 신라 여인의 토우_국립경주박물관 / **85** 금산사 석성문 _송찬섭

● 셋째 마당 **고려**

92 관촉사 석조 보살 입상 _손승현 / **93** 안향 _국립중앙박물관 / **94** 고려 관인의 모자, 허리띠, 가죽신 _손승현 / **97** 송악산 만월대 _『민족21』 / **99** 〈산면도〉_가회민화박물관 / **101** 고려인 부부 _국립중앙박물관 / **106** 몽골 병사 _『아틀라스 한국사』 / **107** 용장산성의 행궁 터 _지중근 / **108** 삼별초의 외교 문서 _국립제주박물관(제박 201001-1) / **109** 제주도 항파두성 _『탐라의 역사와 문화』 / **112** 『노걸대언해』와 『박통사언해』_규장각 / **113** 청동 추 _국립경주문화재연구소 / **114** 청자 사자 장식 뚜껑 주전자와 받침, 청자 상감 당초 국화 가지 무늬 대접 _국립중앙박물관 / **120** 공민왕릉 _『민족21』 / **121** 공민왕릉의 무인 석상 _『민족21』

● 넷째 마당 **조선**

129 〈화성능행도〉_삼성미술관 Leeum / **130** 농자천하지대본 _농업박물관 / **131** 정도전 _권오창 / **133** 천상열차분야지도_지중근, 세종유적관리소 / **134** 간의 _지중근, 세종유적관리소 / **135** 규표 _지중근, 세종유적관리소. 혼천 시계 _고려대학교 박물관 / **136** 자격루 _서상일 / **137** 앙부일구 _국립고궁박물관 / **140** 금오산 _손승현 / **144** 평양성 탈환도 _고려대학교 박물관 / **145** 남한산성 _『아틀라스

한국사』 / **146** 국서누선도 _ 국립중앙박물관 / **148**『곤여 만국 전도』_ 서울대학교 박물관 / **151** 탈놀이 _ 손상락 / **153** 탈 _『아틀라스 한국사』 / **154** 김홍도의 〈타작〉_ 국립중앙박물관 / **158** 도량형 도구 _ 서울역사박물관 / **159**「동여도」_ 규장각 /**163** 김홍도의 〈쟁기질〉_ 국립중앙박물관 / **165** 다산초당 _ 서상일 / **170** 자매문기 _ 지중근 / **173**「대동여지도」_ 성신여대박물관 / **175**「청구도」_ 규장각 / **176**「팔도지도」_ 규장각 / **177**「동여도」_ 규장각

● 다섯째 마당 근대 태동기

183 농민 전쟁 기념 무명 농민군 위령탑 _ 박준성 / **185** 동학의 집강소, 무장 객사 _ 권태균 / **186** 서울로 압송되는 전봉준 _『사진으로 보는 독립운동』 / **188** 명성 황후 생가 _ 노정임 / **189** 흥선 대원군 _『사진으로 보는 독립운동』 / **190** 별기군 _『아틀라스 한국사』 / **193** 명성 황후 국장 장면 _『사진으로 본 조선시대』 / **195** 전차의 등장 _『사진으로 본 조선시대』 / **197** 지게꾼 _『민족의 사진첩』 / **202** 신돌석 생가 _ 권태균 / **203** 초기 의병들의 모습 _『사진으로 보는 독립운동』 / **212** 독립문과 영은문 주초 _ 지중근 / **213** 영은문 _『사진으로 보는 독립운동』 / **218** 러시아 공사관으로 피신한 고종 _『사진으로 보는 독립운동』

● 여섯째 마당 일제 강점기

228 조선총독부 _『사진으로 보는 독립운동』 / **230** 최린의 친일 논설 _ 매일신보 / **234** 대한민국 임시 정부 인사들 _『사진으로 보는 독립운동』 / **243** 을밀대 위의 여성 노동자 _『아틀라스 한국사』 / **242** 노동 야학 _『노동 야학 독본』 / **246** 암태도의 오늘날 전경 _ 강경수 / **248**『조선농민』_ 최웅규 / **249** 암태도 소작인 항쟁 기념탑 _ 강경수 / **252** 궁성요배 포스터 _ 서울시립대학교 박물관 / **254** 국어(일본어) 상용 운동 포스터 _ 독립기념관 / **257** 조선 젊은이들의 징용 _『아틀라스 한국사』 / **258** 공출 장려 포스터, 사기그릇 _ 독립기념관 / **260** 여자 근로 정신대 모집 공고 _ 매일신보 / **261** 어느 여자 근로 정신대원의 기사 _ 매일신보 / **262** 〈끌려감〉_ 나눔의집, 일본군 '위안부' 역사관

● 일곱째 마당 현대

277 남편을 찾는 여인 _ 이경모 / **284** 네이팜탄에 부상을 당한 어머니 _『나를 울린 한국전쟁 100장면』 / **291** 4.19 기념탑 _ 노정임 / **295** 〈순이〉_ 김우선 / **296** 전태일의 장례식 _ 전태일재단 / **300** 붉은 사인펜으로 검열된 신문 _ 연합뉴스 / **301** 〈대동 세상1〉_ 홍성담 / **304** 법정에 선 전직 대통령들 _ 연합뉴스 / **306** 뉴코아 백화점 부도 처분 _ 서상일 / **307** 폭락하는 주가 _ 연합뉴스 / **309** 서울역의 노숙자 _ 서상일 / **310** 국제 통화 기금 체제에 저항하는 노동자들 _ 서상일 / **313** 악수하는 이승만과 김구 _『사진으로 보는 독립운동』 / **316** 불온 삐라 신고 포스터 _ 서울시립대학교박물관

이 책에 쓴 모든 도판의 출처와 저작권자를 찾고, 정해진 절차에 따라 사용 허락을 받는 데 최선을 다했습니다. 위 내용에서 착오나 누락이 있으면 다음 쇄를 찍을 때 꼭 바로잡겠습니다.

ㄱ